MILÁN

INSÓLITA Y SECRETA

Massimo Polidoro

EDITORIAL JONGLEZ
Guías de viaje

Massimo Polidoro, periodista y escritor, ha enseñado psícología de lo insólito en la Universidad de Milan-Bicocca.

Es autor de más de treinta libros, entre ellos, *Los Grandes Misterios de la Historia, Eravamo Solo Bambini, Marta che Aspetta l'Alba, Titanic, Un Viaggio che non Dimenticherete.* (Éditions Piemme).

www.massimopolidoro.com

Ha sido un inmenso placer para nosotros elaborar la guía *Milán insólita y secreta* y esperamos que, a través de ella, usted, como nosotros, siga descubriendo aspectos insólitos, secretos o desconocidos de la ciudad. Los recuadros temáticos que acompañan a algunos de los lugares mencionan aspectos históricos o cuentan anécdotas que permiten entender la ciudad en toda su complejidad.
Milán insólita y secreta pone asimismo de relieve numerosos detalles visibles en lugares que frecuentamos a diario y en los que no nos solemos fijar. Son una invitación a observar el paisaje urbano con mayor detenimiento y, de una forma más general, un recurso para descubrir nuestra ciudad con la curiosidad y la atención que mostramos cuando viajamos a otros lugares…

Cualquier comentario sobre esta guía o su contenido así como cualquier información sobre lugares no mencionados en la misma serán bienvenidos. Nos permitirá completar las futuras ediciones de esta guía.

No duden en escribirnos:

info@editorialjonglez.com

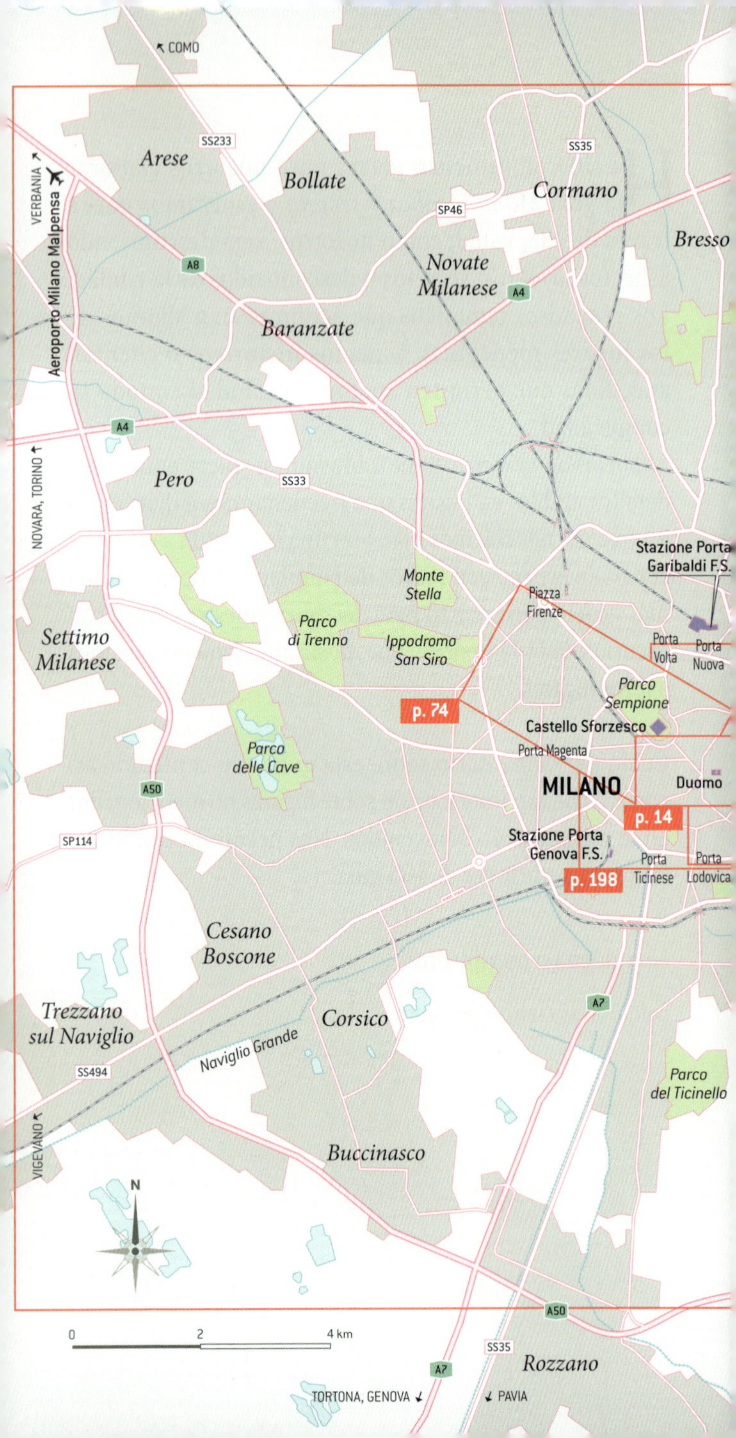

COMO
SS233
Arese
Bollate
SS35
Cormano
SP46
Bresso
VERBANIA
Aeroporto Milano Malpensa
A8
Novate
Milanese
A4
Baranzate
A4
NOVARA, TORINO
Pero
SS33
Stazione Porta
Garibaldi F.S.
Monte
Stella
Piazza
Firenze
Parco
di Trenno
Ippodromo
San Siro
Porta
Volta
Porta
Nuova
Settimo
Milanese
Parco
Sempione
p. 74
Castello Sforzesco
Parco
delle Cave
Porta Magenta
MILANO
Duomo
A50
p. 14
SP114
Stazione Porta
Genova F.S.
Porta
Ticinese
Porta
Lodovica
p. 198
Cesano
Boscone
A7
Trezzano
sul Naviglio
Corsico
Naviglio Grande
Parco
del Ticinello
SS494
VIGEVANO
Buccinasco
N
A50
0
2
4 km
SS35
Rozzano
A7
TORTONA, GENOVA
PAVIA

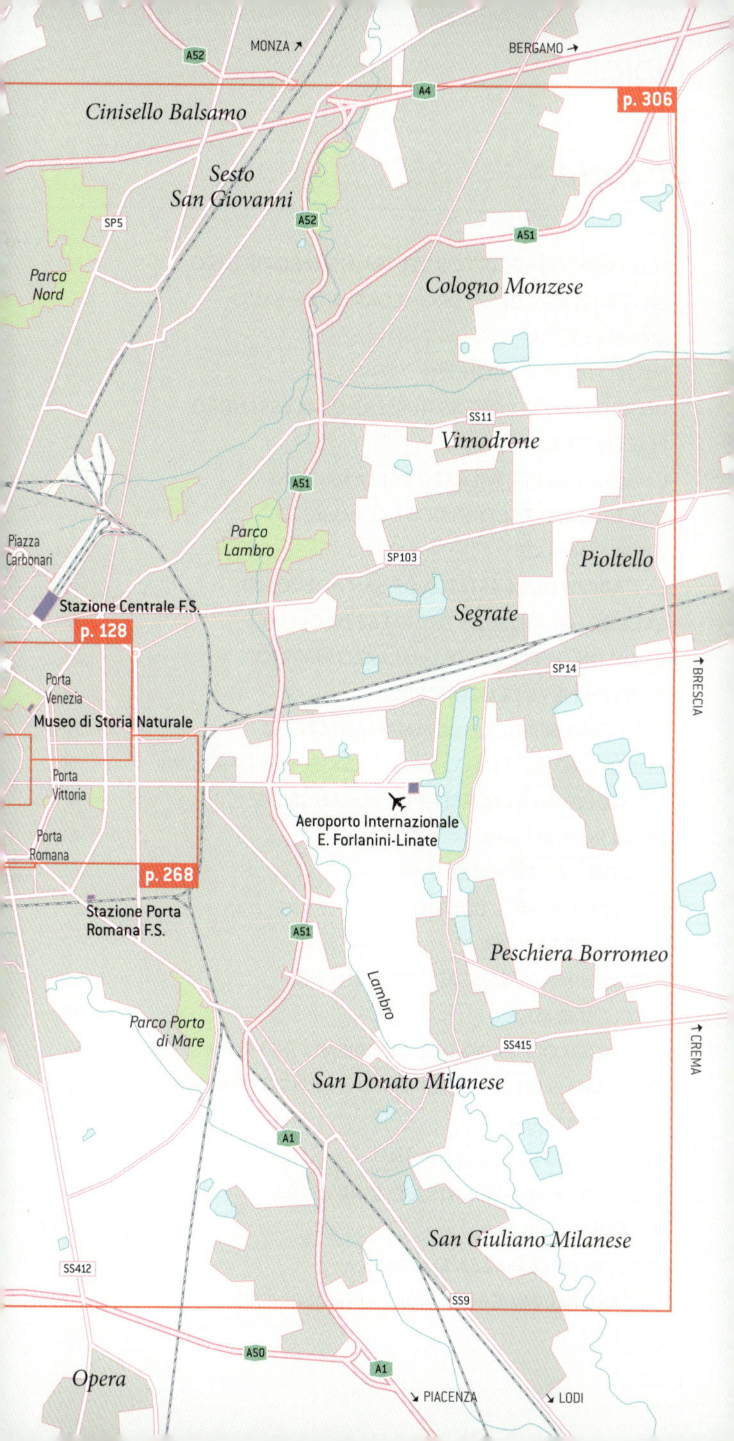

MONZA ↗
BERGAMO →
A52
A4
p. 306
Cinisello Balsamo
Sesto San Giovanni
SP5
A52
A51
Parco Nord
Cologno Monzese
SS11
Vimodrone
A51
Piazza Carbonari
Parco Lambro
SP103
Pioltello
Stazione Centrale F.S.
Segrate
p. 128
SP14
↑ BRESCIA
Porta Venezia
Museo di Storia Naturale
Porta Vittoria
Aeroporto Internazionale E. Forlanini-Linate
Porta Romana
p. 268
Stazione Porta Romana F.S.
A51
Peschiera Borromeo
Lambro
Parco Porto di Mare
SS415
↑ CREMA
San Donato Milanese
A1
San Giuliano Milanese
SS412
SS9
A50
A1
Opera
↘ PIACENZA
↘ LODI

ÍNDICE

Centro

LOS FRESCOS SECRETOS DEL PALAZZO BORROMEO *16*
BAJORRELIEVE DE UN DROMEDARIO TUMBADO
EN UNA CESTA *18*
MUSEO MANGINI BONOMI *20*
UN RECORRIDO POR LAS HUELLAS DE ALESSANDRO
MAZZUCOTELLI *22*
LA JABALINA DEL PALAZZO DELLA RAGIONE *24*
LOS TESOROS ESCONDIDOS DEL PALAZZO
GIURECONSULTI *28*
LA CABEZA DE LA ESTATUA DE SAN AMBROSIO *30*
SALA DE LOS FRESCOS DEL PALAZZO CLERICI *32*
EL SALÓN DE FIESTAS DEL PALAZZO MARINO *34*
BAJORRELIEVE DEL CORDERO *36*
EL ÚLTIMO BORDADO DE MARÍA ANTONIETA *36*
EL NÚMERO AUSTRIACO DE LA CASA DE LOS OMENONI *38*
LAS COLUMNAS ENDEBLES DE LOS ÁNGELES *40*
HIGHLINE GALLERIA *42*
ESTATUA DE SAN NAPOLEÓN *44*
LA MERIDIANA DEL DUOMO *46*
EL RITO DE LA NIVOLA *52*
ESCULTURAS DE BOXEADORES, ACTORES
Y CELEBRIDADES *54*
EL ORIGEN OLVIDADO DE LA SERPIENTE DE MILÁN *58*
EL CABALLO EN EL MONUMENTO A GIUSEPPE MISSORI *62*
AMBROSIANEUM *64*
EL «WALK OF FAME» DE MILÁN *65*
LOS MOSAICOS DEL ANTIGUO CINE ASTRA *66*
EL «SCIUR CARERA» *68*
EL LEÓN DE LA PIAZZA SAN BABILA *70*
LA CASA PARRAVICINI FONDAZIONE CARRIERO *72*

Noroeste

EL PALACIO DAL VERME *76*
UNA TORRE MEDIEVAL ESCONDIDA *77*
LA IGLESIA DE LOS SANTOS SERGIO, SERAFÍN Y VICENTE *78*
LA CAPILLA SIN MUROS *79*
LA GRAN VIDRIERA DE COLORES DE LA CÁMARA DE COMERCIO *80*
LAS DECORACIONES EN CERÁMICA DE LA TAVERNA FERRARIO *82*
LA LÁGRIMA DEL PALAZZO ARESE LITTA *83*
LA ANTIGUA SACRISTÍA DE SANTA MARIA DELLE GRAZIE *84*
FUNDACIÓN PORTALUPPI *88*
EL JARDÍN DE LA VIA SAFFI *90*
EL COLEGIO DONDE ESTUDIÓ PÍO XI *91*
LA MERIDIANA MÁS GRANDE DE LA CIUDAD *91*
EL CABALLO ENCABRITADO DEL MONUMENTO ECUESTRE A FRANCESCO BARACCA *92*
FUNDACIÓN FRANCO ALBINI *94*
MUSEO Y CRIPTA DE LA TUMBA DE VERDI *96*
LOS RETRATOS DE VERDI Y DE MIGUEL ÁNGEL *97*
LAS ESTATUAS CALIPIGIAS DE LA CÀ DI CIAPP *98*
CASCINA BOLLA *100*
VILLA FOSSATI *101*
CAMPANARIO DE LA IGLESIA DE LA SANTISSIMA TRINITÀ *102*
EL TOPE FERROVIARIO DE LA ESTACIÓN FANTASMA *103*
LA FUENTE DE GIORGIO DE CHIRICO *104*
EL MUSEO AL AIRE LIBRE *105*
ESTUDIO-MUSEO ACHILLE CASTIGLIONI *106*
LA LÁPIDA DE LA «COLUMNA INFAME» *108*
BAJORRELIEVE DE UNA JOVEN OBSCENA *110*
LA CAMPANA DE LOS SABOYA *112*

ÍNDICE

LA MISTERIOSA FUENTE DEL DRAGÓN *116*

LA ÚNICA VENTANA ORIGINAL DEL CASTILLO SFORZESCO *117*

LA «PONTICELLA» DE BRAMANTE *118*

EL DIABLO DEL GABINETE DE SETTALA *120*

LA LÁPIDA DE AUSONIO *122*

EL FRESCO DE ARGOS *123*

LOS EMBLEMAS DE LA FUENTE DE LA CORTE DUCAL *124*

Noreste

EL TETRAGRÁMATON DE LA IGLESIA DE SANT'ANGELO *130*

LAS CELDAS DEL LAZARETO *132*

PATIO DEL PALAZZO LURASCHI *136*

LA COLUMNA DE SAN DIONIGI *137*

LAS COLUMNAS DE LA PIAZZA OBERDAN *138*

EL BALCÓN DEL RELOJ *139*

EL CANAL DE RIEGO GERENZANA *140*

EL JARDÍN ESCONDIDO DEL HOTEL SHERATON DIANA MAJESTIC *142*

LOS LIBROS DE MADERA DEL MUSEO MUNICIPAL DE HISTORIA NATURAL *144*

LOS FLAMENCOS ROSAS DEL JARDÍN DE LA VILLA INVERNIZZI *146*

UNA OREJA A MODO DE INTERFONO *147*

PALACIO BERRI MEREGALLI *148*

EL EDIFICIO DEL N.° 35 DE LA VIA POERIO *150*

ESTATUA DE PINOCHO *152*

LOS TESOROS ESCONDIDOS DEL PALAZZO ISIMBARDI *156*

LA «TORRE DE LAS SIRENAS» *158*

UN GATO DE CHAPA *160*

FRAGMENTO DE MURO MEDIEVAL *162*

EL BAJORRELIEVE DE LA LOBA DE CORSO VENEZIA *163*
LOS VESTIGIOS DE LOS CAÑONAZOS DE
LOS CINCO DÍAS *164*
PALAZZO SERBELLONI *166*
PLACA DEL ATAQUE DE MARINETTI «AL CLARO DE LUNA» *167*
EL PRIMER BUZÓN DE CORREOS DE MILÁN *167*
COLECCIÓN GIOVANNI LORENZI *168*
LA SUITE 105 DEL GRAND HOTEL ET DE MILÁN *170*
LA AZOTEA DEL HOTEL ARMANI *172*
LA CÚPULA DE SCHIAPARELLI *174*
MUSEO ASTRONÓMICO DE BRERA *175*
FONDO OVIDIO SCOLARI *176*
ESTATUA DE SAN EXPEDITO *178*
CLAUSTROS DE SAN SIMPLICIANO *180*
LA PLACA DE QUASIMODO *181*
EL FRONTÓN ROMANO *181*
CRIPTA DE LOS MÁRTIRES DE LA ANAUNIA *182*
LA LÁPIDA SEPULCRAL DESFIGURADA
DE LA IGLESIA DE SAN MARCO *184*
EL HEXAGRAMA DE LA FACHADA DE LA BASÍLICA
DE SAN MARCO *185*
LA ESCULTURA DE LOS AMANTES *188*
LOS IMPACTOS DE LOS POSTES DEL TRANVÍA *190*
MEDIATECA SANTA TERESA *191*
LOS BATIENTES DE MADERA DE LA ESCLUSA
DE LA VIRGEN CORONADA *192*
BIBLIOTECA HUMANISTA DE LA INCORONATA *194*
CENTRO SOCIO-RECREATIVO MUNICIPAL PARA
PERSONAS MAYORES *196*

ÍNDICE

Suroeste

LA PIEDRA REDONDA DE SAN BERNABÉ	*200*
EL POZO DEL MARTIRIO DE SAN CALIMERO	*202*
LA ANTIGUA IGLESIA DE SAN PAOLO CONVERSO	*204*
LOS RESTOS DEL SÓTANO	*205*
UNA MERIDIANA MURAL	*206*
LOS JARDINES DE SAN CELSO	*207*
EL VELO DE LA VIRGEN	*208*
LA CAÍDA DE SAN PABLO	*210*
LAS SEÑALES DE LOS REFUGIOS ANTIAÉREOS	*212*
LA VIRGEN CON CUERNOS	*214*
LAS VIRTUDES DE LA CAPILLA PORTINARI	*216*
EL BAJORRELIEVE DEL TRANSPORTE DE LA TUMBA DE LOS REYES MAGOS	*218*
EL PATIO CONTINUO DEL CORSO SAN GOTTARDO	*222*
MUSEO DEL CABALLO DE MADERA «LORENZO PIANOTTI»	*224*
LOS VIERNES DEL ROCKY HORROR PICTURE SHOW	*225*
UN PASEO EN BARCAZA POR LOS NAVIGLI	*226*
CENTRO DEL GRABADO	*227*
LAS RANURAS EN LAS BARANDILLAS DEL NAVIGLIO	*230*
LA ENTRADA AL LABERINTO DE ARNALDO POMODORO	*232*
LAS LÁPIDAS DE LA ESCLUSA DE VIARENNA	*234*
TALLERES SCALA ANSALDO	*236*
LA PEQUEÑA CAPILLA DEL FOPPONINO	*238*
LOS VESTIGIOS DEL MAUSOLEO IMPERIAL	*239*
CASA MONETA	*240*
LA COLUMNA DE LA SERPIENTE	*242*
EL PATIO SECRETO DE LA BASÍLICA	*243*
LOS AGUJEROS DE LA COLUMNA DEL DIABLO	*244*
LOS SECRETOS DE SAN AMBROSIO	*246*
EL JARDÍN DE LAS VÍRGENES	*254*
CLAUSTRO DE LAS HUMILLADAS	*256*

IGLESIA DE SAN BERNARDINO ALLE MONACHE *257*
TORRE DEL CARROBBIO *258*
UNA ESCULTURA DEDICADA A GIAN GIACOMO MORA *260*
FONDAZIONE ALESSANDRO DURINI *262*
EL PATIO DEL PALAZZO STAMPA DI SONCINO *263*
LA CASA DEL MONSTRUO DE LA VIA BAGNERA *264*
CASA ISIMBARDI POZZOBONELLI *266*
EL PATIO DEL PALAZZO ARCHINTO *267*

Sureste

PALAZZO ACERBI *270*
LA CASA DE LOS BERSAGLIERI *271*
CRIPTA DE SAN GIOVANNI IN CONCA *272*
CONFALÓN DE HONOR *274*
LA ESCULTURA DEL BUEN GOBIERNO DEL HOSPITAL *274*
SALAS CAPITULARES DEL OSPEDALE MAGGIORE *275*
CRIPTA DE LA IGLESIA DE LA VIRGEN DE LA ANUNCIACIÓN DE L'OSPEDALE MAGGIORE *276*
REPRODUCCIÓN DE LA GRUTA DE LOURDES *278*
LA SALA NAPOLEÓNICA DEL PALAZZO GREPPI *280*
CHIOSTRO TRIVULZIANO *281*
EL ÓRGANO DE LA IGLESIA DE SANT'ANTONIO ABATE *282*
EL EXVOTO DE LOS CARBONEROS *284*
LA PIEDRA DE LOS INOCENTES *286*
EL OSARIO DE LA IGLESIA DE SAN BERNARDINO ALLE OSSA *288*
EL ÚNICO SUPERVIVIENTE DEL INCENDIO *289*
LA ESTATUA DE CARLO PORTA *289*
EL ORIGEN DESCONOCIDO DE LA COLUMNA DEL VERZIERE *290*
SALA DEL GRECHETTO *292*

ÍNDICE

EL PROYECTIL DE LOS CINCO DÍAS DE MILÁN 293
LOS FAUNOS DEL N.º 15 DE LA VIA DELLA GUASTALLA 294
VISITA DE LA SINAGOGA DEL N.º 19 DE LA VIA DELLA GUASTALLA 295
VISITA MENSUAL DE LA IGLESIA DE SANTA MARIA DELLA PACE 296
FUNDACIÓN VICO MAGISTRETTI 298
SALA CAPITULAR DE LA BASÍLICA DE SANTA MARIA DELLA PASSIONE 300
VIA LINCOLN 302
IGLESIA DE SAN NICOLAO DELLA FLUE 304

Alrededores

EL NEÓN DE LA IGLESIA DE SANTA MARIA ANNUNCIATA IN CHIESA ROSSA 308
EL TALLER DE MARIONETAS DE LOS HERMANOS COLLA 309
IGLESIA DE SAN GIOVANNI BONO 310
PEQUEÑAS VILLAS TUDOR 312
IGLESIA DE SAN CRISTOFORO 314
UN HORNO DEL SIGLO XV AÚN EN FUNCIONAMIENTO 315
ORATORIO DE SAN PROTASO AL LORENTEGGIO 316
EL ANTIGUO MONUMENTO CONMEMORATIVO DEL LORENTEGGIO 317
LA IGLESIA DE SAN SIRO ALLA VEPRA 318
EL MUSEO POPOLI E CULTURE 319
EL CABALLO DE LEONARDO 320
CARTUJA DE GAREGNANO 322
UNA ESTACIÓN DE SERVICIO ESPACIAL 324
COLECCIÓN BRANCA 326
RICOVERO 87 328
FESTIVAL «SALTIMBANCHI DOC» 330

VILLA SIMONETTA, LA CASA DE LOS 56 ECOS 331
BASÍLICA DE SANTA MARIA DE LOURDES 332
MUSEO HISTÓRICO DE LOS BOMBEROS DE MILÁN 334
ACCADEMIA DEL GIOCO DIMENTICATO 336
DEPÓSITO ATM 338
MONUMENTO FUNERARIO DE LA FAMILIA BERNOCCHI 340
ESTATUA DE FEDELE SALA 344
SANTUARIO DE SANTA MARIA ALLA FONTANA 348
MUSEO DE LA FUNDICIÓN NAPOLEÓNICA EUGENIA 350
EL CEMENTERIO DE LA MOJAZZA 352
ASOCIACIÓN CULTURAL UMBERTO DI DONATO 354
UNA ANTIGUA GASOLINERA 356
VILLA BICOCCA: UNA ENCANTADORA Y PEQUEÑA
VILLA DE LA ÉPOCA DE LOS SFORZA 357
MAPP - MUSEO DE ARTE PLÁSTICO PAOLO PINI 358
VILLA CLERICI – GALERÍA DE ARTE SACRO DE ARTISTAS
CONTEMPORÁNEOS 360
LA FORMA HUMANA DE LOS PABELLONES
DE NIGUARDA 362
LA FUNDACIÓN PIRELLI 364
MUSEO DE LA ÓPTICA CHIERICHETTI 366
LAS CASAS EN FORMA DE IGLÚ DE LA MAGGIOLINA 368
VILLA FIGINI 370
VILLA MIRABELLO 372
EL MIRADOR DEL PALAZZO LOMBARDIA 374
CURIOSIDADES DESCONOCIDAS DE LA ESTACIÓN
CENTRAL 376
EL PABELLÓN REAL DE LA ESTACIÓN CENTRAL 378
EL BINARIO 21 382
VESTIGIOS DE LA CASCINA POZZOBONELLI 384
EL ESQUELETO DEL CABALLO DE NAPOLEÓN 386
LAS FRUTAS ARTIFICIALES DE GARNIER VALLETTI 388
EL GRAFITO DE LA IGLESIA DE SANTI FAUSTINO E GIOVITA 392

Centro

① LOS FRESCOS SECRETOS DEL PALAZZO BORROMEO 16

② BAJORRELIEVE DE UN DROMEDARIO TUMBADO EN UNA CESTA 18

③ MUSEO MANGINI BONOMI 20

④ UN RECORRIDO POR LAS HUELLAS DE ALESSANDRO MAZZUCOTELLI 22

⑤ LA JABALINA DEL PALAZZO DELLA RAGIONE 24

⑥ LOS TESOROS ESCONDIDOS DEL PALAZZO GIURECONSULTI 28

⑦ LA CABEZA DE LA ESTATUA DE SAN AMBROSIO 30

⑧ SALA DE LOS FRESCOS DEL PALAZZO CLERICI 32

⑨ EL SALÓN DE FIESTAS DEL PALAZZO MARINO 34

⑩ BAJORRELIEVE DEL CORDERO 36

⑪ EL ÚLTIMO BORDADO DE MARÍA ANTONIETA 36

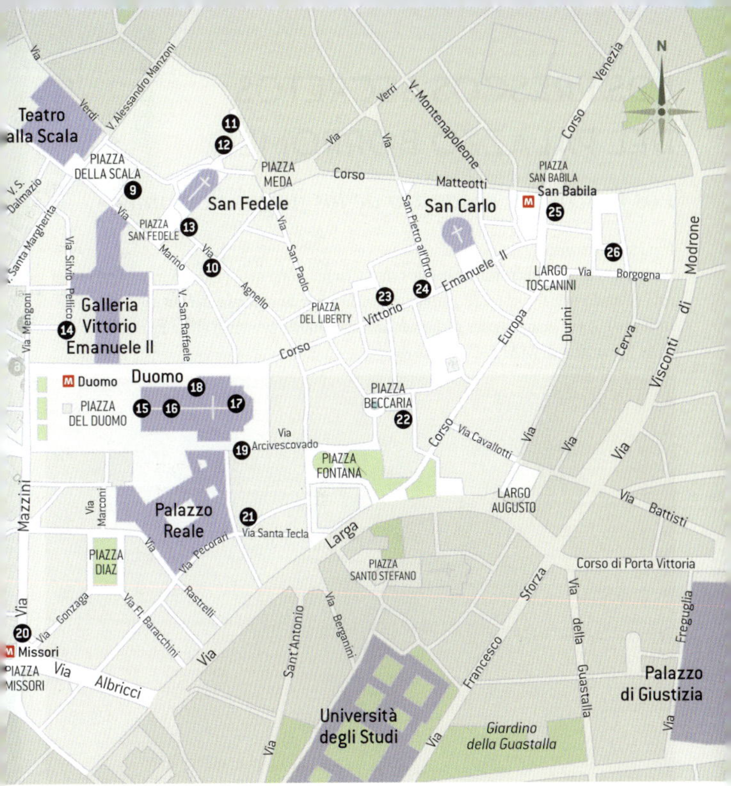

⑫ EL NÚMERO AUSTRIACO DE LA CASA DE LOS OMENONI *38*

⑬ LAS COLUMNAS ENDEBLES DE LOS ÁNGELES *40*

⑭ HIGHLINE GALLERIA *42*

⑮ ESTATUA DE SAN NAPOLEÓN *44*

⑯ LA MERIDIANA DEL DUOMO *46*

⑰ EL RITO DE LA NIVOLA *52*

⑱ ESCULTURAS DE BOXEADORES, ACTORES Y CELEBRIDADES *54*

⑲ EL ORIGEN OLVIDADO DE LA SERPIENTE DE MILÁN *58*

⑳ EL CABALLO EN EL MONUMENTO A GIUSEPPE MISSORI *62*

㉑ AMBROSIANEUM *64*

㉒ EL «WALK OF FAME» DE MILÁN *65*

㉓ LOS MOSAICOS DEL ANTIGUO CINE ASTRA *66*

㉔ EL «SCIUR CARERA» *68*

㉕ EL LEÓN DE LA PIAZZA SAN BABILA *70*

㉖ LA CASA PARRAVICINI FONDAZIONE CARRIERO *72*

LOS FRESCOS SECRETOS DEL PALAZZO BORROMEO

①

Los frescos del «Maestro de los juegos Borromeo»

Piazza Borromeo 7
Acceso en días especiales, como los de «Cursos abiertos» (Cortili aperti) o el del FAI (Fondo per l'Ambiente Italiano: fondo para la defensa del medio ambiente italiano), o incluso a veces pidiendo amablemente permiso en la entrada
MM 1 Cordusio; MM 1–2 Cadorna

En el patio de honor del Palazzo Borromeo, hay una pequeña puerta de madera en el centro de la fachada pintada al fresco. Hoy es la entrada de un despacho privado de arquitectos que alberga uno de los tesoros mejor escondidos de la ciudad: una serie de frescos murales ilustran algunos juegos de la vida cortesana del Milán del siglo XV. Solo se puede acceder a esta sala cuando se celebran jornadas especiales como la de «puertas abiertas» (*Cortili aperti*) o la del FAI (*Fondo per l'Ambiente Italiano*: Fondo para la protección del patrimonio artístico y natural), o a veces incluso solicitando amablemente permiso a los responsables del despacho de arquitectos. Pero, con que las luces de dentro estén encendidas, se pueden entrever estas obras maestras desde el patio, a través de una ventana de la planta baja.

En esta amplia sala de altísimos techos, los frescos empiezan a un metro del suelo, por encima de un plinto de mármol pintado, y cubren tres paredes enteras. El fresco que estaba en la cuarta pared ha desaparecido.

Cada pared ilustra un juego distinto: los tarots, la *palla* (pelota) y la *palmata* (antepasado del trinquete). El azul del cielo, del mar y de una parte de la vestimenta se ha difuminado según la azurita, el pigmento original, se ha ido disolviendo, dejando a la vista el fondo rojo uniforme que hoy prevalece. En el fresco de los tarots, cinco personajes con elegantes ropas juegan a las cartas sentados alrededor de una mesa. El fresco central que ilustra la *palmata* representa a cuatro personajes levantando las manos para tocar la palma del que tiene al lado. En el tercer fresco solo hay mujeres, una de ellas sostiene una especie de bate de béisbol con el que se dispone a golpear una pelota.

La humedad que sube del suelo ha ido degradando el color de parte de los frescos, no evidenciando más que el bosquejo preliminar de la obra, como es el caso de los tarots. Se ha fijado la fecha de este ciclo en torno a los años 1445-1450, pero el autor permanece anónimo y se le identifica en general como el «Maestro de los juegos Borromeo» (*Maestro dei Giochi Borromeo*).

La influencia de Pisanello y de Masolino da Panicale es evidente, aunque estos frescos de carácter profano (anteriores a *La cámara de los esposos* de Mantegna en el Palacio Ducal de Mantua y a los Meses en el Palazzo Schifanoia de Ferrara) han servido de modelo para una serie de ciclos análogos que hay en algunas residencias patricias lombardas (Angera, Cassine, Masnago, Oreno).

BAJORRELIEVE DE UN DROMEDARIO TUMBADO EN UNA CESTA

2

Uno de los símbolos recurrentes en el escudo de armas de la familia Borromeo

Palacio Borromeo; Piazza Borromeo 12
MM 1 Cordusio; MM 1, 2 Cadorna

El número 12 de la piazza Borromeo, situado en el centro de un edificio de ladrillo visto que parece casi inacabado por lo sorprendente de su sencillez, tiene un portal de acceso en forma de arco ojival de mármol rosa de Candoglia del siglo XV adornado con una moldura de sarmientos. El arco enmarca una pesada puerta de madera tachonada de origen gótico y extremadamente rara en Milán, coronada por un curioso bajorrelieve: un camello tumbado en una cesta y con una corona sobre su joroba.

Sorprendentemente, la heráldica italiana utiliza el término *cammello* (camello), aunque su única joroba no deja lugar a dudas de que se trata realmente de un dromedario. El dromedario arrodillado es uno de los símbolos recurrentes en el escudo de armas de la familia Borromeo.

Originaria de San Miniato al Tedesco, cerca de Florencia, la familia Borromeo es una de las más ilustres de la historia de Milán desde finales del siglo XIV. El símbolo del dromedario arrodillado, con tres plumas sobre su joroba, fue uno de los primeros adoptados por Vitaliano I Borromeo, en honor a su tío materno Giovanni Borromeo, y simboliza la paciencia y la devoción. Las leyendas familiares cuentan que el joven Vitaliano I, al tener que dejar Padua para ir a Milán para reunirse con su tío Giovanni, quien lo adoptó en 1396, adornó su mula con una tela decorada precisamente con un dromedario. La devoción de la familia, en la que nacieron, entre otros, san Carlos Borromeo y el cardenal Federico Borromeo, arzobispo de Milán y fundador de la Biblioteca Ambrosiana, también está representada por la palabra *Humilitas*, a saber, humildad, que también está presente en el escudo de armas de la familia.

EN LOS ALREDEDORES

Los patios del Palacio Borromeo

Al cruzar la entrada (tras pedir permiso en la recepción), se accede al primer patio, que ha conservado su forma original a pesar de los graves daños causados por los bombardeos de 1943. Desde ahí, un pasaje bajo dos arcadas lleva al segundo patio, conocido como el Patio de Honor, el corazón del palacio. Tres de los lados de este patio tienen pórticos enmarcados por pilares octogonales macizos. El cuarto lado, sin pórtico, tiene amplias ventanas monóforas rematadas por arcos ojivales y flanqueadas por ventanas más pequeñas de formas diferentes, que datan tal vez de una época anterior. En estos muros, como motivo decorativo, la palabra *Humilitas* se repite en frescos, en caracteres góticos verticales, reafirmando la humildad ante Dios y sus virtudes.

Frente al Palacio está la iglesia de Santa Maria Podone, que conserva el lema *Humilitas* de los Borromeo, mientras que en la plaza se alza una estatua de cobre de san Carlos Borromeo, obra de Dionigi Bussola.

MUSEO MANGINI BONOMI

③

Un curioso museo sobre la vida cotidiana de nuestros antepasados

Via dell'Ambrosiana 20
02 86451455 - museomanginibonomi.it
MM1/Duomo, Cordusio; MM3/Duomo; Tranvía 1, 2, 12, 14, 16, 27

Frente a la Biblioteca Ambrosiana se encuentra uno de los museos mejor escondidos de la ciudad: La residencia del coleccionista Emilio Carlo Mangini es una casa rica en objetos insólitos de los últimos 150 años, objetos relacionados con la vida privada, el trabajo y el ocio de nuestros antepasados.

La colección se estructura en 41 secciones heterogéneas: caballos de madera, juguetes, herramientas masónicas, relojes, carteles, espejos, instrumentos científicos, cajas fuertes, planchas, joyeros, instrumentos ópticos y varias herramientas de trabajo.

El sótano de este edificio del siglo XV-XVI, recién restaurado, alberga una magnífica armería.

Contiene arcabuces, armaduras, cascos, espadas, escudos e instrumentos de tortura, sin mencionar un antiguo pozo doble del siglo VI-VIII, que data en parte de una época romana anterior.

Entre los objetos más curiosos de la colección, cabe destacar, entre otros, un mechón de pelo de la marquesa de Pompadour, anillos pistola de 1820, orinales con campanilla, un mono autómata que fuma, una aspiradora con bomba del siglo XVIII, un sarcófago para maleficios, un juego de naipes de 1620 y un teatrillo con fuelle.

El milanés Mangini, que adquirió la mayoría de los objetos expuestos en esta singular casa-museo durante sus viajes por Italia y Europa, no se conformó con crear una colección única en su género: quiso legarla a sus herederos en forma de fundación.

UN RECORRIDO POR LAS HUELLAS ④ DE ALESSANDRO MAZZUCOTELLI

Los hierros forjados de un artista modernista

Casa Ferraro – Via Spadari 3-5
Casa Galimberti – Via Malpighi 3
Casa Guazzoni – Via Malpighi 12
Casa Campanini – Via Bellini 11
Casa Moneta – Via Ausonio 3
MM 1/3 Duomo, Cordusio; Tranvía 2, 3, 14

No se ven con facilidad, bien porque están escondidos dentro del palacio o porque hay que levantar la vista para verlos: los hierros forjados que Alessandro Mazzucotelli hizo durante las primeras décadas del siglo XX no dejan de ser uno de los ejemplos más hermosos del modernismo milanés.

Un itinerario marcado por las obras maestras que este gran artista ofreció a Milán no puede sino comenzar por la Casa Ferraro, en pleno centro de la ciudad.

En este edificio, cuya planta baja alberga una de las tiendas de delicatessen más famosas de Milán, los motivos florales de las balaustradas se extienden hacia arriba para conectar los distintos balcones.

En la fachada del imponente palacio Castiglioni (corso Venezia, 47), el primer ejemplo auténtico del modernismo en Milán, las complejas obras de hierro forjado de Mazzucotelli combinan perfectamente con las aberturas circulares hechas en la piedra tosca para las pequeñas ventanas de la planta baja. Dentro, en el vestíbulo, se puede admirar la lámpara de libélulas del mismo artista, así como la balaustrada de la gran escalera con doble barandilla.

De hecho, Mazzucotelli también es el autor de las terrazas de hierro forjado de la Casa Galimberti (via Malpighi, 3), cuya fachada está recubierta de cerámica de colores brillantes, así como de Casa Guazzoni (via Malpighi, 13) que está al lado, del portal y de las grandes hojas entrelazadas de los balcones de Casa Campanini (via Bellini, 11), y de las decoraciones naturalistas de Casa Moneta (via Ausonio, 3). En este último edificio, además de las hojas, las flores y los animales, cuyas siluetas están ligeramente esbozadas gracias a un hábil uso de las formas, las mariposas de la verja de la entrada están entre los ejemplos mejor logrados de la decoración modernista.

El modernismo en Milán

Aunque Turín sigue siendo la principal ciudad italiana donde se desarrolló este estilo, Milán también alberga algunos ejemplos magníficos. El rincón más bonito está en el cruce de las calles Malpighi, Melzo y Frisi, donde también está el antiguo cine Dumont (hoy sede de la biblioteca municipal). Cerca de aquí, está el edificio que albergaban las Termas de Diana (hoy un hotel), Casa Centenara (corso Buenos Aires, 66) y el edificio ubicado en el número 11-13 de viale Piave, ambos construidos por Giovan Battista Bossi, también autor del Palacio Castiglioni y de Casa Galimberti.

LA JABALINA DEL PALAZZO DELLA RAGIONE ⑤

El origen olvidado de la palabra "Mediolanum"

Piazza dei Mercanti
MM 1 Duomo, Cordusio; MM 3 Duomo

En la fachada frente al Palazzo della Ragione (Palacio de la Razón), sobre el capitel del segundo arco, se distingue un bajorrelieve de la época romana que representa a una «jabalina semilanuda».

Según una leyenda, el celta Beloveso habría fundado Milán después de cruzar los Alpes para adentrarse en la llanura padana. Al llegar al lugar que le había indicado una diosa en un sueño, Beloveso vio a la hembra de un jabalí con la siguiente particularidad: el pelaje de la parte anterior de su cuerpo era muy largo; era, por así decirlo, una jabalina semilanuda. Construyó su ciudad en este lugar y la llamó *Mediolanum*, es decir, «Semilanudo» (*Medio-lanum*). Según otra hipótesis, fueron los romanos quienes bautizaron la ciudad con el nombre de *Mediolanum*, un nombre que retoma sin duda un topónimo celta cuyo significado sería en *medio de la llanura* (de *planum*, la *p* desaparece al principio de la palabra según el uso celta). El debate sobre estas dos etimologías queda sin embargo abierto, como también es el caso del origen de la palabra *Roma* y existen ¡unas veinte hipótesis más!

Para el lingüista Christian Guyonvarc'h, el verdadero significado del término *Mediolanum* sería el de «santuario central», siendo errónea la traducción de «llanura del centro» porque no contempla el significado religioso.

Existen unos sesenta topónimos formados (o relacionados) con la palabra *Mediolanum* diseminados por el mundo celta continental, la mayoría pertenecen a territorios que antaño formaban la Galia.

El Palazzo della Ragione, que hacía las veces de tribunal, fue construido en 1233 por el podestá Oldrado de Tresseno. Se le llama también el *Broletto Nuovo*: *broletto* deriva de *brolo*, un lugar al aire libre donde se administraba justicia.

Ecos extraños

El Palazzo della Ragione tiene arcadas en los cuatro costados. Bajo estos grandes arcos, se experimenta un singular juego de ecos: acercándose a uno de los pilares del pórtico y apoyando la cara contra la piedra, se puede conversar en voz baja con otra persona que esté en la misma posición en el lado diagonalmente opuesto.

La piedra de los insolventes

En la piazza dei Mercanti, los abogados en busca de clientes ofrecían consejos jurídicos por un módico precio y los notarios ejercían su profesión en pequeños despachos móviles.

Aquí también se obligaba a los mercaderes (*mercanti*) en bancarrota a someterse a la humillación de la «piedra de los insolventes»: los obligaban a bajarse los pantalones y a golpear tres veces sus nalgas desnudas contra un grueso bloque de mármol negro, antes de ser llevados a la prisión de Malastalla.

Mientras tanto, un juez sacaba a subasta todos sus bienes desde la Loggia degli Osii. Hoy la piedra ya no existe: ha sido sustituida por un pozo del siglo XVI, al que añadieron después dos columnas con entablamento.

Sin embargo, en Florencia sigue habiendo una piedra similar: ver la guía *Florencia insólita y secreta* del mismo editor.

El panettone: ¿un origen religioso celta?

Dulce tradicional de Navidad en Lombardía e Italia, el famoso panettone es una especie de pan dulce con frutas secas (uvas pasas y frutas confitadas como albaricoques, naranjas, limones, higos y manzanas) y con aroma a vainilla. Su origen sigue siendo un misterio que varias leyendas intentan explicar sin éxito, pero una cosa es cierta: el panettone es originario de Milán.

Cuando Milán, fundada por los celtas insubres hacia 600 a. C., se llamaba aún Mediolanum, los celtas celebraban el renacimiento del sol el día del solsticio de invierno, en torno a la fecha actual de Navidad para los cristianos, con el fin de favorecer las buenas siembras que solían empezar en enero y principios de febrero. Esta fiesta celta, llamada Yule, fue la primera fiesta estacional que celebraban las tribus neolíticas del norte de Europa.

Para tal ocasión, los druidas, sacerdotes de la religión celta, se intercambiaban, antes de ofrecerlo al pueblo, un pan dulce hecho de cebada, relleno de manzanas y uvas, principal alimento sagrado de Yule. Lo acompañaban con una bebida de cebada fermentada (origen de la cerveza actual, también elaborada con cebada) a base de miel, que algunos han llamado erróneamente «hidromiel" (el hidromiel se compone entre otros de miel y de sidra).

Cuando los romanos ocuparon Milán en 222 a.C. y la integraron en el Imperio con el nombre de Mediolanum, los usos y costumbres celtas se incorporaron a las tradiciones latinas: en el solsticio de invierno, se celebraba también el nacimiento del dios sol Mitra, fecha retomada luego como la del nacimiento de Cristo.

Simultáneamente, se celebraba con las Saturnales romanas el triunfo de Saturno (sol subterráneo, invierno) sobre Júpiter (sol celeste, verano): para los romanos, Saturno representaba la edad de oro y era el sol original del que descendía Júpiter. Nadie trabajaba durante esta fiesta. Se encendían velas y grandes fuegos para iluminar la noche, se comía mucho y los participantes adoptaron la agradable costumbre de servir, después de las celebraciones, un pastel ritual hecho con trigo o cebada dulce a base de miel, relleno de frutas de temporada. De este fermento de trigo nació la hostia de las celebraciones cristianas, y es así como

los historiadores romanos de los siglos II y III d. C. han descrito el origen milanés del panettone como un «gran pan dulce», elaborado con una masa que se conservaba lista para su uso, a la que se daba forma antes de hornearse.

Gracias a su gran fama, el panettone se incorporaba definitivamente a la Navidad cristiana en el siglo XVIII gracias a los escritos del filósofo e historiador Pietro Verri (1728-1797) que definía el panettone como un pane di tono («pan de lujo»), consumido solo en ocasiones especiales. Anteriormente, en el siglo XVI, el pintor flamenco Pieter Brueghel el Viejo (1525-1569) había pintado el panettone en un cuadro titulado *Pastel con frutas de temporada*, probablemente inspirado en un libro de recetas escrito por el lombardo Bartolomeo Scappi (1500-1577), cocinero de los papas Pío IV y Pío V. El pintor holandés Jan Albert Rootins (1615-1674) pintó también, en el centro de su cuadro *Naturaleza muerta con frutas*, un magnífico panettone.

Tras haber perdido su sentido original y dado el gusto del pueblo por simplificar y dar una lógica inmediata a las cosas, el *pane di tono* dio lugar a la leyenda del *pane di Toni*: el panettone habría sido creado por un panadero llamado Toni que trabajaba en la panadería Della Grazia, en Milán, en la época de Ludovico el Moro (1452-1508). El joven panadero, enamorado de la hija de su jefe, habría inventado este dulce para impresionar al padre de su amada. Los clientes empezaron a pedir el *pane di Toni*, expresión que ha evolucionado a *panatón* (palabra milanesa) y luego a panettone (italiano).

Según otra leyenda, el panettone habría sido inventado en la corte de Ludovico el Moro, la víspera de Navidad, entre los años 1494-1500. En una de esas Navidades, el postre previsto se quemó durante la cocción. Uno de los pinches, llamado Toni, que había aprovechado unos restos para preparar una masa de pan, la ofreció a la Corte. Se dice que el postre gustó tanto que Ludovico preguntó el nombre del plato. El joven Toni, al que llamaron para que respondiera al monarca, dijo que no tenía nombre. Ludovico decidió entonces llamarlo *pane di Toni*, dando origen al nombre panettone.

LOS TESOROS ESCONDIDOS DEL PALAZZO GIURECONSULTI ⑥

Un reloj, la antigua vía decumana y unos frescos...

Cámara de Comercio - Palazzo Giureconsulti
Piazza Mercanti 2
Visita con cita previa llamando al 02 85155814
MM 1 Duomo, Cordusio; MM 3 Duomo; Tranvía 2, 3, 12, 14, 16, 19, 27

El Palacio de los Jurisconsultos, del siglo XVI, conserva en su interior la torre de Napo Torriani, miembro del Consejo de los Antiguos del Pueblo de Milán. Integrada en la nueva arquitectura, esta torre del siglo XIII –o al menos sus vestigios– puede visitarse concertando una cita. A través de un tragaluz, se ve incluso la estructura interior y los mecanismos del reloj que adorna la fachada de la antigua torre municipal, construido para dar el toque de queda o alertar de un incendio. Pero el Palazzo Giureconsulti encierra otras muchas curiosidades. El primer sótano del edificio alberga algunos vestigios de la época romana, como un aljibe y el antiguo *decumanus*, un trozo de la calle principal que atravesaba el antiguo *Mediolanum*. En la planta baja, la sala de las columnas, reacondicionada en el antiguo salón donde se reunía la asamblea de los Jurisconsultos –una de las instituciones más importantes del patriciado milanés– ha conservado intacta, con sus columnas pareadas, la apariencia que tenía en el Renacimiento. En la primera planta, nótese la Sala Parlamentino («sala del pequeño Parlamento») cuyo mobiliario original se ha conservado por completo, empezando por los bancos de madera maciza, que forman un hemiciclo. El techo está decorado con un fresco de Bossi de 1700. En la sala Donzelli, el techo, pintado al fresco por Rivetta (1948), ilustra el momento en que el papa Pío IV recibe la maqueta del Palacio de los Jurisconsultos. Otros frescos de los siglos XVI y XVII, de Besozzi, Busca o Panza, han sido arrancados de las antiguas bóvedas demolidas y reutilizados para decorar las salas. Una última sorpresa: la terraza de la última planta, desde la que se disfruta de una insólita vista de la piazza del Duomo, de la piazza Mercanti y de toda la ciudad.

El Tríptico del Día

Entre los tesoros artísticos que conserva la Cámara de Comercio, uno de los más significativos es *El Tríptico del Día* de Gaetano Previati (1907). Tres lienzos alegóricos: el del centro representa a «Apolo conduciendo el carro del Sol» y los dos lienzos laterales, «El Día: Aurora» y «la Noche: Los amantes». Lamentablemente no pueden verse ni estas ni otras obras de Previati (como la serie «Vías del comercio») que pertenecen a la Cámara de Comercio quien a veces las presta para exposiciones abiertas al público. Para más información, consulte la web: www.mi.camcom.it

LA CABEZA DE LA ESTATUA DE SAN AMBROSIO ⑦

La cabeza de una mujer, luego la de Felipe II de España, después la de Bruto, luego la de san Ambrosio

Palazzo dei Giureconsulti, Piazza dei Mercanti 2
MM 1 Duomo, Cordusio; MM 3 Duomo; Tranvía 2, 3, 12, 14, 16, 19

¿Cuántos conocen la curiosa historia de la estatua de San Ambrosio que está en el nicho central del Palacio de los Jurisconsultos, en la plaza Mercanti, corazón vibrante del Milán medieval?

Una estatua que, por así decirlo, ha perdido la cabeza...

Este nicho albergaba originalmente una estatua de la Justicia, perfectamente adaptada a su ubicación y función. Pero bajo el dominio español, la estatua fue decapitada y le pusieron una nueva cabeza: la de Felipe II de España, colocada sobre el cuerpo de esta mujer.

Manzoni escribe sobre esta estatua en su obra *Los novios*: «... Ya, desde la plaza, había entrado en la calle angosta y corta de Pescheria Vecchia, y desde allí, pasando bajo este arco que se presenta en ángulo, había llegado a la plaza Mercanti. Eran muy pocas las personas que, desfilando ante el nicho que marca el centro de la fachada del edificio entonces llamado el Colleggio de'dottori, no levantaban la vista hacia la gran estatua que allí se alzaba, hacia esa figura severa, sombría y hosca –y me ahorro más detalles– de Felipe II, que, incluso con sus rasgos marmóreos, imponía cierto respeto y, con el brazo extendido, parecía dispuesto a decir: «¡Dejad que baje y os enteráis, mocosos!

Pero durante el siglo siguiente a los hechos relatados por Manzoni, en tiempos de la Revolución Francesa, volvieron a decapitar la estatua, y la cabeza de Felipe II fue sustituida por la de Marco Junio Bruto, uno de los conspiradores que habían asesinado a Julio César.

En el pedestal de la estatua se grabaron estas palabras: «La virtud de Marco Junio Bruto sucede a la hipocresía de Filipo II. Ciudadanos, fijaos en vuestro Primer Cónsul».

Pero esta cabeza tampoco duró mucho: cuando los austriacos regresaron unos años más tarde, la estatua fue decapitada de nuevo y, en 1833, la completaron con la cabeza de un tranquilizador san Ambrosio (obra de Luigi Scorzini), en un acto de bendición. El santo patrón de Milán porta una vestimenta romana (como la estatua original de la Justicia). Y los milaneses, recuperando sus rasgos originales, han rebautizado la estatua con el nombre de *Sant'Ambroeus cont i tètt* (san Ambrosio con cabezas). ¡Una fantasía popular impagable!

SALA DE LOS FRESCOS DEL PALAZZO CLERICI

(8)

Un fresco espectacular de Tiepolo en una suntuosa galería

Via Clerici 5
Visitas solo con cita previa llamando al 02 863313271
MM 1 Cordusio; Tranvía 1, 2, 12, 14

El Palazzo Clerici es una de las residencias más fastuosas del Milán del siglo XVIII. Hay que concertar una cita (que merece ampliamente la pena) para visitar su espectacular antesala de los espejos (conocida también con el nombre de «gran galería» o «galería de los tapices»), un espacio de veintidós metros por cinco, cuya decoración contribuyó a dilapidar el patrimonio de la familia Clerici.

Esta sala contiene varias obras de muy alto nivel: un zócalo de madera, obra del maestro ebanista Giuseppe Cavanna, una colección de preciosos tapices y un techo espectacular pintado al fresco por Giovanni Battista Tiepolo.

Realizado en 1741, este fresco representa «la carrera del Sol a través del cielo libre, habitado por divinidades del Olimpo y rodeado de criaturas terrestres y de animales que simbolizan los continentes». Tal y como lo da a entender el título, la cuadriga del Sol, precedida por la figura de Hermes, que abre el camino del cielo, ocupa el centro del fresco. Examinando la obra desde el lado más largo, a la izquierda, la primera escena cuenta el mito de Proserpina, raptada por Plutón, rey del Hades. Al lado está el grupo de Dionisio, abandonado a sí mismo después del final de la fiesta y antes del descanso. Luego están las alegorías de los continentes: Asia, dominada por la silueta oscura de dos camellos cargados con mercancías orientales; América, representada por dos figuras humanas (un piel roja y una joven blanca, una colona inglesa); y por último la alegoría del Mar. La alegoría de las Artes ocupa el lado más corto, en la esquina: un *putto* sosteniendo la paleta de colores y un anciano con una mandolina. Junto al *putto*, el rostro con los rasgos de Tiepolo sería un autorretrato, como se ve a menudo en sus lienzos.

En el segundo lado largo figura África: una enorme trompa y dos colmillos anuncian la llegada de un elefante. Le sigue Europa, donde se distingue un guerrero con armadura y casco resplandecientes, Perseo tal vez, y Poseidón en segundo plano. Después del último de los continentes, Tiepolo quiso representar un mito muy conocido: el rapto de Europa. Los protagonistas de la última alegoría son divinidades fluviales: una podría ser el Arno; la otra, el Tíber, pero el resto de los ríos no son identificables.

Fue precisamente a causa de la magnificencia de este fresco por lo que el conde Antonio Giorgio Clerici se arruinó: la decoración de su galería y de su casa tenían que estar a la altura de esta obra maestra.

EL SALÓN DE FIESTAS DEL PALAZZO MARINO

⑨

Sí, el Palazzo Marino está abierto al público

Palazzo Marino
Piazza della Scala
Visita gratuita sin reserva: martes, miércoles y viernes, con salida a las 10:30h, 11:30h, 14:00h y 15:00h. Visita gratuita con reserva los días festivos
Reservas en el 02 88456617 o por correo electrónico a:
DSCOM.VisitePalazzoMarino@comune.milano.it
MM1, MM3/Duomo; Tranvía 1

Aunque el Palazzo Marino alberga las oficinas del Ayuntamiento de Milán desde 1861, es posible visitar, mediante reserva, este legendario palacio, erigido en el siglo XVI por encargo del conde genovés Tommaso Marino, un rico y poderoso recaudador. Con el fin de conseguir la mano de la bella Arabella Cornaro, hija de un patricio veneciano, ideó un palacio que fuera digno de la joven. Marino encargó a Galeazzo Alessi la construcción de este palacio que, para su promotor, debía de ser «el más bonito de toda la cristiandad».

A Arabella le gustó Marino y aceptó casarse con él. Tras su muerte y la de Alessi, el palacio cayó en desuso. Embargado por el Ayuntamiento y luego comprado por María Teresa de Austria, se convirtió en la sede del Ayuntamiento después de la ocupación austriaca.

Al cruzar el umbral de la puerta de entrada, se puede contemplar el patio de honor, salvado milagrosamente de los bombardeos de 1943 que dañaron el resto del edificio y que ha conservado las decoraciones originales de 1560, inspiradas en dos temas principales: la exaltación del héroe a través del relato de las hazañas de Hércules (registro inferior) y la exaltación de la fuerza del amor a través de las imágenes sacadas de las *Metamorfosis* de Ovidio (registro superior).

Desde el patio se accede al salón de fiestas (actual Sala Alessi), destruido durante la guerra y que ha recuperado su antiguo esplendor gracias a unas obras de restauración terminadas en 2002. Los frescos, cuyos originales se remontan a 1568, son alegorías mitológicas. En un lateral de la sala está el confalón del Ayuntamiento, en el que figura san Ambrosio con la *scrofa semilanuta* («jabalina semilanuda») a sus pies. La visita guiada permite también ver otras salas, como la del Consejo Municipal donde se puede admirar frescos atribuidos a Tiepolo y arrancados de los muros del Palazzo Casti (hoy Dugnani) para protegerlos de los estragos de la guerra.

Una última curiosidad: a los tres años de morir Tomaso, el palacio vio nacer a una de sus nietas que iba a ser famosa. Marianna de Leyva, criada en el convento de las Hermanas Humildes de Monza, se hizo monja a los 16 años y tomó el nombre de su difunta madre, Virginia María, antes de quedar, dicen, inmortalizada por el personaje de la «Religiosa de Monza» en *Los novios* de Manzoni.

BAJORRELIEVE DEL CORDERO ⑩

Un recuerdo de la "contrada" del cordero

Via Agnello 19
MM 1 Duomo, San Babila

Encima de la puerta de la casa situada en el número 19 de la via Agnello, hay un pequeño bajorrelieve con un cordero: es el que dio el nombre a la calle. Aunque el cordero es uno de los símbolos más difundidos del cristianismo (corresponde al cordero pascual, alegoría de Jesucristo), se cree que este bajorrelieve en particular es más bien el emblema de una de las antiguas *contrade* (barrios) de Milán, como la *scrofa semilanuta* (visible en la via Mercanti – Contrada dei Rost(r)i o «Capitán» en el barrio de Porta Nuova) y la pequeña cabeza de loba que está sobre el palacio que hace esquina entre la via Torino y la via Lupetta (Contrada della Lupa en el barrio de Porta Ticinese), simbolizan respectivamente estas dos *contrade*.

EN LOS ALREDEDORES

El último bordado de María Antonieta ⑪

casadelmanzoni.it

La casa-museo de Alessandro Manzoni (via Morone, 1, abierta de martes a viernes de 9 a 12 h y de 14 a 16 h) conserva el último bordado que hizo la reina de Francia, María Antonieta, durante su encarcelamiento en la Conciergerie, la víspera de su decapitación en 1793. Una celadora de la prisón entregó dicho bordado a Sophie de Condorcet, quien lo donó a Giulia Beccaria, la madre de Manzoni.

Las contrade de Milán

Basándose en un mapa dibujado en 1763 por el topógrafo Giovanni Francesco Krauss, el mismo que se rehizo de un mapa medieval anterior y que se conservó en los Archivos de Estado del Castillo antes de perderse, el profesor Alessandro Colombo pudo determinar en 1935, en uno de sus estudios, la posible subdivisión administrativa de Milán a partir de la época comunal y durante los siglos siguientes. En aquella época, la ciudad se aglomeraba dentro de los límites del antiguo foso que Guglielmo da Guintellino mandó excavar en 1157 para contener, en vano, el avance de Federico Barbarroja. Más tarde se amplió y se ahondó el foso para construir el Foso interior. Siendo a partir de entonces navegable, este curso de agua permitió transportar los bloques de mármol de Candoglia al lago de Santo Stefano para construir el Duomo.

Dentro de este perímetro, la ciudad estaba dividida en seis Puertas o *sestieri* (Porta Nuova, Porta Orientale, Porta Romana, Porta Ticinese, Porta Vercellina y Porta Comacina) y en treinta *contrade*, cinco por *sestiere*. El profesor Colombo intentó reconstruir los nombres de estas *contrade*, que se habían perdido parcialmente. Se puede consultar su estudio en la web: www.acquafallata.it

EL NÚMERO AUSTRIACO DE LA CASA DE LOS OMENONI ⑫

El antiguo sistema de numeración de las casas

Casa degli Omenoni
Via degli Omenoni 3
MM 1, MM 3 Duomo; Tranvía 1, 2

Sobre la puerta de entrada de la famosa casa de los Omenoni, el curioso número 1722 no indica el año de su construcción (la casa se construyó entre 1562 y 1566): recuerda el antiguo sistema de numeración de las casas que estaba en vigor durante la dominación austriaca.

El ministro austriaco Johann Wilczeck, siguiendo las órdenes del emperador de Austria José II, encargó en 1786 al marqués Ferdinando Cusani, juez encargado de la construcción de las calles de la ciudad, que cada esquina de la ciudad llevara el nombre de las distintas calles. Además se adjudicaron los primeros números a las casas, conocidos con el nombre de "*teresiani*" porque se usaron durante el reinado de la archiduquesa Maria Teresa de Austria, madre de José II, aplicando un solo y único sistema progresivo que iniciaba en el Palazzo Reale (o Palacio Real, que correspondía al número 1) y seguía en espiral, en un movimiento circular, desde el centro hasta la periferia (delimitada por las murallas españolas), donde el último número era el 5314.

Habiendo aumentado la cantidad de casas en Milán, en 1830 se decidió diferenciar los nuevos números añadiendo letras a los números anteriores (ejemplo: el número 320 se convertía en 320A, 320B; el 321, en 321A, etc.).

Pero en 1866, frente a los crecientes problemas de gestión que planteaba semejante sistema de numeración, se decidió adoptar el sistema actual, basado en números repartidos por calles, con los números pares a la derecha y partiendo del centro.

En Venecia, se sigue usando el antiguo sistema austriaco.

Calumnia descuartizada por los leones

Debajo de la cornisa de la casa de los Omenoni hay un extraño relieve titulado «la Calumnia descuartizada por los leones». Los dos animales representan al dueño de la casa, el escultor Leone Leoni, que también tenía aquí su taller, mientras que el sátiro descuartizado representa precisamente la calumnia y la envidia de las que Leoni era a veces objeto. Fue el propio escultor quien quiso colocar, a lo largo de la fachada, las ocho grandes figuras de telamones que diseñó él mismo y que mandó esculpir por Antonio Abbondio. También se llamó a estas esculturas «Cárceles» como las seis estatuas que esculpió Miguel Ángel para la tumba del papa Julio II. Leoni era amigo de Miguel Ángel y poseía un «cuadro de los Gigantes» pintado por él, así como cuadros de Tiziano, Correggio e incluso el «Códice Atlántico» de Leonardo da Vinci (hoy conservado en la Ambrosiana). Puede ser que los telamones estén inspirados en la descripción que hizo Vitruvio del «Pórtico Persa» construido por los espartanos, donde esculturas de prisioneros de guerra sostenían el tejado. A Leoni le gustaban tanto las estatuas que decidió darles un nombre, que figura detrás de la cabeza de cada una de ellas: Svevus, Quadus, Adiabenus, Parthus, Sarmata y Marcomanus (falta el nombre de dos estatuas centrales). Son los nombres de seis poblaciones de la Antigüedad a las que vencieron los romanos, tal vez otro elemento a favor de la teoría de la inspiración vitruviana. Sea cual fuere el origen de esta idea, los milaneses empezaron rápidamente a llamar a estas estatuas «omenoni» (o grandes hombres) y la propia calle tomó dicho nombre en el siglo XIX. Hoy esta casa, cuyo interior reestructuró Piero Portaluppi (ver pág. 70) en 1929, alberga un club privado, el Clubino, que no está abierto al público.

Un león escultor

Leone Leoni, llamado el Aretino, llevó una vida intrépida y fue precursor del tipo de artista violento e impulsivo que Caravaggio encarnó más tarde. En Roma, se vio implicado en una conjura hurdida contra un joyero del Papa y fue arrestado, y en Génova, fue condenado a que le cortaran una mano, tras una pelea en la que le rajó la cara a un alemán. Escapó a esta condena gracias a la intervención del almirante Andrea Doria. En Milán, se convirtió en el grabador de la moneda imperial y fue precisamente en su taller donde se fundieron las 12 estatuas del «Gran retablo del Escorial» así como los bronces fúnebres del emperador Carlos V y de su hijo Felipe II, rey de España, conservados también en El Escorial. Entre sus otras obras monumentales figuran la tumba del marqués de Marignano, Gian Giacomo Medici, conservada en el Duomo de Milán, la de Vespasiano Gonzaga, que se puede ver en Sabbioneta, y el «Ferrante I Gonzada que domina a la Envidia», en Guastalla.

LAS COLUMNAS ENDEBLES DE LOS ÁNGELES

(13)

Una sugerencia inusual

Chiesa di San Fedele
Piazza San Fedele
Todos los días de 8 a 16 h
MM 1, MM 3 Duomo

Parecen decididos a hacer que todo se derrumbe. O quizás, gracias a ellos nada se derrumba. ¿Con cuál nos quedamos? Este es el dilema al que se enfrentan los visitantes ante la inusual vista de los dos ángeles de estuco de las capillas laterales de este templo, que parecen sostener los capiteles corintios del altar. La impresión es aún mayor porque las pesadas columnas de granito rojo parecen estar en equilibrio, separadas de sus bases y de los propios capiteles, apenas sostenidos por el brazo de un ángel.

Esta insólita y elegante idea es obra de Pellegrino Tibaldi, arquitecto de la Fábrica del Duomo y favorito de Carlos Borromeo, quien impulsó el proyecto de la iglesia de los jesuitas. Pero no es el único hallazgo de Tibaldi en la iglesia de San Fedele.

Cabe mencionar las seis gigantescas columnas corintias de granito rosa de Baveno que sobresalen de los muros y que están colocadas sobre altos plintos para sostener las dos bóvedas esféricas, con el fin de acentuar la perspectiva y dar la ilusión, a pesar de sus limitadas dimensiones, de un vasto espacio.

La elección de no centrarse únicamente en el frontón de la iglesia, sino también de cuidar la fachada y los laterales, también resulta original y permitió resolver la difícil posición del edificio, situada muy cerca de la enorme estructura que es el Palacio Marino.

Las escaleras en las que se cayó Manzoni

Alessandro Manzoni murió a consecuencia de una caída en las escaleras de la iglesia de San Fedele. El 6 de enero de 1873 resbaló, golpeándose la cabeza con un escalón, y el 22 de mayo del mismo año murió de meningitis a la edad de 88 años. A la izquierda del altar mayor, una placa de bronce señala el lugar donde Manzoni solía rezar. Se erigió una estatua en su memoria en la plaza frente a la iglesia.

HIGHLINE GALLERIA

(14)

Un paseo desconocido por los tejados de la galería Vittorio Emanuele II

Galleria Vittorio Emanuele II - Via Silvio Pellico 2
Todos los días de 10:00 a 21:00 h
MM 1, MM 3 Duomo

Aunque la Galleria Vittorio Emanuele II, en la piazza del Duomo, es uno de los lugares más visitados y fotografiados por los turistas, y escritores, poetas y artistas la mencionan con regularidad, pocos saben que también se puede pasear por la Galleria.

La rehabilitación de la galería concluyó en 2015, coincidiendo con la Exposición Universal de Milán, y las pasarelas de la azotea, antes reservadas solo a los técnicos y trabajadores de mantenimiento, se abrieron al público.

Se trata de un recorrido de unos 250 metros entre vidrio y metal, con una superficie total de 550 metros cuadrados que, a 47 metros de altura, permite apreciar de cerca las agujas del Duomo y su Madonnina, así como la línea de horizonte de la ciudad.

A lo largo del recorrido hay puntos de descanso con paneles que narran los momentos más destacados y los personajes célebres de la historia de Milán.

EN LOS ALREDEDORES:
Un portal del gótico tardío

Un portal poco común procedente del palacio de Gasparo Vimercati y situado originalmente en via Crocefisso enmarca actualmente la entrada secundaria del edificio en el número 1 de via dei Filodrammatici. Se trata de un arco ojival de mármol blanco, uno de los pocos ejemplos que se conservan en la ciudad, de gran importancia histórica, ya que marca la transición del estilo gótico al renacentista en Milán.
La parte superior del portal está coronada con la piña de los Sforza, enmarcada con el lema *si te fata vocant*. Los batientes de madera, con paneles en casetones, son originales. En la dovela central hay tres cabezas esculpidas: Francesco Sforza en el centro, Julio César y Alejandro de Macedonia a los lados. Se desconoce la fecha exacta en la que se construyó la puerta, pero data de entre 1450 y 1466 (fecha del compromiso de Francesco Sforza con el ducado y fecha de su muerte, respectivamente).

ESTATUA DE SAN NAPOLEÓN

⑮

La invención de un santo que no existe, en honor a Napoleón

Duomo di Milano
Piazza del Duomo
MM 1, MM 3 Duomo; Tranvía 2, 3, 12, 14, 16, 24, 27

Entre las numerosas estatuas que decoran la catedral de Milán, una de ellas, situada en el lado que da al Palazzo Reale, en el tercer contrafuerte de la fachada principal, es bastante inusual.

Este joven vestido a la antigua, con los pies encadenados y los brazos cruzados en señal de desafío, no es otro que san Napoleón, un santo imaginario de la época moderna que apareció durante el breve periodo en que Milán estuvo gobernada por Napoleón Bonaparte, quien en 1805 se atrevió a lucir la corona de hierro de Lombardía delante de la catedral, pronunciando la famosa frase: «Dios me la dio, ¡ay de quien la toque!». Según la leyenda, esta historia se inventó deliberadamente para rendir homenaje al emperador en la catedral de Milán, donde ya estaban representados en mármol todos los santos de la Iglesia, bajo el gesto protector de la Madonnina. Así, el cardenal Caprara descubrió un misterioso san Neápolis, mártir cristiano del siglo IV, que asociaron al emperador por la similitud de sus nombres de pila, y fue rebautizado con el nombre de san Napoleón. Inspirándose en la vida de otros santos, se reconstruyó la historia del joven que fue torturado y murió en prisión.

Como el emperador ocupó el lugar de la Asunción

Al no tener Napoleón una festividad propia, como último homenaje al emperador, se añadió el santo en el calendario el 15 de agosto, día del nacimiento de Bonaparte, en detrimento de la fiesta de la Asunción de María, a la que está dedicada la catedral. Hasta la caída de los franceses en 1814 no se volvió a celebrar la Asunción.

¿Una estatua de la catedral que sirvió de modelo para la Estatua de la Libertad?

Entre las estatuas de la catedral, en el balcón que da a la entrada central, se encuentra *La Legge Nuova* (La Ley Nueva), ejecutada en 1810 por C. Pacetti. Cuenta la leyenda que esta figura femenina, con el brazo levantado, antorcha en mano y con una corona de pinchos, sirvió de modelo para la Estatua de la Libertad que Bartholdi realizó en 1885. Aunque no hay pruebas, la catedral de Milán está llena de misterios, como la brillante pantorrilla de uno de los flageladores de Cristo en el portal principal. Se dice que los turistas lo tocan para ahuyentar la mala suerte, pero pocos saben que el fragmento de un obús cayó precisamente aquí durante los bombardeos de 1943.

LA MERIDIANA DEL DUOMO

(16)

Una meridiana en el suelo del Duomo

Piazza del Duomo
duomomilano.it
Todos los días de 8:00 a 18:00 h
MM 1, MM 3 Duomo; Tranvía 12, 13, 16, 23, 24, 27; Bus 54

Entrando al Duomo por la entrada principal, se ve una línea de cobre en el suelo que va de sur (a la derecha) a norte (a la izquierda), sigue en vertical sobre el muro hasta una altura de tres metros y acaba en un cuadro en el que figura el signo zodiacal de Capricornio.

Se trata de la antigua meridiana que José II mandó trazar para medir con precisión la hora en que el sol está en el cénit, y sobre todo para determinar la fecha (variable) de Pascua. La construyeron en 1776 dos astrónomos de Brera, Giovanni Angelo De Cesaris y Guido Francesco Reggio.

Este instrumento funcionaba y sigue funcionando con gran precisión. Sobre la bóveda de la primera capilla de la nave situada en el extremo derecho, encima de una de las ventanas laterales, hay un agujero gnomónico a 24 metros de altura (que también se puede ver desde fuera, subiendo al tejado del Duomo, ver foto más abajo).

A mediodía, un rayo de luz se proyecta sobre la línea del suelo mostrando, por medio de los diferentes signos del zodiaco grabados en el mármol a lo largo de la meridiana, la época del año en la que estamos.

En la época en que se construyó la meridiana (las autoridades eclesiásticas exigieron que las obras se llevaran a cabo cerca de la entrada para no molestar durante los oficios), un encargado salía al atrio en cuanto veía el círculo de luz sobre la meridiana y agitaba una pequeña bandera. Uno de sus colegas lo veía desde la torre de los Jurisconsultos y agitaba a su vez otra bandera en dirección al castillo Sforzesco, donde un tercer hombre daba la señal para que se avisara con un disparo de cañón que era mediodía.

Para saber más sobre el origen de las meridianas y sobre cómo funcionan exactamente, ver siguiente doble página.

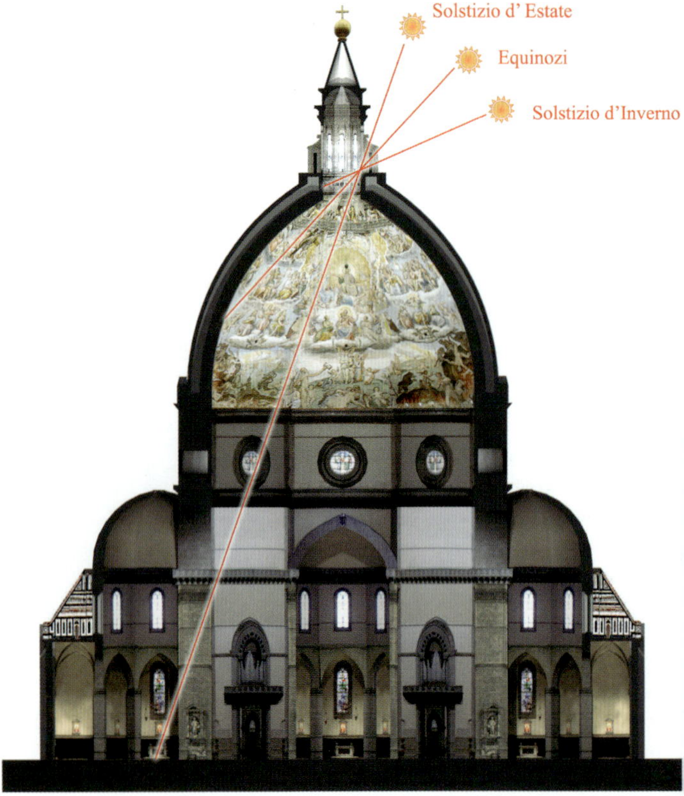
Solstizio d' Estate
Equinozi
Solstizio d'Inverno

¿Cómo funciona una meridiana?

Las meridianas se componen de un pequeño agujero en altura que permite la entrada de un rayo de sol y de una línea orientada exactamente en el eje norte-sur. Este agujero se llama agujero gnomónico (gnomon, guía en griego) y el rayo de sol sobre la línea en cuestión cumple perfectamente la función de la sombra en los cuadrantes solares tradicionales. Para que fuera eficaz, el agujero debía situarse lo más alto posible (de ahí el interés por las catedrales, véase el siguiente párrafo «¿Por qué se han instalado meridianas en las catedrales?») y debía medir una milésima parte de la altura a la cual se situaba. Dicho agujero tenía obviamente que colocarse en el lado sur para dejar pasar el rayo de sol, situado al sur, en el hemisferio norte.

Por lo tanto la línea meridiana partía del punto situado exactamente en la vertical del agujero, algo que no era fácil de calcular hace unos siglos. La longitud de la meridiana dependía de la altura del agujero y en ciertos casos, cuando el edificio no era suficientemente largo para poder trazar en el suelo la línea meridiana completa, se añadía un obelisco al final de ésta (véase, por ejemplo el obelisco de la iglesia San Sulpicio de París).

Evidentemente, en verano, cuando el sol está en lo más alto, el rayo de sol traza la línea meridiana más cerca de la pared sur, por lo tanto al principio de la meridiana, mientras que en invierno, es a la inversa, los rayos de sol, más bajos en el horizonte, tocan el extremo de la línea. El gran principio de la meridiana es que a mediodía, hora solar, el sol está en la cima de su trayectoria y los rayos caen verticalmente siguiendo la perpendicular del eje norte-sur.

Una vez considerado este aspecto, hallándose la línea meridiana sobre este eje, entendemos mejor por qué, cuando el rayo de sol toca dicha línea, sabemos que es exactamente mediodía, hora solar.

Por extensión, en función de la posición del rayo de sol sobre la línea, es también posible determinar el día del año: el rayo de sol sólo alcanza el punto situado justo al principio de la línea, el día del solsticio de verano y el punto situado al final de la línea, el día del solsticio de invierno. Con la experiencia, se determinó y se inscribió luego, sobre algunas meridianas, los días del año en que se realizaron las observaciones.

Las cartas estaban echadas, y mediante la observación del sol sobre la línea meridiana, se podía determinar los diferentes días del año como el Domingo de Pascua, la gran apuesta histórica, científica y religiosa de estas meridianas. Por fuerza, también se podían determinar los diferentes periodos correspondientes a los signos del zodíaco, lo que explica por qué se ven con frecuencia, a lo largo de estas líneas, los símbolos de estos signos.

¿Por qué pasamos directamente del 4 al 15 de octubre de 1582?

Toda la problemática de la medida del tiempo y de los calendarios se explica por el hecho de que la Tierra no tarda siempre el mismo número de días en girar alrededor del Sol: el tiempo de revolución (solar) no es de 365 días o de 366 días sino de 365 días, 5 horas, 48 minutos y 45 segundos. En la época de Julio César, Sosígenes de Alejandría estimó esta duración en 365 días y 6 horas. Para recuperar esta diferencia de 6 horas, Sosígenes intercaló un día más cada 4 años. Con esto, nació el año bisiesto y el calendario juliano. En 325, el Concilio de Nicea constituyó el papel temporal de la Iglesia católica. Esta poseía una liturgia que se componía de fiestas fijas como la Navidad, pero también de fechas móviles como la Pascua. Con objeto de establecer la fecha de esta fiesta esencial, que se correspondía con la muerte y resurrección de Cristo, la Iglesia decidió hacer coincidir el Domingo de Pascua con el primer domingo después del primer plenilunio tras el equinoccio de primavera. Ese mismo año, en 325, el equinoccio cayó un 21 de marzo y se decidió fijar esa fecha como la fecha del equinoccio de primavera. Sin embargo, con los años se dieron cuenta, al observar la bóveda celeste, de que el equinoccio (que corresponde con una posición conocida de las estrellas) ya no volvía a caer el 21 de marzo. Los 11 minutos y 15 segundos de diferencia entre la duración real de la revolución de la Tierra alrededor del Sol y la duración arbitrariamente definida, provocaba en efecto una diferencia de tiempo cada vez más importante entre el equinoccio real y el 21 de marzo. En el siglo XVI, cuando la diferencia era ya de 10 días, el papa Gregorio XIII decidió intervenir. Se suprimieron sencillamente 10 días del calendario y se pasó directamente del 4 al 15 de Marzo de 1582. También se decidió, tras sabios cálculos (en particular del astrónomo calabrés Luigi Giglio), que cada 100 años, los años que debían de ser bisiestos no lo serían salvo cada 400 años, lo que permitiría contar 97 días bisiestos cada 400 años en vez de 100 y de recuperar el retraso real. De este modo, 1700, 1800 y 1900 no fueron bisiestos pero el año 2000 sí, y el año 2100 no lo será. Había nacido el calendario gregoriano. Con objeto de establecer definitivamente este calendario y de terminar de convencer a los protestantes que utilizaban el calendario juliano, la Iglesia empezó desde ese momento a construir grandes meridianas en las iglesias.

El nombre «bisiesto» debe su nombre al hecho de que el día que se añadía era insertado entre el 24 y el 25 de febrero. Según la denominación latina, el 24 de febrero era el sexto (*sextus*) día antes de las calendas de marzo, de ahí el nombre «bis sextus» para el día adicional. Según el calendario romano, se denominaba calendas al primer día del mes.

Las meridianas más altas del mundo

Entre el siglo XV y XVIII se construyeron aproximadamente 70 meridianas en Italia y en Francia, sin embargo sólo 10 poseen un gnomon cuya altura es superior a 10 metros -siendo la altura del agujero del gnomon un elemento esencial para la precisión exacta de las medidas-. La meridiana de Santa Maria del Fiore es, de lejos, la más alta.

Estas son, en orden decreciente, las 10 meridianas más altas:

Santa Maria del Fiore (Florencia)	90,11 m;
San Petronio (Bolonia)	27,07 m;
San Sulpicio (París)	26 m;
Monasterio San Nicolo l'Arena (Catania, Sicilia)	23,92 m;
El Duomo (Milán)	23,82 m;
Santa Maria degli Angeli (Roma)	20,34 m;
San Giorgio (Módica, Sicilia)	14,18 m;
Museo Nacional (Nápoles)	14 m;
El Duomo (Palermo)	11,78 m.

¿Por qué se han instalado meridianas en las catedrales?

Para poder optimizar sus cálculos, los astrónomos necesitaban grandes espacios en los que el punto de entrada de la luz estuviera lo más alejado posible del suelo: cuanto más largo era el rayo de sol, más precisos eran los cálculos. Debido a la altura de las catedrales, estas enseguida fueron consideradas el emplazamiento ideal para estos instrumentos científicos. Además, la Iglesia era la primera interesada en estas meridianas que le permitían determinar la fecha exacta del Domingo de Pascua.

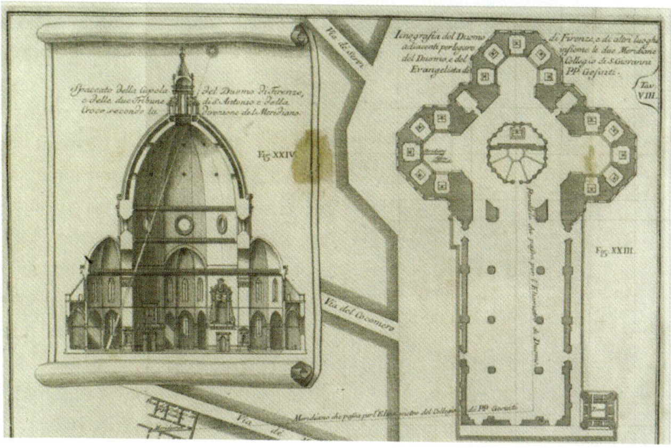

EL RITO DE LA NIVOLA

(17)

La antigua ceremonia del Clavo Sagrado

Duomo
Piazza del Duomo
El sábado anterior al 14 de septiembre
MM 1, MM 3 Duomo

Cada año, el sábado anterior al 14 de septiembre, fiesta de la Exaltación de la Santa Cruz, se celebra en el Duomo un rito de origen muy antiguo (más de 400 años) relacionado con el Clavo Sagrado. Esta reliquia, conservada en una preciosa urna de plata y de cristal de roca, decorada con piedras preciosas, se compone de tres elementos: una barra de hierro, con las extremidades dobladas en forma de anillo, como el bocado de un caballo; una segunda barra, enroscada alrededor de la principal (a la que sirve tal vez de empuñadura); el tercer elemento, el clavo en sí, es una gruesa pieza de hierro forjado a mano, cuya punta está replegada en forma de gancho dentro de uno de los anillos del bocado, y agrandado en la parte opuesta de manera a formar la «cabeza» de un clavo grueso. Cuenta la leyenda que el emperador Constantino lo había heredado de su madre Elena (ver más abajo) y lo perdió. Inexplicablemente, este clavo, que había sido añadido al bocado de un caballo, volvió a aparecer en el taller de un herrero de Milán. Fue Ambrosio quien reconoció esta pieza de hierro como el Clavo Sagrado de la cruz de Jesús y quien mandó que lo llevaran a la iglesia de Santa Tecla. Tras ser esta derruida, se trasladó el Clavo Sagrado al Duomo. El primer documento que acredita su existencia se remonta al año 1575, cuando san Carlos Borromeo, durante la epidemia de peste, lo llevó en procesión desde el Duomo hasta la iglesia de San Celso para implorar el fin de la epidemia. Hoy, el clavo cuelga sobre el altar mayor del Duomo: está sujeto a la clave de bóveda e iluminado por una luz roja. Para sacar el clavo de su custodia durante la ceremonia, se usa la *nivola*, un insólito ascensor del siglo XVII, hoy mecanizado. Esta especie de cesto de chapa, de unos tres metros, está recubierto con una tela y decorado con pinturas que representan ángeles y querubines envueltos en nubes vaporosas, pintados por Landriani en 1612.

La leyenda de los Clavos Sagrados

Según las diferentes tradiciones, se usaron tres o cuatro clavos en la Crucifixión de Jesucristo: dos para las manos, uno para los pies y uno para sujetar el *Titulus crucis*, la placa con la inscripción INRI (iniciales de la expresión latina «Iesus Nazarenus Rex Iudaeorum» –Jesús de Nazaret, Rey de los Judíos). La primera alusión a los clavos de la Pasión de Cristo se encuentra en la oración fúnebre que pronunció san Ambrosio cuando murió su amigo el emperador Teodosio, el 25 de febrero de 395. En aquella ocasión Ambrosio, al referirse a los atentos cuidados que la emperadora Elena prodigó a su hijo Constantino, afirmaba que la futura santa había participado, durante su viaje a Tierra Santa en 327-328, en la búsqueda de la cruz que dejó en Jerusalén y de los clavos que se habían utilizado para crucificar a Jesús: «Elena buscó los clavos con los que el Señor fue crucificado, y los encontró. Mandó hacer un bocado con uno de ellos, otro fue insertado en una diadema; utilizó uno como adorno, y otro como devoción [...] Envió a su hijo Constantino una diadema repleta de piedras preciosas, sujetadas por la gema más preciosa (el clavo) de la cruz de la divina redención y le envió también el bocado. Constantino usó ambos objetos y transmitió la fe a sus sucesores [...] Elena actuó sabiamente al colocar la cruz sobre la cabeza de los reyes, para que así la cruz de Cristo fuera adorada en la figura de los reyes.» San Gregorio de Tours escribió que uno de los clavos fue lanzado al mar para calmar una tempestad. Es posible que los que quedaron hayan sido legados a los descendientes del emperador. En el siglo VI, se hallaron documentos en Constantinopla que hablaban de la veneración de varios Clavos Sagrados, sin duda los de santa Elena, o que formaban parte de las reliquias originales, conservadas en la basílica de Santa Sofía. Tras el saqueo de la ciudad por los cruzados en 1204, los clavos quedaron dispersos. Varios lugares sagrados se enorgullecen hoy de poseer uno de los clavos: además del Duomo de Milán, habría un fragmento del bocado del caballo de Constantino en Roma, en la Basílica de la Santa Cruz de Jerusalén, mientras que otro fragmento de este bocado se conserva desde 1260 en la ciudad francesa de Carpentras, que lo ha convertido en su emblema. En la catedral de Colle Val d'Elsa, en la Toscana, hay un clavo torcido que se dice es el que sirvió para sujetar la placa con la inscripción INRI. Por último, hasta hace muy poco, se creía que otro clavo había sido insertado en la corona de hierro de Monza, que algunos consideraban como la verdadera corona del emperador Constantino. Sin embargo, análisis recientes han demostrado que la estructura de la corona es de plata, y no de hierro.

ESCULTURAS DE BOXEADORES, ACTORES Y CELEBRIDADES

(18)

Mussolini en el Duomo

Terrazas de la catedral
duomomilano.it
MM1, MM3/Duomo; Tranvía 12, 13, 16, 23, 24, 27; Bus 54

En el tejado-terraza de la catedral, a lo largo de la *falconatura*, la punta superior de la catedral, se alzan pequeñas esculturas de personajes célebres en la época de la restauración de 1920. Curiosamente, no guardan relación alguna con el contexto religioso. Para verlas, hay que darle la espalda a la *Madunina* y mirar los relieves que están arriba, frente a las dos salidas.

A la izquierda, se ven cuatro pares de boxeadores peleando: tal vez eran todos famosos en aquella época, pero los únicos cuyos nombres no se han sumido en el olvido son Primo Carnera (primer boxeador italiano en ganar el título de los pesos pesados) y Erminio Spalla (primer italiano campeón de Europa antes de convertirse en actor célebre).

A la derecha, se distingue una serie de rostros, algunas cabezas de hombres de pelo rizado aún más difíciles de identificar, la de Mussolini reconocible por su fuerte mandíbula cuadrada a pesar de los rizos añadidos posteriormente para camuflarla, un retrato del director de orquestra Arturo Toscanini, y por último un «doblete» que reúne los rostros del Duce y del rey Victor Emmanuel II tal y como aparecían juntos en los sellos de la época.

También hay numerosos objetos curiosos como un casco romano, las fasces del lictor (emblema fascista), un par de raquetas de tenis con pelotas, un balón de rugby y aparejos de alpinismo. Una manera como otra de proclamar que la catedral representa el universo y que ilustra por ende toda la gama de personajes que encontramos en él.

En verano, se organizan conciertos y eventos nocturnos en lo alto de las terrazas de la catedral. Programa disponible en vivilduomo.it

Matthäus Röriczer y el Duomo: la polémica revelación de la geometría sagrada masónica medieval

La construcción del Duomo de Milán (cuarta iglesia de Europa en superficie después de San Pedro del Vaticano, San Pablo de Londres y la catedral de Sevilla) duró más de 400 años, de 1386 a 1813, y fue escenario de discordia y discusiones sin fin entre los maestros arquitectos y los gremios de los *muratori* (albañiles) que participaban en su construcción. Aunque inicialmente el plano de planta de la catedral fue diseñado *ad quadratum*, es decir, basado en el cuadrado y en el doble cuadrado, con una nave central y naves laterales de igual altura, este plano fue abandonado enseguida para sustituirlo, durante la elevación del edificio, por un plano de planta ad triangulum. Esto desató la controversia ya que surgieron problemas aparentemente irresolubles: la altura de un triángulo equilátero, base del ad triangulum, no tenía en efecto una medida en común con el lado del triángulo y volver a colocarlo en un plano de planta *ad quadratum* implicaba modificar todos los principios de la geometría sagrada y falsear todas las proporciones. Con el fin de retomar la lógica de la geometría sagrada, se recurrió a Gabriele Stornaloco, un matemático de Piacenza que recomendó redondear la altura de las naves de 83,138 *braccia* (brazas) a 84 *braccia* para entonces poderla dividir fácilmente en seis unidades de 14 brazas. Aunque era aceptable, el principio de Stornaloco fue luego modificado y se disminuyó la altura para acercar la catedral a los principios clásicos. Esta concesión con la medida legítima enfureció al maestro *muratori* alemán Heinrich Parler, y sus protestas le llevaron a dimitir como consejero en 1392. En 1394, Ulrich von Ensingen llegó de la ciudad de Ulm como consejero, pero solo se quedó seis meses. Como los *muratori* de Lombardía seguían discutiendo, cada uno defendiendo su teoría, se recurrió entonces al maestro arquitecto francés Jean Mignot. Mignot tampoco se quedaría mucho tiempo: sus críticas hacia los *muratori* lombardos que pretendían imponer su propio estilo en la catedral, aunque fueran en contra de los principios góticos, fueron tan severas (su frase «Ars sine scientia nihil est» – «El arte sin ciencia no es nada» quedó inmortalizada) que los milaneses le respondieron de inmediato: «Scientia sine arte nihil est» («La ciencia sin arte no es nada»). Mignot regresó a París en 1401 sin haber logrado avance alguno por parte de los intransigentes *muratori* de Milán. Sirviéndose de métodos pragmáticos, estos terminaron por fin el coro y los cruceros hacia 1450. Años después, Matthäus Röriczer (fallecido en 1492), que pertenecía a la tercera generación de una familia de maestros constructores de la catedral de Ratisbona, provocó un enorme escándalo: aunque el pacto de silencio le impedía revelar los secretos del arte de los *muratori* a los no iniciados, Röriczer publicó numerosos detalles hasta entonces guardados en secreto en los libros de anotaciones cuyo uso era exclusivo de los maestros constructores. Aunque la única obra que publicó Matthäus Röriczer se reduce a un pequeño panfleto, es de una importancia extraordinaria: es el único dedicado a la geometría sagrada masónica medieval. Esta obra titulada *On the Ordination of Pinacles* da la solución para erigir un pináculo de proporciones correctas a partir de un plano de planta determinado. Con la ayuda de este esquema, una regla y un compás, los *liberi muratori* podían, partiendo de una dimensión determinada, diseñar la planta a escala real gracias a la geometría: calcaban la planta sobre un suelo de yeso y luego creaban las plantillas o los moldes de madera sobre los que se cortaban y tallaban las piedras. La explicación del sistema que da Röriczer demuestra la sencillez de este método: en vez de usar como referencia constante las medidas del plano (esquema en el que es más difícil detectar un error), como se hace en la práctica moderna y profana de la arquitectura, el pináculo (así como otros elementos arquitectónicos) se «desarrollaba» a partir de un cuadrado. Sea cual sea el tamaño del cuadrado inicial, todas las partes del pináculo son proporcionales al cuadrado. Pudiendo las medidas del cuadrado original derivarse como una función de la geometría global de la catedral, el tamaño del pináculo guarda una relación armoniosa con el conjunto. El cuaderno de Matthäus Röriczer fue dedicado al príncipe Willebaldo, obispo de Eichstadt, mecenas de los masones primitivos, que sentía gran curiosidad por conocer la metodología exacta de la geometría sagrada.

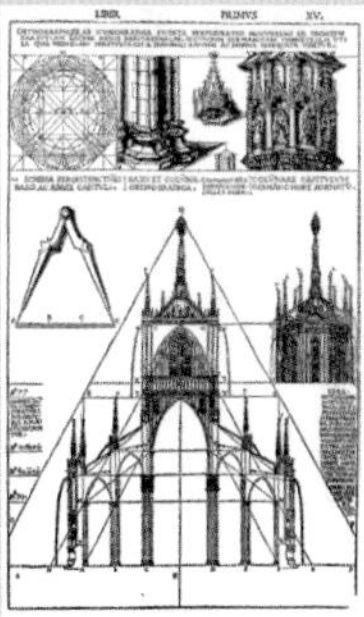

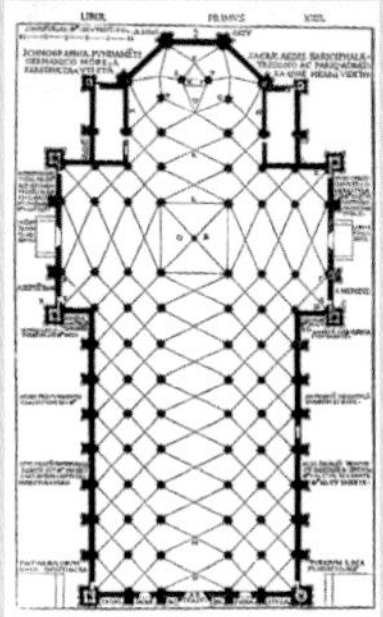

En 1521, se publicó al fin un esquema del Duomo de Vitruvio, basado en el *rombus* o *vesica*: en él se muestra la elevación triangular del corte transversal de la catedral en superposición sobre círculos concéntricos en los que están dibujados el cuadrado y el hexágono, mostrando la relación de la elevación ad quadratum del plano de base.

EL ORIGEN OLVIDADO DE LA SERPIENTE DE MILÁN

(19)

¿Por qué la serpiente se convirtió en el símbolo de los Visconti?

Palazzo Arcivescovile
Via dell'Arcivescovado/Piazza del Duomo - MM 1, MM 3 Duomo

En Milán se ve muy a menudo el emblema de una enorme serpiente devorando a un hombre. *Il bissun*, como lo llaman los milaneses, es en realidad el famoso blasón de la familia Visconti. Aunque se trata de uno de los símbolos de la ciudad de Milán, el origen de este blasón permanece incierto. Según algunos historiadores, este blasón habría sido creado por Otón Visconti, llamado *Ottorino* (1207-1295), hijo del poderoso señor feudal Ubaldo Visconti. Nacido en Milán, Otón consiguió el puesto de arzobispo de la ciudad tras una dura lucha contra otro candidato, Martino della Torre. Para agradecer el apoyo del papa Gregorio X (cuyo nombre era Teobaldo Visconti), Otón Visconti inmortalizó en su blasón «el moro vomitado por la serpiente», una referencia a la obligación contraída por Gregorio X antes de ser Papa (1271-1276), durante la novena cruzada (1271-1272) en San Juan de Acre, Tierra Santa, con el príncipe y futuro rey Eduardo I de Inglaterra.

Otra leyenda asegura que fue Azzone Visconti quien, en 1323, se atribuyó la serpiente como emblema: mientras acampaba con sus tropas del lado de Pisa, no se dio cuenta de que una víbora se había deslizado en su casco. Cuando se lo puso en la cabeza, la víbora escapó sin morderlo.

Pero existen otras leyendas más antiguas, como la de Desiderio, último rey de los lombardos, que se quedó dormido bajo un árbol y se despertó con una víbora enroscada en la cabeza a modo de corona. Que la serpiente no lo hubiera mordido, fue, según el rey, un milagro y por eso la eligió como símbolo.

También se cuenta que la serpiente se convirtió en el símbolo de los Visconti justo después de que Umberto, ancestro de la familia, liberara Milán de un terrible dragón. Según ciertas leyendas populares, una enorme serpiente con cabeza de dragón infestaba las aguas del lago Gerundo, una masa de agua que se extendía al este de la ciudad. La criatura devoraba a todos los que se acercaban a la orilla, sobre todo a los niños. Un caballero desconocido y temerario, que se encontraba del lado de Calvenzano, se enfrentó a la serpiente y la mató, salvando a la vez a un niño que acababa de ser atrapado. El lago se secó al instante, devolviendo al pueblo una buena tierra fértil. En cuanto al valiente caballero, era justamente Umberto Visconti, que fundó este linaje y tomó como blasón la serpiente devorando a un niño. En Calvenzano, la calle principal se sigue llamando *Via della Biscia* (calle de la culebra).

Aunque el origen de la serpiente como símbolo sigue confuso, su importancia no ha pasado desapercibida ni para el Ayuntamiento de Milán, ni para el Inter de Milán, Canale 5 o Alfa Romeo, que la han elegido como símbolo...

El biscione: más que un blasón, ¿un símbolo esotérico e iniciático?

Además de hacer referencia a los Visconti, el *biscione* coronado es en realidad un emblema esotérico con un origen muy anterior a Otón Visconti que lo adoptó como blasón familiar.

Más que una simple víbora, la serpiente del escudo es en realidad un basilisco, animal mitológico que Plinio el Viejo describió como una serpiente verde con una corona dorada sobre la cabeza.

En alquimia, se refieren al basilisco como «niño de los filósofos»: representa la naturaleza inferior del hombre que es transmutada o «vomitada» en su naturaleza superior. Representa al verdadero alquimista cuyo fin es transformarse interiormente y alcanzar el despertar espiritual.

Los tratados orientales de Tantra-Yoga del hinduismo primitivo aluden a la fuerza electromagnética que circula dentro del hombre y de la naturaleza.

La llaman Kundalinî y la describen como una serpiente coronada que se eleva iluminando espiritualmente al hombre. Es la razón más probable por la que los egipcios de la Antigüedad (y luego los grecorromanos) representaban a su dios Serapis con un cuerpo

de serpiente y una cabeza humana, muy parecida al *biscione* (ver ilustración). Serapis era el dios de los misterios subterráneos, celebrados en criptas y grutas sagradas. Representaba también la fuerza vital (telurismo) de la Tierra y circulaba como una serpiente en las líneas telúricas que atravesaban la Tierra.

Los celtas insubres, que fundaron Mediolanum, el Milán primitivo, hacia los años 600 a. C. profesaban una profunda veneración por la serpiente: creían de hecho que era una serpiente de mar que había surgido de las aguas del origen de la Creación y que había poblado la Tierra. Las creencias primitivas consideraban a la serpiente como el vasallo del Todopoderoso, la representaban muy a menudo con una corona sobre la cabeza.

La iconografía paleocristiana sigue esta corriente: en la historia bíblica de Jonás y de la ballena Leviatán, el acto de ser tragado y vomitado es una metáfora habitual para representar la muerte profana y la resurrección iniciática.

Este episodio bíblico apareció de nuevo en la leyenda de Teodorico el Grande, rey de la Italia ostrogoda, que decía haber sido tragado y vomitado por una serpiente monstruosa, en la ciudad de Arona que, hecho significativo, pertenecía a la familia Visconti...

EL CABALLO EN EL MONUMENTO A GIUSEPPE MISSORI ⑳

Un caballo realmente cansado

Piazza Giuseppe Missori
MM 3 Missori, Duomo, MM1 Duomo

En la plaza Missori, aunque está algo apartada, se puede admirar uno de los monumentos más sorprendentes de Milán: el dedicado al patriota Giuseppe Missori, (participó, a lomos de su caballo, en los cinco días de Milán), considerado igualmente garibaldino (se dice que se distinguió por salvar la vida de Garibaldi en la batalla de Milazzo). El monumento, inaugurado en 1916, es obra del escultor Riccardo Ripamonti. La estatua de bronce, que se hizo fundiendo varios cañones, se alza sobre un tronco y representa al general Missori a lomos de su caballo. El patriota y garibaldino parece triunfante, con el pecho henchido y la mirada casi desdeñosa. Pero su caballo es el que se lleva la palma: demacrado, cansado, con la cabeza agachada y la mirada triste. Un jamelgo cualquiera. No cabe duda de que Ripamonti quiso resaltar este contraste. Tal vez por una empatía enorme y humana hacia el caballo, agotado por las hazañas demasiado ambiciosas del general, tanto durante los cinco días de Milán como en su calidad de garibaldino, tal vez por ironía ante la actitud de Missori. Si Ripamonti hubiera tenido que hacer una escultura de Don Quijote a lomos de Rocinante, no podría haber logrado una mejor. El hecho de que alguien también rompiera su espada de bronce (un acto vandálico en 2007), restaurada para el centenario de la instalación del monumento, le confiere a la estatua la actitud del héroe de Cervantes. La ironía y el sarcasmo hicieron mella enseguida en los corazones de los milaneses: cualquiera que pareciera cansado o abatido era recibido con un *Te pàret el cavall del Missori!* (¡Pareces el caballo de Missori!). Y al propio caballo lo apodaron *Cavall de brum* (caballo de *brum*), por los caballos con aspecto triste que tiraban del transporte público más común de Milán a finales del siglo XIX: el carruaje cerrado para dos o cuatro pasajeros (el *brum*). Le dedicaron incluso una canción al caballo de Missori, que inventó Vittorio Catalani y que terminaba así: *Col suo passo di vecchio ronzino, / l'occhio triste, parlando e tacendo, / tutto solo in un mondo tremendo, / zoppicando si mise in cammino. / Troppo stanco di dentro e di fuori, / brontolando, però senza voce, / trasportando, anziché la sua croce, / ritto in sella Giuseppe Missori.* (Con el paso de un viejo jamelgo, / el ojo triste, que todo lo dice en silencio, / completamente solo en un mundo terrible, / cojeando se puso en camino. / Cuerpo demasiado cansado y agotado por dentro, / refunfuñando, pero sin voz, / llevando, en lugar de su cruz, / justo sobre su montura a Giuseppe Missori).

AMBROSIANEUM

(21)

La rotonda de Pellegrini donde estaban las caballerizas episcopales

Via delle Ore 3
ambrosianeum.org
Las salas están disponibles para conferencias y reuniones públicas
MM1, MM3/Duomo; Tranvía 12, 15, 23, 27; Bus 54

El curioso edificio de planta decagonal que se alza detrás del Palacio Arzobispal estaba antaño ocupado por las caballerizas del arzobispado. El arzobispo Carlos Borromeo encargó a Pellegrino Pellegrini de' Tibaldi, llamado *il Pellegrino* (literalmente: «el peregrino»), que construyera este edificio en 1573. La forma de diez lados se debe a la conformación particular de la zona donde Borromeo decidió construir sus caballerizas: se trataba de sacar el máximo partido a un espacio más bien reducido, razón por la que Pellegrini optó por un edificio de construcción vertical distribuyendo los espacios en tres plantas, cada una con forma de anillo con un espacio central abierto. En lo alto había un henil, con un agujero en el centro que permitía repartir el heno en las plantas inferiores. En la planta baja, a la que se accede por un camino adoquinado en ligera pendiente, estaban los caballos (cabían hasta 18), mientras que en la planta inferior, donde acaba la pendiente, estaban las bestias de carga. En el siglo XX, estas caballerizas perdieron rápidamente su utilidad y se convirtieron después de la Segunda Guerra Mundial en la sede del Ambrosianeum, una institución encargada de difundir la cultura teológica en el mundo laico. Hoy se puede visitar el interior de las antiguas caballerizas durante las numerosas actividades públicas que organiza la asociación. Las aberturas que había en el centro de las plantas han sido selladas y desde entonces las caballerizas albergan salas de conferencias. Desde el sótano se puede acceder a la planta baja por una escalera de caracol, y saliendo por la parte trasera del edificio se descubre en la primera planta una curiosa fachada que recuerda a un templo griego, con sus columnas y su arquitrabe, que da a un muro del arzobispado.

EL «WALK OF FAME» DE MILÁN ㉒

El «Walk of Fame» olvidado

Largo Corsia dei Servi 21
MM 1 San Babila

Una galería oscura y poco frecuentada del centro de la ciudad esconde un pequeño espacio lleno de huellas de manos y firmas de celebridades, inspirado en el más célebre *Walk of Fame* de Hollywood.

La idea, que nació del semanario *TV Sorrisi & Canzoni* («TV Sonrisas y Canciones»), se remonta a 1984 y está ligada al «Gran Premio Internacional del Espectáculo» (también llamado la Noche de los *Telegatti*, una versión italianizada de la Noche de los Óscar de la televisión).

El *Walk of Fame* pretendía que los invitados más ilustres que participaban en el evento, o recibían un *Telegatto*, dejaran un recuerdo de su paso. Tenían que imprimir la huella de sus manos, y a veces la de sus pies, así como su firma, en una placa de plastilina que servía luego de molde para una baldosa de cemento que sellaban en el *Walk of Fame*.

Actores, cómicos, directores de cine y de teatro, cantantes y directores de orquesta dejaron, a lo largo de los años, la huella de su paso. Entre los personajes más célebres de esta singular galería, destacan en particular a Francis Ford Coppola, Michael Douglas, Ben Kingsley, Christophe Lambert, Sophie Marceau, Robert Mitchum, Philippe Noiret, Nick Nolte, Sylvester Stallone, Sharon Stone, Raquel Welch, e italianos como Renzo Arbore, Sandra Mondaini y Raimondo Vianello.

La elección de la galería, situada en el número 21 de Largo Corsia dei Servi, justo enfrente de la oficina de Correos que hace esquina, se debió a que la redacción de *Sorrisi* estaba antaño en el mismo edificio, encima (se mudó luego a la sede de Mondadori de Segrate).

La *Notte dei Telegatti* se suspendió en 2004. Este evento, que siempre se había celebrado en Milán, se trasladó a Roma en 2006 y se siguió emitiendo durante tres años seguidos.

En 2008, se dejó de emitir, pero las baldosas y sus huellas, las últimas fechadas en 2004, siguen en el mismo lugar.

LOS MOSAICOS DEL ANTIGUO CINE ASTRA

(23)

Gacelas, plumas y narcisos... donde rugía el león

Antiguo cine Astra (hoy una tienda Zara) Corso Vittorio Emanuele 11
todos los días de 9 a 21 h
MM1 San Babila; MM3 Duomo; Bus 60, 73

A veces, basta con pasear por una de las arterias más comerciales de Milán, entre tiendas de ropa, relojerías y zapaterías, para toparse de repente con una alegre carrera de gacelas… Lo que hoy es la entrada de una tienda de moda narra en realidad los esplendores del pasado, cuando esta calle era el Broadway milanés. Corrían los años 70, y a lo largo del corso Vittorio Emanuele había una veintena de cines, todos llenos por las noches, pero también por las mañanas, cuando los adolescentes preferían escapar, por unas pocas liras, de la aburrida rutina de los pupitres del instituto. Mignon, Corso, Ariston, Arlecchino, Ambasciatori, Corallo, Apollo, Excelsior: emblemas de la edad de oro del séptimo arte, obligados a cerrar de golpe, sus butacas y pantallas rindiéndose ante los escaparates. Solo el Odeon de via Santa Radegonda, con su preciosa fachada de los años 20, sobrevivió al convertirse en un multicines. El antiguo Astra, sin embargo, inaugurado en 1941 con 1100 butacas, cerró sus puertas en 1999: ya no hay cartel ni taquilla donde, por primera vez en Milán, se introdujo las reservas de asientos, marcadas entonces con una X en un tablón de papel. El Astra abrió sus puertas durante la guerra, lo que hace que sea el único cine de Milán dotado de un refugio antiaéreo subterráneo. Pero en realidad fue un ave fénix, surgido de las cenizas del cine Excelsior, inaugurado en 1905 y modernizado en 1919 con el nuevo nombre de Silenzioso. Solo se ha conservado un elemento: el magnífico atrio circular realzado por la gran escalera «de tenaza» que conducía a la galería, bajo las jóvenes representadas tumbadas en el mosaico dorado. El arquitecto Alessandro Rimini, junto a M. Cavallè y el escultor F. Asco, buscaban un juego de brillos y colores, como el detalle de las barandillas sostenidas por pequeñas columnas retorcidas y cristales decorados con motivos florales. En el centro, la magnífica lámpara de araña de cristal de Murano, tan grande y cuidada que una vez al año un técnico de mantenimiento subía a ella por la escalera común. Fueron los años dorados de este cine, bajo la dirección del gigante estadounidense Metro-Goldwyn-Mayer entre 1956 y 1973. El cine pasó a llamarse Metro Astra. La MGM, con una programa excelente, cuidaba cada detalle, incluso controlaba la temperatura de la sala y cambiaba la pantalla cada año para garantizar una luminosidad siempre óptima. Alfombras inglesas con arabescos, terciopelo rojo y cortinas daban carácter a la sala, y cada proyección comenzaba con el inconfundible rugido del león, emblema del estudio cinematográfico. Y para introducir la atmósfera soñadora que se respiraba en la sala, en las paredes del gran atrio, dos enormes paneles de mosaico en trampantojo representaban dos ventanas abiertas sobre unos paisajes fantásticos. Una explosión de narcisos, jacintos y cálices amarillos, árboles frondosos, torrecillas lejanas y cigüeñas surcando el cielo mientras, en el prado, dos gacelas blancas se persiguen. Una única figura aparece en esas visiones poéticas: desnuda y de formas generosas, una mujer a lo lejos parece aludir a un sueño de amor.

EL «SCIUR CARERA» (24)

«Debe estar libre de todo defecto quien esté decidido a criticar al prójimo»

Corso Vittorio Emanuele 13
MM 1 Duomo, San Babila

El «Sciur Carera» (en dialecto milanés, un *sciur* –pronunciar «shur» – es un señor) es en realidad una estatua que está debajo del pórtico del Corso Vittorio Emanuele, en el número 13. En Milán, también lo llaman el *Omm de preja*, el «Hombre de piedra».

Esta escultura de mármol, que se remonta al periodo románico (siglo III d. C.), representa a una figura masculina vestida con una toga drapeada, a la que le faltan los brazos y cuya cabeza original fue sustituida en el siglo X por la del arzobispo Adelmanno Menclozzi con un peinado característico de los miembros del clero de la Edad Media.

La palabra «Carera» proviene del epígrafe latino –una máxima de Cicerón– esculpido en el pedestal: *Carere debet omni vitio qui in alterum dicere paratus est* («Debe estar libre de todo defecto quien esté decidido a criticar al prójimo»).

Esta estatua ha cambiado varias veces de sitio a lo largo de los siglos. Bajo la dominación austriaca, se alzaba en la via San Pietro all'Orto y representaba para los milaneses lo que la estatua de Pasquino era para los romanos: colocaban en ella notas anónimas en las que los ciudadanos daban rienda suelta a su descontento y a su espíritu satírico contra el gobierno de los Habsburgo.

Precisamente aquí fue donde el 1 de enero de 1848 se hizo pública la famosa «huelga de los cigarros» que contribuyó al estallido de la revuelta de Milán. La administración austriaca, gravando el tabaco y los cigarros, imponía un enésimo impuesto a los milaneses y, en señal de protesta, los oprimidos decidieron no fumar más. El general Radetzky reaccionó de inmediato y ordenó a sus soldados que pasearan por la ciudad fumando ostentosamente un cigarro. El 8 de marzo de 1848, un hombre del pueblo, sintiéndose ofendido por un austriaco que le soplaba el humo a la cara, y sin duda exasperado por la abstinencia, le arrancó el cigarro y lo tiró al suelo. El soldado iba a arrestarlo, cuando los demás presentes defendieron al milanés, amedrentando a los austriacos que se dieron a la fuga. La revuelta se extendió por toda la ciudad como pólvora, dando lugar a los Cinco días de Milán (ver pág. 127) que concluyeron con la victoria de los insurgentes y la liberación de la ciudad.

Sin embargo, siguió habiendo sátiras políticas y ocurrencias ingeniosas en la estatua «Sciur Carera» hasta mediados del siglo XX, cuando la estatua fue trasladada a su emplazamiento actual, contra un muro de un edificio moderno.

EL LEÓN DE LA PIAZZA SAN BABILA ㉕

Un botín de guerra que no lo es

Piazza San Babila
MM 1 San Babila

En la piazza San Babila, en lo alto de la columna que se alza en el atrio de la basílica, se distingue un león de piedra que tal vez sorprendería menos de verse en la plaza de San Marcos de Venecia.

Según la leyenda, este león sería un botín de guerra. Hace cinco siglos el ejército veneciano ansiaba hacer de Milán una de sus numerosas conquistas. Pero no se contempló la capacidad de resistencia de los milaneses. Una noche, cuando los soldados venecianos se acercaban sigilosamente a la ciudad, un panadero los oyó y dio la voz de alarma. Sorprendidos, los venecianos huyeron, dejando en el sitio sus emblemas y sus estandartes, entre los que se encontró también un gran león de piedra que se decidió exponer sobre un pedestal en medio de la piazza San Babila.

En realidad, la estatua formaba parte de la antigua Puerta Oriental o Porta Renza (llamada también «Argentea» porque llevaba a Argentiolum, actual pueblo de Gorgonzola). Orientada hacia el este, esta Puerta no solo llevaba a Venecia (la avenida que sale de la piazza San Babila se llama hoy Corso Venezia), sino que simbolizaba uno de los seis distritos (*sestiere*) de la ciudad. Y el león era justamente el símbolo del blasón de este distrito.

La puerta fue demolida en 1818 y sus materiales fueron reutilizados para construir el nuevo campanario de la iglesia (el anterior se había desplomado más de doscientos años antes, en 1575). El león, que formaba parte –junto con otras figuras de animales mitológicos– del zócalo de la Puerta, fue colocado en el atrio de la iglesia como emblema del *sestiere*.

En 1650, el conde Carlo Francesco Serbelloni, encargado de la magistratura de caminos, mandó construir una columna rematada con un capitel dórico sobre el que se colocó el león. Aunque hoy los epígrafes que figuran en los cuatro costados de la base sean difíciles de descifrar, se ve que conmemoran al promotor de la columna, Carlo Francesco Serbelloni (patronímico de una antigua familia lombarda que se llamaba originariamente Sorbelloni, como lo demuestra el epígrafe), y a Antonio Pirovano, cuya identificación no está clara.

Antaño, al igual que muchas ciudades italianas (y como sigue sucediendo en Venecia), Milán estaba dividida en *sestieri*, es decir, en seis distritos. Los *sestieri* de Milán correspondían a las seis Puertas más importantes de la ciudad: Porta Nuova, Porta Orientale, Porta Romana, Porta Ticinese, Porta Vercellina y Porta Comacina. Cada sestiere estaba dividido en cinco barrios (*contrade*).

LA CASA PARRAVICINI FONDAZIONE CARRIERO

(26)

Una casa renacentista transformada en galería de arte

Via Cino del Duca 4
Abierto todos los días de 11 a 18 h bajo previa reserva
Acceso libre los sábados de 11 a 18 h; Domingo cerrado
MM 2 San Babila; Bus 54, 61

A pocos pasos de la piazza San Babila, casi eclipsada por el imponente Palacio Visconti di Modrone de estilo rococó, la Casa Parravicini es una de las pocas viviendas milanesas del siglo XV que se conservan: en su fachada, reconocible por la silueta saliente de su chimenea y por las cornisas retorcidas de sus ventanas, hay dos placas que recuerdan que aquí nació el poeta Giovanni Berchet y vivió Angelo Mazzoleni, jurisconsulto de Garibaldi. Actualmente, la casa alberga la sede de la Fondazione Carriero, un espacio dedicado al arte que acoge exposiciones temporales, publica catálogos y organiza encuentros y conferencias centrados en la enseñanza y la formación. En 1991, la arquitecta Gae Aulenti reformó los interiores del edificio para una entidad bancaria privada. El espacio expositivo ocupa 500 metros cuadrados y se divide en siete salas: seis se reparten entre la primera y segunda planta, donde se conserva el techo artesonado original, y una en la tercera. Esta última, la más grande, está en el palacio Visconti adyacente, con el que comunica, y presenta frescos del siglo XVII en sus paredes y techo.

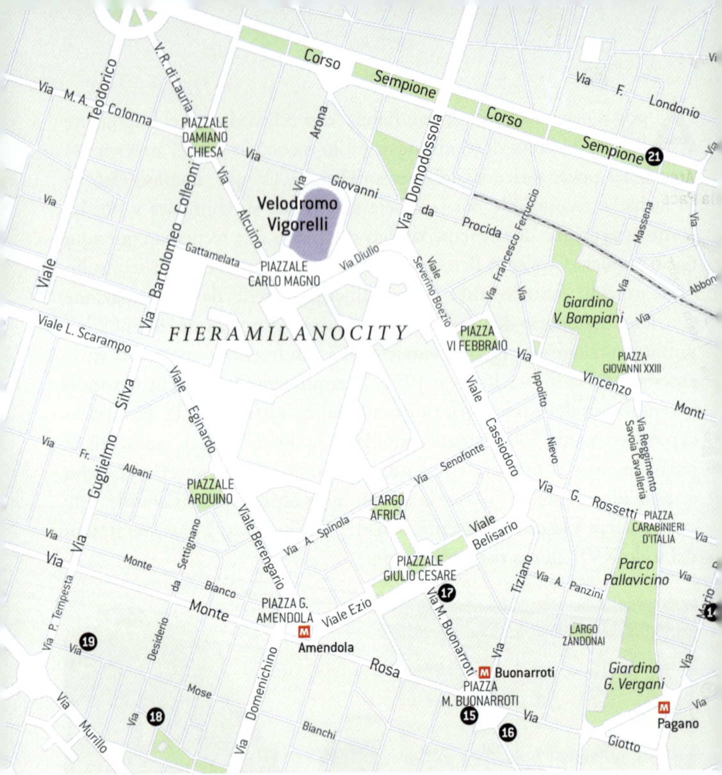

Noroeste

① EL PALACIO DAL VERME *76*

② UNA TORRE MEDIEVAL ESCONDIDA *77*

③ LA IGLESIA DE LOS SANTOS SERGIO, SERAFÍN Y VICENTE *78*

④ LA CAPILLA SIN MUROS *79*

⑤ LA GRAN VIDRIERA DE COLORES DE LA CÁMARA DE COMERCIO *80*

⑥ LAS DECORACIONES EN CERÁMICA DE LA TAVERNA FERRARIO *82*

⑦ LA LÁGRIMA DEL PALAZZO ARESE LITTA *83*

⑧ LA ANTIGUA SACRISTÍA DE SANTA MARIA DELLE GRAZIE *84*

⑨ FUNDACIÓN PORTALUPPI *88*

⑩ EL JARDÍN DE LA VIA SAFFI *90*

⑪ EL COLEGIO DONDE ESTUDIÓ PÍO XI *91*

⑫ LA MERIDIANA MÁS GRANDE DE LA CIUDAD *91*

⑬ EL CABALLO ENCABRITADO DEL MONUMENTO ECUESTRE A FRANCESCO BARACCA *92*

⑭ FUNDACIÓN FRANCO ALBINI *94*

⑮ MUSEO Y CRIPTA DE LA TUMBA DE VERDI *96*

⑯ LOS RETRATOS DE VERDI Y DE MIGUEL ÁNGEL 97
⑰ LAS ESTATUAS CALIPIGIAS DE LA CÀ DI CIAPP 98
⑱ CASCINA BOLLA 100
⑲ VILLA FOSSATI 101
⑳ CAMPANARIO DE LA IGLESIA DE LA SANTISSIMA TRINITÀ 102
㉑ EL TOPE FERROVIARIO DE LA ESTACIÓN FANTASMA 103
㉒ LA FUENTE DE GIORGIO DE CHIRICO 104
㉓ EL MUSEO AL AIRE LIBRE 105
㉔ ESTUDIO-MUSEO ACHILLE CASTIGLIONI 106
㉕ LA LÁPIDA DE LA «COLUMNA INFAME» 108
㉖ BAJORRELIEVE DE UNA JOVEN OBSCENA 110
㉗ LA CAMPANA DE LOS SABOYA 112
㉘ LA MISTERIOSA FUENTE DEL DRAGÓN 116
㉙ LA ÚNICA VENTANA ORIGINAL DEL CASTILLO SFORZESCO 117
㉚ LA «PONTICELLA» DE BRAMANTE 118
㉛ EL DIABLO DEL GABINETE DE SETTALA 120
㉜ LA LÁPIDA DE AUSONIO 122
㉝ EL FRESCO DE ARGOS 123
㉞ LOS EMBLEMAS DE LA FUENTE DE LA CORTE DUCAL 124

EL PALACIO DAL VERME

①

Un bellísimo patio del siglo XV escondido entre edificios modernos

Palazzo Dal Verme
Via Puccini 3
MM 2 Cairoli; Tranvía 1; Bus 61

En realidad, el palacio de Luigi Dal Verme, conde de Sanguinetto que vivió en el siglo XV, ya no existe, dado que lo destruyeron los bombardeos de la guerra. Lo único que se conserva es un hermoso patio de estilo renacentista que lo embellecía en su tiempo.

Para poder admirarlo, hay que pedir permiso para entrar en un edificio moderno de dos plantas, encajonado entre dos edificios más altos e igualmente anónimos, situado a pocos pasos del teatro que la familia Dal Verme inauguró en el siglo XIX. El patio es cuadrado, con un pórtico de cuatro arcadas a cada lado. Los fustes de las columnas son de gneis, mientras que los capiteles, de piedra de Angera, son de estilo corintio y están decorados con placas con cabezas de caballo, cuyas armas heráldicas fueron retiradas a golpes de cincel. Los arcos son de terracota, y en las pechinas redondeadas de mármol se alternan perfiles en bajorrelieve de miembros de la familia Sforza enmarcados en terracota con placas heráldicas. Una franja de ladrillo moldeado recorre la parte superior del pórtico, con delfines enfrentados entre vainas ornamentales. En las arcadas, las decoraciones pictóricas representan ventanas circulares en trampantojo abiertas al cielo, coronas, rosetones y cintas flotantes. En los muros del fondo del pórtico se distinguen grafitis con perspectivas arquitectónicas inventadas y factura moderna. Frente a la entrada, sobre el pórtico, había una piedra de mármol de Candoglia que conmemoraba las restauraciones de 1914 realizadas por Jeannette Dal Verme. Fuera, a la derecha de la entrada, otra piedra recuerda que en esa casa vivió y murió el general Dezza.

> Un lugar similar es el patio renacentista de la Casa dei Grifi (via Valpetrosa 5), que debe su nombre a la familia encargada de recaudar impuestos en tiempos de los Sforza. Las bóvedas del pórtico están decoradas en monocromo sobre fondo azul y adornadas con grotescos. El escudo de armas de la casa es un grifo rampante, cuyo motivo se repite en los capiteles de las columnas.

EN LOS ALREDEDORES ②

Una torre medieval escondida

En la via Meravigli, encajada entre los números 2 y 4, se alza una torre medieval escondida que data del siglo XIII y es una de las pocas de esa época que aún se conservan en la ciudad. No fue destruida porque servía de campanario para una iglesia que con el tiempo se convirtió en un banco (aunque en la fachada todavía se puede ver una ventana y media original).

LA IGLESIA DE LOS SANTOS SERGIO, SERAFÍN Y VICENTE ③

La iglesia más corta de Milán

Via Giulini 1
Sábados a las 17 h. Domingos y festivos a las 10 h
info@hram.it
MM 2 Cairoli, Cordusio; Tranvía 16, 27

Con sus 12 metros de ancho y alto y apenas 6 metros de largo, que dan para un total de aproximadamente 70 metros cuadrados – apenas más grande que un apartamento de dos habitaciones –, la iglesia de los santos Sergio, Serafín y Vicente (Chiesa dei Santi Sergio, Serafino e Vincenzo) es la iglesia más pequeña de Milán.

Originalmente, formaba parte de un monasterio ubicado en la actual via Camperio, conocido como Monasterium Novum, llamado así para distinguirlo del monasterio de San Vincenzo in Prato, mucho más antiguo. La existencia de este monasterio está documentada desde finales del año 1000, aunque según la tradición, fue fundado en el año 770 por la esposa del rey Desiderio. Bajo el dominio francés, el monasterio fue desacralizado y utilizado como almacén, escuela de arte, depósito y cine antes de ser demolido en 1964. Todo lo que queda es la fachada de estilo gótico tardío de la pequeña iglesia, que fue trasladada a la via Giulini. Actualmente alberga una parroquia ortodoxa dedicada a los santos Sergio, Serafín y Vicente. El interior de la iglesia es atípico, ya que el espacio litúrgico no está dispuesto longitudinalmente respecto a la fachada, sino transversalmente: por ello, el presbiterio y el altar se encuentran a la derecha de la entrada. No obstante, la distribución de los espacios, habida cuenta de las limitaciones impuestas por la superficie, consigue dar la impresión de un espacio amplio y luminoso.

La iglesia alberga frescos del siglo XVI realizados por Aurelio Luini, hijo del célebre Bernardino Luini. Los demás frescos que originalmente se encontraban en el monasterio, obra de Luini, Giovanni Paolo Lomazzo y Ambrogio da Fossano, fueron retirados de los muros antes de la demolición y se conservan actualmente en la Pinacoteca de Brera y en la del Castillo Sforzesco.

EN LOS ALREDEDORES

La capilla sin muros

(4)

Otro edificio sagrado del que solo quedan algunos fragmentos es la Cappella della Madonna del Grembiule (Vicolo Santa Maria alla Porta). Sus restos están en el lado derecho de la iglesia de Santa Maria alla Porta, ocultos en un pequeño patio interior. La capilla se construyó en 1704 y se utilizó como baptisterio antes de ser destruida en la Segunda Guerra Mundial. En la fachada y las columnas de piedra de la iglesia se pueden ver agujeros y desconchados causados por la explosión de las bombas, que también dañaron gravemente el altorrelieve de Simonetta, con algunas partes prominentes mutiladas. Pero la pérdida más dolorosa es la propia capilla, tras ser demolida. Los pocos vestigios que quedan – fragmentos de columnas y hornacinas – dan testimonio de su existencia, además de un grabado del siglo XVIII realizado por Marc'Antonio Dal Re, que muestra cómo era el edificio hoy desaparecido.

LA GRAN VIDRIERA DE COLORES DE LA CÁMARA DE COMERCIO ⑤

La gran vidriera de colores de uno de los maestros del «chiarismo»

Palazzo Turati
Via Meravigli 9b - Visita con cita previa llamando al 02 85155224/5288
MM1/Cordusio; Tranvía 16, 19

La primera planta de la sede de la Cámara de Comercio alberga una espléndida vidriera de colores de uno de los representantes más importantes del chiarismo (movimiento pictórico que utiliza tonos claros y luminosos), Cristoforo De Amicis: restaurada recientemente por Ernesto Brivio, que le ha devuelto sus colores y su luminosidad originales, ya es accesible al público, a condición de concertar una cita. Esta obra maestra, realizada en 1957 por el mejor artesano milanés de la época, representa los sectores de actividad de la Cámara: el comercio, la industria, la artesanía y la agricultura.

En 1956, el Consejo de la Cámara de Comercio sacó a concurso la realización de una gran vidriera de colores para decorar la nueva sede de la institución en la via Meravigli. Seleccionaron la obra de De Amicis por ser la que mejor representaba el renacimiento de la economía milanesa durante la crisis que siguió a la Segunda Guerra Mundial.

En el centro de la vidriera figura Mercurio como arcángel, impulsor del comercio y promotor de conquistas ligadas a la actividad del hombre. El dios romano se muestra en una postura desenvuelta, no académica, resaltando el triunfo de los vidrios azules, turquesa, azul cobalto y azul ultramar, reavivados aquí y allí por pinceladas púrpuras y violáceas. Con gesto imperioso, parece indicar las admirables conquistas del pasado y prometer unas nuevas para el futuro. A sus pies, cinco figuras de sabios, encapados, parecen encarnar la genialidad multiforme de los artesanos, comerciantes y banqueros que conformaban el esqueleto de la burguesía medieval. En un segundo plano, su obra está representada de un modo emblemático por las obras de construcción de la «gran máquina» de la catedral de Milán. El recuadro de la derecha está sin embargo dedicado a la Agricultura, representada por la bella y lozana Ceres (o Pomona), diosa romana de la cosecha, que descansa en las entrañas de la tierra de donde parece obtener su fecundidad gracias al duro trabajo de los hombres que están en la superficie. A la izquierda figura la Industria, que destaca sobre un fondo dominado por una chimenea alta, en el que se suceden varios hangares, perfil típico de la arquitectura industrial. Las tres escenas forman un único relato gracias a la continuidad entre el cielo y la tierra y a las líneas de fuerza fluidas que recorren toda la composición. El dinamismo de la acción que proporciona este Mercurio alado anima y motiva al hombre en sus variadas actividades, mientras el fuego de un sol giratorio le transmite la energía que necesita.

LAS DECORACIONES EN CERÁMICA DE LA TAVERNA FERRARIO ⑥

Cuando Giò Ponti era director artístico de una empresa de vajillas...

Palazzo Mezzanotte
Piazza Affari
Visitas con motivo de las jornadas de puertas abiertas del FAI (Fondo per l'Ambiente Italiano, fondo para la defensa del medio ambiente italiano) o de eventos públicos
MM1, MM2/Cadorna; MM1/ Cordusio; Tranvía 1, 16

Debajo de la antigua Sala delle Grida («Sala del Voceo») del Palazzo Mezzanotte, donde hasta los años 90 se seguían voceando las transacciones de acciones, se extiende un amplio espacio concebido, desde su construcción en 1931, como restaurante abierto al público. La Taverna Ferrario, del apellido de su primer gerente, era una gran terraza cuadrada y hueca en el centro que recordaba a un anfiteatro, sobre todo porque desde esta sala se veían vestigios romanos. Para decorar las paredes, se recurrió a Giò Ponti, entonces director artístico de la empresa de vajillas Richard Ginori. Para delimitar el espacio cóncavo, Ponti optó por una decoración con baldosas reproduciendo, sobre los pilares principales, seis figuras femeninas (cada una de 2,50 metros de altura), concebidas como alegorías del antiguo mercado de productos naturales: la vendedora de cerezas, la florista, la verdulera, la frutera, la aguadora y la pescadera. En las paredes de la galería sobreelevada que hoy sigue rodeando el espacio cóncavo del centro, se realizaron alegres arabescos en los que figuraban símbolos del deporte o de juegos antiguos o nuevos: tenis, golf, tarot, dominó, ajedrez, juego de la oca, automóviles y juguetes infantiles.

LA LÁGRIMA DEL PALAZZO ARESE LITTA ⑦

Una lágrima para Napoleón

Corso Magenta 24
lombardia.beniculturali.it
Abierto con motivo de eventos especiales
MM1, MM2/Cadorna

Se cuenta que a la duquesa Bárbara Litta, emocionada al ver al mismísimo Napoleón Bonaparte en persona visitarla en su salón, se le escapó una lágrima. Esta lágrima, que cayó sobre el suelo del Salón Rojo, fue inmortalizada en una perla engastada en el centro de una flor en mosaico, donde hoy sigue estando.

El espléndido palacio, cuya construcción inició Francesco Maria Richini en 1642 para el conde Bartolomeo Arese, presidente del Senado en 1660, alberga hoy la sede de la Dirección Regional de Bienes Culturales y Paisajísticos de Lombardia.

Tiene una magnífica escalera de honor de tres rampas «en tijera», y vidrieras originales en las que figura el blasón de la familia: estas obras maestras se salvaron de los bombardeos (a diferencia de la cúpula del vestíbulo) gracias a un funcionario previsor que las puso a salvo. Además del Salón Rojo, las salas más suntuosas son la Sala de los Espejos (Sala degli Specchi) y el Salón de la Duquesa, del que se han conservado los tapices, los estucos dorados, las lámparas de techo, los espejos, una parte del mobiliario, así como los frescos y las pinturas originales de Martin Knoller y de Giuseppe y Agostino Gerli.

En el pequeño Salón de la Duquesa hay una puerta disimulada en las paredes revestidas de madera que normalmente usaba la servidumbre, pero que permitía a su vez que los visitantes salieran del palacio sin ser vistos. En este mismo salón, una pequeña abertura, escondida en el suelo, comunica con un pasillo desde el que se podía escuchar secretamente todo lo que decían los invitados de la duquesa.

LA ANTIGUA SACRISTÍA DE SANTA MARIA DELLE GRAZIE

8

Una sacristía escondida con un pasadizo secreto subterráneo...

Piazza Santa Maria delle Grazie
De martes a domingo, de 8:30 a 19:00 h, solo durante las exposiciones
MM1, MM2/Cadorna; Tranvía 16

Normalmente cerrada al público, la antigua sacristía de Santa Maria delle Grazie, conocida también con el nombre de Sacristía Monumental, es una pequeña maravilla que se puede visitar cuando se celebran exposiciones. Desde el exterior –un paralelepípedo de ladrillos que no deja ver más que los marcos de las ventanas rectangulares y el óculo que se abre sobre el claustro– no se puede adivinar la belleza del interior, un espacio prodigioso y desconocido realzado por una iluminación artificial sabiamente colocada. Esta sala rectangular, cubierta con una bóveda de cañón con lunetos y decorada con un cielo estrellado, está rematada al fondo con un pequeño ábside pintado al fresco. En las caras internas de los pilares del ábside destacan las semi siluetas en relieve de Ludovico el Moro y de su hijo Maximiliano. Se dice que el techo ha sido pintado al fresco por Leonardo da Vinci, pero nada lo confirma. Las paredes laterales están decoradas con unos magníficos armarios taraceados de dos pisos sobre los que preside una serie de pinturas que ilustran distintos episodios del Antiguo y del Nuevo Testamento. Estos preciosos armarios, fabricados por el padre Vincenzo Spadotto en 1489, contenían todos los ornamentos sagrados que Ludovico el Moro donó a la iglesia. Cuando los franceses lo hicieron prisionero, enviaron estos ornamentos como rescate y nunca fueron devueltos. Precisamente detrás de uno de estos armarios está oculto un acceso al pasadizo secreto subterráneo, hoy probablemente cerrado, por el que Ludovico el Moro recorría a caballo el camino que comunicaba sus aposentos del Castillo Sforzesco con la sacristía.

El milagro del refectorio

Obra de Leonardo da Vinci, pintada entre 1495 y 1497 sobre el muro que separaba el refectorio de las cocinas del convento para que los sacerdotes recordaran siempre, incluso cuando comían, el sacrificio que hizo Cristo de sí mismo, *La Última Cena* sobrevivió a los bombardeos de 1943 de milagro. El muro donde figura se salvó gracias a la lona impermeable y a los sacos de arena que lo protegían.

Los secretos de La Última Cena de Leonardo da Vinci

Para los retratos de los 12 apóstoles y sobre todo el de Cristo, de su famosa Última Cena, Leonardo da Vinci se inspiro en personas reales vivas. Para el rostro de Jesús, buscó desesperadamente: nadie parecía tener esos rasgos puros, capaces de representar el rostro de un hombre libre de pecado. Según la leyenda, que se ha convertido casi en historia, encontró por fin en una plaza de Roma a un joven apuesto de unos 19 años, de rostro dulce, inocente y casi ingenuo. Casi dos años después, habiendo dejado para el final el retrato de Judas, Leonardo necesitó un nuevo modelo. Buscó y encontró en una taberna a un joven de rostro duro, que reflejaba el vicio y la depravación física y moral que coincidía perfectamente con lo que se había imaginado para el apóstol traidor de Jesucristo. Después de haberlo dibujado, y cuando se disponía a salir de la taberna, el hombre le interpeló: «¿No me reconoces? Soy el que te sirvió de modelo hace unos años para el rostro de Cristo». La anécdota era idónea: mostraba perfectamente que el Bien y el Mal están reunidos en una misma y única persona y que en cada hombre existe la posibilidad de evolucionar o de involucionar, de ser puro y bello o depravado y afeado, cada uno libre de elegir su futuro en función de las decisiones tomadas y de los actos realizados. En *La Última Cena* de Leonardo, el apóstol san Juan es joven y apuesto, con rasgos casi femeninos, lo que ha llevado a algunos al delirio de querer identificarlo con María Magdalena. Juan era sencillamente el más joven de los doce discípulos de Cristo: según los textos sagrados, tenía unos 24 años cuando el Señor lo convocó. Simbólicamente, su belleza a la vez masculina y femenina recuerda el estado andrógino del hombre perfecto que ha realizado interiormente la síntesis de las cualidades y potencialidades del hombre y de la mujer a la vez. Es por ello por lo que los textos del Nuevo Testamento atribuidos a san Juan han pasado a ser los favoritos de los pensadores heterodoxos de la cristiandad (gnósticos, hermetistas, alquimistas, etc.). En su bosquejo de la composición de *La Última Cena* (ver ilustración), Leonardo da Vinci identifica claramente a los personajes que figuran en el fresco. Los apóstoles están divididos en cuatro grupos de tres, dejando a Cristo relativamente aislado en el centro. De izquierda a derecha, según sus rostros, encontramos en el primer grupo a Bartolomé, a Santiago el Menor y a Andrés; en el segundo grupo a Judas (con el pelo blanco e inclinado hacia Juan), a Simón Pedro y a Andrés, siendo este último el único imberbe de este grupo; en el tercer grupo a Tomás, a Santiago el Mayor y a Felipe, también imberbe; y en el cuarto grupo a Mateo (aparentemente con la barba rala), Judas Tadeo (también llamado Lebeo) y Simón el Cananeo (también llamado Simón el Zelote).

Leonardo da Vinci y la Astrología cristiana

Leonardo da Vinci recurrió muy probablemente a sus conocimientos astrológicos para pintar *La Última Cena*, asignando un signo del zodiaco a cada apóstol, como era costumbre en aquella época: según esta tradición, Cristo era el Sol y los doce apóstoles los signos del zodiaco (o, más precisamente, las cualidades que estos reprensentan) plasmando el universo entero de la cristiandad, un simbolismo que encontramos en las vidrieras de colores por donde el Sol penetra en las catedrales. Esta astrología cristiana habría nacido con los Reyes Magos que siguieron la estrella que los condujo a Belén donde acababa de nacer el Niño Jesús (ver pág. 208). Fue posteriormente desarrollada por Dionisio Aeropagita y santo Tomás de Aquino, y en el Renacimiento por personajes como Cornelio Agrippa, Giordano Bruno y Leonardo da Vinci. Como lo demuestran algunos de sus escritos, Leonardo creía que el hombre se componía de cuatro elementos fundamentales (agua, aire, fuego y tierra) que determinaban su temperamento principal (nervioso, sanguíneo, linfático y biliar – ver ilustración). Es la razón por la que dividió a los 12 apóstoles en cuatro grupos de personajes, a semejanza de la división de los 12 signos del zodiaco.

Primer grupo (de izquierda a derecha):

Bartolomé – Libra (ponderación y equilibrio); Santiago el Menor – Piscis (pez inferior de la figura astrológica – devoción y don de sí mismo); Andrés – Sagitario (parte animal de la figura astrológica – disciplina y dominio de sí mismo)

Segundo grupo:

Judas Iscariote – Cáncer (parcialidad y recogimiento); Simón Pedro – Aries (impetuosidad y desenvoltura); Juan – Acuario (cortesía y fraternidad)

Tercer grupo:

Tomás – Géminis (primer personaje de la figura astrológica – razón y lógica); Santiago el Mayor – Piscis (pez superior de la figura astrológica – sacrificio y fe); Felipe – Sagitario (parte humana de la figura astrológica – creatividad y superioridad)

Cuarto grupo:

Mateo – Escorpio (organización); Judas Tadeo – Géminis (segundo personaje de la figura astrológica – apostolado y claridad); Simón el Cananeo – Virgo (modestia y diplomacia); El apóstol Marcos (Leo – la imparcialidad, atributo de Cristo) y el apóstol Lucas (Tauro – maternidad y filiación) no figuran en el muro: de hecho no formaban parte de los doce discípulos de Jesús. Lo mismo ocurrió con Mateo que ocupó el sitio que Judas Iscariote dejó libre tras ahorcarse, arrepentido de haber traicionado al Maestro.

FUNDACIÓN PORTALUPPI ⑨

El estudio del arquitecto que modernizó Milán

Via Morozzo della Rocca 5
Abierto con motivo de exposiciones y congresos o durante las «jornadas de puertas abiertas» organizadas en primavera por el FAI (finales de marzo)
MM1/Conciliazione, MM2/S. Ambrogio; Tranvía 15

El edificio que alberga el estudio original de Piero Portaluppi fue proyectado por el arquitecto en persona a finales de los años 30. Hoy, sus herederos lo han transformado en una fundación en su honor. Una fachada elegante, representativa del estilo de Portaluppi, y un curioso basamento cubierto de placas metálicas confieren a este edificio un carácter «naval», emblemático de aquella década.

Dentro, el espacio que ocupa la Fundación se compone de dos amplias salas, además de la que alberga la biblioteca y la oficina de los conservadores. Las grandes ventanas dan a un patio interior en el que se pueden ver vestigios de la época romana. En la sala de reuniones se exponen también algunos proyectos y algunos modelos a escala de Portaluppi; algunos revelan la ironía y el escepticismo del arquitecto hacia el urbanismo y la modernidad. Como el rascacielos gigantesco en Nueva York para la compañía S.K.N.E. (léase como una advertencia: sk[appa]ne, es decir, *scappane*, «líbrate»), los bloques residenciales del barrio de Allabanuel (que, leído al revés, en milanés significa: *L'è una balla*, «es un bulo»), o también el proyecto para la ciudad utópica e infernal de «Hellytown». Cabe destacar el excepcional embaldosado de esta sala, realizado con baldosas de todos los tipos de mármol italiano, un verdadero catálogo destinado a la clientela para que pueda elegir a su gusto.

Portaluppi también ha diseñado muebles y decoraciones increíbles, como el escritorio Omnibus, un armario ropero, un escritorio con mil cajones y una cómoda empotrada que en realidad esconde un mueble bar.

Piero Portaluppi: arquitecto

Nacido en Milán en 1888, Portaluppi trabajó en esta ciudad de 1911 a 1967, año de su muerte. Entre 1912 y 1930, hizo numerosas centrales eléctricas a lo largo del arco alpino y llegó a la cumbre de su carrera académica ocupando el puesto de decano de la Facultad de Arquitectura de Milán en 1963. Milán lo recuerda sobre todo por algunas de sus obras, como el planetario Hoepli, el Arengario (donde hoy se encuentra el Museo del Siglo XX), la Villa Necchi-Campiglio, el edificio con arco de la via Salvini y el palacio de la compañía de seguros RAS en la via Torino. Él también se encargó de restaurar la iglesia de Santa Maria delle Grazie, la Casa degli Atellani (donde vivió), la biblioteca de Brera y el Museo de la Ciencia y de la Técnica. Una curiosidad: aparte de sus distintas pasiones (fue sobre todo un cinéfilo y un dibujante satírico), fabricó y coleccionó relojes solares (su colección se expone hoy en el Museo Poldi Pezzoli).

EL JARDÍN DE LA VIA SAFFI

⑩

Un romántico jardín secreto

Via Aurelio Saffi 25
Visitas guiadas de pago organizadas por el propietario
333 2683458
MM 1 Conciliazione; Tranvía 16; Bus 50, 58

Un jardín de otro tiempo: senderos empedrados, árboles centenarios, rocas, estatuas... Casi un rincón campestre y romántico a dos pasos de la animada arteria del Corso Vercelli y de la iglesia de Santa Maria delle Grazie, donde se encuentra *La Última Cena* pintada por Leonardo da Vinci.

El jardín se creó en la segunda mitad del siglo XIX y, hasta principios del siglo siguiente, se accedía a él desde la calle. Posteriormente, el político e industrial Ettore Conti lo anexionó a la sede de su Società per Imprese Elettriche, que llevaba su nombre, y el jardín quedó oculto a la vista de los transeúntes. Al mismo tiempo, Conti encargó a Piero Portaluppi la modernización del edificio, aunque pronto tuvo que mudarse a una residencia más grande.

Siguiendo el consejo del propio Portaluppi, se trasladó a la cercana Casa degli Atellani, donde falleció en 1972 a la edad de 101 años.

Portaluppi, por su parte, terminó de decorar la casa y el jardín de via Saffi, rehaciendo la caseta del guardián en estilo *art déco*, todavía visible, y añadiendo decoraciones geométricas y en zigzag tanto en el patio como en la verja que separa el jardín del garaje.

EN LOS ALREDEDORES

El colegio donde estudió Pío XI (11)

En el corso Magenta 71, justo enfrente de la iglesia Santa Maria delle Grazie, se alza el Palacio Busca Arconati Visconti, sede histórica del colegio San Carlo, que tuvo entre sus alumnos a Achille Ratti, futuro papa Pío XI. El edificio, de estilo neoclásico, puede visitarse cada primer sábado de mes, de 12 a 18 h, y tiene salas de estilo barroco, donde uno queda cautivado por los frescos de Appiani y Traballesi (artistas del siglo XVIII que también se encargaron de decorar el palacio real).

La meridiana más grande de la ciudad (12)

En la pared lateral del edificio que da al n.º 12 de la via Antonio Scarpa, es posible admirar una pintura mural que adorna la que probablemente sea la meridiana más grande de Milán. Decorada con los símbolos del zodíaco, la meridiana lleva el lema *Nihil cum umbra, sine umbra nihil*, que significa literalmente «Nada con sombra, nada sin sombra». En otras palabras: no sirvo de nada si hay sombra, y no sirvo de nada si no puedo marcar el tiempo con mi sombra en el muro.

EL CABALLO ENCABRITADO DEL MONUMENTO ECUESTRE A FRANCESCO BARACCA

13

El origen olvidado del logotipo de Ferrari

Piazzale Francesco Baracca
MM 1 Conciliazione

En la plaza homónima, el pedestal de la estatua dedicada al as de la aviación italiana Francesco Baracca representa un caballo encabritado, que el propio piloto eligió como emblema para sus aviones.

Sin embargo, su verdadero origen y su color están envueltos en un halo de misterio.

Según algunos, provendrían del escudo del 2.º Regimiento de Caballería Real Piamonte, al que pertenecía el héroe de Romaña (en este caso, el color debería haber sido rojo, pero se cambió a negro en señal de luto tras la muerte del piloto).

Otros sostienen que se inspiraron en el escudo de la ciudad alemana de Stuttgart. En aquella época, los aviadores eran considerados «ases» solo después de derribar cinco aviones enemigos, momento en el que podían apropiarse de las insignias del adversario vencido. En el caso de Baracca, se trataba de un aviador de Stuttgart, y el caballo (de color negro) vendría directamente del escudo de la ciudad. Fue la madre de Francesco Baracca quien le pidió a Enzo Ferrari, en 1932, que usara el emblema tan querido por su hijo: esto explica por qué, de forma totalmente desconocida, el famoso logotipo de Ferrari tiene su origen directamente en el caballo encabritado de Baracca.

Se conocieron en 1923, al final de una carrera automovilística en el circuito del Savio, en los alrededores de Rávena, donde Enzo Ferrari había demostrado toda su valentía como piloto. La condesa Paolina Baracca se lo propuso por propia iniciativa y con simpatía «poner en sus coches el caballo encabritado de [su] hijo les daría suerte». Y así fue. Condecorado en la Primera Guerra Mundial, en la que se le atribuyeron 34 victorias en el aire, Francesco Baracca fue derribado por fuego enemigo en 1918, en Nervesa della Battaglia, en el Monte Montello.

Obra del artista Silvio Monfrini (el pedestal es del arquitecto Ulisse Stacchini), la estatua se inauguró en 1931, en presencia de Italo Balbo. El héroe aparece representado con el torso desnudo, con solo un casco de aviador a modo de pañuelo en la cabeza, el busto emergiendo de la cabina, el brazo izquierdo extendido y el derecho levantando una antorcha.

FUNDACIÓN FRANCO ALBINI

(14)

El estudio de un diseñador polifacético y brillante

Via Bernardino Telesio 13
Visitas guiadas: consultar en fondazionefrancoalbini.com
MM 1 Conciliazione

El estudio donde trabajaba el arquitecto Franco Albini, uno de los diseñadores italianos más importantes del siglo XX, alberga hoy la fundación que lleva su nombre. Tras el reconocimiento por parte del Estado italiano del valor de su obra como parte del patrimonio histórico nacional, nació la idea de conservar y abrir al público el lugar donde trabajó el arquitecto, quien se describía a sí mismo como un «artesano».

Además de sus 22 000 dibujos, las 6000 fotografías de época, los libros y revistas de su biblioteca, se pueden admirar los modelos de sus creaciones y algunas de sus obras más célebres en el ámbito del diseño, como la Radio de cristal (1940), el televisor Orion para Brionvega, la lámpara de pie Mitragliera, el sillón Luisa, la mesa y la librería Veliero, una auténtica escultura aérea que parece suspender los libros en el aire sobre placas de cristal. Además de su trabajo como diseñador, Albini, representante del racionalismo italiano, firmó los planes urbanísticos de Milán y Reggio Emilia, creó estructuras museográficas siguiendo los principios del movimiento moderno, en claro contraste con los edificios preexistentes, diseñó magistralmente exposiciones, concibió la sede de La Rinascente en Roma y participó en el diseño de las estaciones de la línea 1 del metro de Milán. Su rampa roja retomaba la idea del «hilo de Ariadna» que, junto con toda la señalética, lleva «de la mano» a los viajeros desde el andén hasta la superficie.

MUSEO Y CRIPTA DE LA TUMBA DE VERDI ⑮

Los restos mortales de Giuseppe Verdi

Residencia para músicos jubilados – Fundación Giuseppe Verdi
Piazza Buonarroti, 29
Horario de la cripta: diario, 8.30 a 18 h
Visitas guiadas de la Casa Verdi y del museo mediante reserva llamando al 02 4996009
casaverdi.org

La cripta donde descansan los restos mortales de Giuseppe Verdi y de su esposa Giuseppina Strepponi se encuentra en el patio interior de la residencia para músicos jubilados. Inaugurada el 19 de marzo de 1903, está decorada con mosaicos realizados por Lodovico Pogliaghi, autor de la puerta central del Duomo, según unos cartones inspirados en las obras de Deus Loci. La generosa y entregada Teresa Soltz – una de las mayores intérpretes de las obras de Verdi, de quien fue íntima amiga – es a quien se debe la suntuosa decoración. Sobre un muro, una lápida colocada por encargo de la reina Margarita está dedicada a la primera esposa de Verdi, Margherita Barezzi, y la familia Carrara Verdi mandó poner una hoja de palmera de bronce en el suelo de la cripta. Dos coronas murales rinden homenaje a Víctor Manuel III y al Ministro de Educación, que visitaron la tumba en 1901. El propio Verdi, en 1889, a los 76 años de edad, compró los 3 000 m^2 de terreno como inversión. Más tarde decidió construir en él una residencia para músicos jubilados que no habían sido tan afortunados como él en su carrera. Confió su proyecto al arquitecto Camillo Boito, el hermano de Arrigo, su amigo compositor, novelista y libretista, y la casa abrió sus puertas en 1898. Sin embargo no acogió a sus primeros huéspedes hasta después del fallecimiento de Verdi, a partir del 10 de octubre de 1902, aniversario del nacimiento del compositor. Él mismo había pedido que se celebrara la inauguración después de su muerte para dispensar a todo el mundo de cualquier tipo de agradecimiento. En 1999, con motivo del centenario del nacimiento de la Fundación Verdi, se inauguró también un museo. En él se conservan algunos de los muebles que pertenecieron al compositor, como una espineta con la que practicó de joven y dos bibelots que el virrey de Egipto, Ismaïl Pachá, regaló al maestro con ocasión de la representación de Aída en el Teatro de la Ópera del Cairo en 1871. También destaca el piano Erard que tocó en 1898 Arturo Toscanini, de 21 años de edad en aquel entonces. También hay otros cuadros expuestos como el *Retrato de Giuseppe Verdi* de Giovanni Boldini, y las prendas de vestir que el compositor tenía en la habitación del hotel de Milán donde murió.

EN LOS ALREDEDORES (16)

Los retratos de Verdi y de Miguel Ángel

Además del monumento dedicado a Giuseppe Verdi de Enrico Butti (1913), cerca de la piazza Buonarroti, donde se encuentra la residencia para músicos, una bonita vivienda de la misma época que la Casa Verdi, situada en el número 20 de la via Buonarroti, rinde otro homenaje afectuoso al gran compositor: una reproducción, grabada en la piedra, de uno de sus retratos más famosos, junto a un retrato de Miguel Ángel a quien la calle está dedicada. Ambos retratos están en un marco de madera en trampantojo como si fueran cuadros colgados en un salón.

LAS ESTATUAS CALIPIGIAS DE LA CÀ DI CIAPP

⑰

Dos estatuas escandalosas que hubo que desplazar

Villa Romeo
Via Buonarroti 48
MM 1 Buonarroti

En uno de los laterales de la villa Romeo, edificio monumental de estilo modernista que hoy ocupa una clínica privada, se pueden contemplar dos espléndidas cariátides calipigias. Estas dos estatuas de mujer encierran una historia cuando menos singular, nunca mejor dicho.

Hoy día, cuesta creer que una casa pueda ser motivo de escándalo. Y sin embargo, cuando en 1902 el arquitecto Giuseppe Sommaruga inauguró el edificio que le había encargado el rico ingeniero Ermenegildo Castiglioni en el número 47 del Corso Venezia, en pleno centro de Milán, le llovieron las críticas de inmediato.

Su intento de importar a la capital lombarda el estilo «Liberty» (Modernismo) que imperaba en Europa pareció demasiado atrevido a los tradicionalistas: sus ventanas con forma de ojo de buey les parecieron incongruentes y los bloques de piedra del zócalo del edificio, demasiado modernos.

Sin embargo, no fue el estilo del edificio lo que causó gran polémica, sino las dos grandes estatuas de mujer, de mármol, sobre el portal, esculpidas por Ernesto Bazzaro: vistas desde abajo, parecía que mostraban el perfecto contorno de sus nalgas. Los milaneses no tardaron en rebautizar el edificio como *Cà di ciapp* («Casa de las nalgas»). Esta vez, Sommaruga se había extralimitado: le obligaron a retirar las estatuas y a sustituirlas por inofensivas decoraciones florales que no tenían, sin embargo, la belleza plástica de las cariátides.

El arquitecto no destruyó las esculturas sino que las utilizó unos años más tarde en otra de sus obras, la Villa Romeo-Faccanoni. Hoy, las dos estatuas de bonitas nalgas siguen ahí: lejos del centro, donde no escandalizan a nadie.

¿De dónde viene la palabra «cariátide»?

El término cariátide, que proviene del griego antiguo Karuatides, designa estatuas decorativas de mujeres que, a modo de columna, soportan balcones o cornisas sobre la nuca o la cabeza.
Según la leyenda, las mujeres de la ciudad de Karue, hechas prisioneras tras la destrucción de la ciudad, sirvieron de modelos para algunas estatuas.

CASCINA BOLLA

(18)

Una mansión donde vivió Leonardo da Vinci

Via Paris Bordone 9
MM1/Amendola Fiera, Lotto Fiera 2; Bus 90, 91

Poco queda de la Cascina Bolla, construcción del siglo XV hoy añadida en parte a una villa moderna, aunque aún se distinga, tras la verja de entrada y las hojas de los álamos, la silueta de esta mansión de estilo gótico tardío, pabellón de caza por excelencia, y sus ventanas de ladrillo características del Renacimiento.

Originariamente, esta cascina («granja» en toscano), catalogada en el siglo XV como *osteria* («hostería»), estaba delimitaba por un foso rodeado de una muralla alta y se accedía a ella por un puente levadizo. En el lado este, para vigilar los alrededores, se construyó una atalaya que sigue existiendo y en la que se puede ver un fresco que representa una bandada de aves.

Propiedad de los Caimi, pasó por las manos de los De Bolli en 1478, pero algunos pretenden que pertenecía ya al jurisconsulto Giuseppe Bolla en 1496. Sea como fuere, en 1983 nuevas investigaciones permitieron determinar que Leonardo da Vinci vivía muy probablemente en la Cascina Bolla cuando pintaba *La Última Cena* en la iglesia de Santa Maria delle Grazie. El Ministerio de Cultura ha catalogado este edificio como monumento histórico.

Según la leyenda, un subterráneo comunicaba antaño la cascina con el Castillo Sforzesco.

VILLA FOSSATI

(19)

La «Villa Triste»

Via Paolo Uccello 17-19
MM 1 Lotto-Fiera; Bus 48, 68, 78, 90, 91

La Villa Fossatti no destacaría particularmente del resto de las pequeñas villas señoriales del barrio, si no fuera por la placa colocada en el muro exterior que recuerda su terrible historia. Construida en el siglo XVII por la familia Pecchio, y más tarde lugar de encuentro de patriotas como Federico Confalonieri, se la conoció en 1944 como la «Villa Triste», sede la famosa banda de Pietro Koch, una unidad especial de la policía fascista. Protegida por una alambrada y un sistema de alarma, la casa albergó en el sótano cinco salas de tortura. Aquí traían a los resistentes y a los antifascistas a los que torturaban para que hablaran. Pero la violencia, cada vez más cruel, pasó a ser pronto un fin en sí misma.

La villa se convirtió en un punto de encuentro para personajes notables que formaba parte del entorno de dignatarios como los célebres actores Osvaldo Valenti y Valeria Ferida, o el conde Guido Stampa, que acudían a abastecerse de cocaína y gozaban con los gritos de los prisioneros que rompían día y noche el silencio del barrio. Tras las protestas de la población y del cardenal Schuster, los mismos fascistas decidieron cerrar la villa.

Al terminar la guerra, la familia Fossati no quiso seguir viviendo en la casa y la legó al Instituto Pontificio para las misiones en el extranjero que lo cedió a su vez a la congregación de las Hermanas Misioneras de la Inmaculada. Estas hicieron de ella su Casa Generalicia y un jardín de infancia que estuvo en activo hasta hace pocos años. No se puede visitar la villa, pero los domingos por la mañana, cuando se abren las puertas para celebrar misa en la pequeña iglesia contigua de San Siro alla Vepra, se puede pasear por el jardín. Esta iglesia, a la que se accede por el número 20 de la via Masaccio y que es famosa por sus frescos realizados por artistas lombardos en 1468 y por su gran pila bautismal formada por la tapa invertida de un sarcófago paleocristiano, debe su nombre al antiguo nombre del río Olona, que también ha dado su nombre al barrio de San Siro.

CAMPANARIO DE LA IGLESIA DE LA SANTISSIMA TRINITÀ

⑳

Un campanario medieval en el patio de un edificio

Via Giannone 9
MM2/Moscova; Tranvía 3, 4, 7, 12, 14; Bus 43, 57

En el patio de un edificio que da a la via Giannone, se alza un campanario solitario que se remonta a 1230. Es todo lo que queda del complejo arquitectónico de la iglesia de la Santissima Trinità, derruida en 1968. Comprado por un particular para salvarlo de la demolición, este campanario pertenece hoy a una compañía comercial cuya sede se encuentra en el edificio (el propietario es uno de los fundadores del FAI*). Se alzaba, con la iglesia, en medio de lo que antaño se llamaba el *Borgo degli scigolatt* (Borgo de los verduleros), más conocido hoy día con el nombre de «Chinatown». En esta iglesia, administrada por la Orden de los Hermanos Humillados en la que también estaba su convento, el hermano Bonvesin de la Riva fue nombrado prepósito en 1291. Autor de un célebre tratado sobre Milán, *De magnalibus urbis Mediolani*, fue además el primero en introducir en el mundo católico el uso de tañer las campanas al atardecer para el *Ave Maria*. En 1608, el cardenal Federico Borromeo ordenó que el convento fuera transformado en parroquia, pero ocho años después, un incendio destruyó la iglesía y solo se salvó el campanario. Reconstruyeron la iglesia y elevaron el campanario para albergar una campana suplementaria. En 1968, la especulación inmobiliaria incitó a los administradores a demoler la iglesia para dejar sitio a edificios en copropiedad. El conservador de los bienes arquitectónicos, al que avisaron rápidamente, logró salvar el campanario; los edificios del monasterio ya habían sido demolidos.

** Fondo per l'Ambiente Italiano: Fondo para la protección del patrimonio artístico y natural.*

EN LOS ALREDEDORES

21

El tope ferroviario de la estación fantasma

Corso Sempione, en la esquina de la via Moscati
Tranvía 1

En medio de la mediana del Corso Sempione, hay un tope ferroviario abandonado. Este «elemento de choque» es una verdadera pieza arqueológica ya que atestigua de la existencia de la estación de trenes, hoy desaparecida, que antaño comunicaba Milán con Gallarate en este mismo lugar. En 1877, siempre en la piazza Sempione, estaba la cabecera de línea del ferrocarril hipomóvil, el famoso «tranvía» a caballo de la línea Milán-Saronno.

LA FUENTE DE GIORGIO DE CHIRICO

(22)

Los Baños misteriosos de Chirico

Parco Sempione (Jardines de la Triennale)
Piazza Castello – Piazza Sempione
noviembre-febrero 6.30-20 h; marzo-abril 6.30-21 h; mayo 6.30-22 h; junio-septiembre 6.30-23.30 h
MM1/Cadorna, Cairoli; MM2/Lanza, Cadorna; Bus 43, 50, 57, 58, 61; Tranvía 1, 2, 4, 12, 14 19

Deteriorada por la intemperie y por la falta de mantenimiento, la singular y enigmática fuente que Giorgio De Chirico realizó en 1973 en el parque Sempione estuvo en ruinas hasta que decidieron restaurarla en 2008. Conservada hasta hoy en el jardín de la Triennale, ha recuperado su esplendor original. Estos «Baños misteriosos», construidos con motivo de la exposición *Contatto Arte/Città* («Contacto Arte/Ciudad») para la XV Triennale de Milán, fueron donados a la ciudad por De Chirico. Nacido en Volos, Grecia, el famoso pintor «metafísico», que tenía por aquel entonces 85 años, creó una obra surrealista dedicada al mar que tanto amaba, un contorno sinuoso rodeado de un murete bajo, dentro del cual se mueven (por así decirlo, porque son de piedra) dos bañistas, un pez, un gran cisne de colores chillones, una semiesfera colorida, una fuente y una cabaña sobre pilotes. En segundo plano, delimitado por un contorno curvilíneo, está adornado con una trama pictórica que simula el flujo de las olas en una corriente marítima.

La estructura fue hecha con piedra de Vicenza, una piedra caliza fósil rica en conchas, y las esculturas del pez y de los bañistas fueron ejecutadas por De Chirico en persona. El pez, que ya figuraba en un lienzo de 1934, *El nadador misterioso*, se conserva hoy en la Fundación Giorgio e Isa de Chirico. Los dos bañistas, considerados de los mejores ejemplos del arte de De Chirico, han sido expuestos en el flamante Museo del Siglo XX, en el Arengario: deberían de ser sustituidos en la fuente por dos copias.

Hoy, esta curiosa piscina es descubierta, siguiendo el proyecto inicial, pero, sin duda, en un futuro la protegerán de la intemperie con una vitrina, ya que la piedra de Vicenza es extremadamente frágil y se desmenuza fácilmente.

EN LOS ALREDEDORES (23)

El Museo al aire libre

En este mismo jardín de los Baños misteriosos, creado en 1933 por Giovanni Muzio y concebido al inicio como la entrada del Palacio, se han reunido otras obras de arte en un verdadero «Museo al aire libre». Entre estas obras, destaca la Piedra sonora de Pinuccio Sciola; Las damas, bronces de formas redondas de Gaetano Pesce, sobre los que uno se puede sentar; el Hebdomario, una especie de cabeza de dinosaurio realizada por los hermanos Mendini; las Piedras en el parque de Ettore Sottsass, así como otras instalaciones de diseñadores y arquitectos que han reinterpretado la manera de amueblar el espacio exterior.

ESTUDIO-MUSEO ACHILLE CASTIGLIONI

24

En el taller de un gran creador

Piazza Castello 27
fondazioneachillecastiglioni.it
Visitas guiadas solo con reserva previa, de martes a viernes a las 10:00, 11:00 y 12:00 h. Visitas los sábados a las 18:30, 19:30 y 20:30 h solo para grupos de mínimo 15 personas. Para reservar llamar al 02 8053606 o escribir a info@ achillecastiglioni.it
MM1/Cairoli, Cadorna; Bus 61

El estudio (*studio* en italiano) de Achille Castiglioni (1918-2002) no ha cambiado desde la época en que el diseñador lo ocupaba para crear, entre otros, las famosas lámparas *Arco, Taccia, Parentesi o Lampadina*, la silla T 12 *Palini*, el taburete *Mezzadro* o el sillón *Sanluca*, la cafetera *Pitagora*, la cama de hospital *Omsa*, los cubiertos *Dry* y el objeto del que más orgulloso estaba: el sencillo interruptor eléctrico *VLM* que hoy se puede ver en cualquier casa de Italia. El MoMA de Nueva York expone catorce de sus creaciones y otras muchas se conservan en museos de los cuatro rincones del mundo.

A su muerte, los herederos firmaron un acuerdo con la Triennale de Milán para transformar su estudio en un museo abierto al público y continuar con la intensa labor de archivo. Así, hoy es posible dar un paseo de una hora aproximadamente, guiado por la esposa de Castiglioni o por una de sus hijas, por el universo creativo del célebre diseñador. Podrá contemplar bosquejos y estudios originales, descubrir cómo han nacido algunas de sus mejores ideas, y, por último, ponerse a prueba frente a una serie de objetos improbables que Castiglioni coleccionó a lo largo de su vida y que mostró en el Instituto Politécnico de Turín, y luego en el de Milán, para ilustrar sus cursos magistrales sobre algunos temas importantes ligados al diseño.

El recorrido de la visita pasa por cuatro salas del estudio: la sala donde se conservan los prototipos y modelos a escala, la sala reservada a las máquinas de diseño y a curiosidades varias, la sala de los objetos anónimos, y por último, la sala de reuniones donde están todos los objetos que ilustran el diseño sobre un amplio periodo de tiempo.

Un rollo de papel higiénico de regalo

Al final de la visita, los que lo desean pueden dejar un mensaje o solo su firma en un registro previsto para ello. En ciertas ocasiones, se puede incluso recibir de regalo... un rollo de papel higiénico.
No es broma: dentro de este original regalo se encuentra un pergamino perfectamente enrollado que ilustra todas las creaciones de Achille Castiglioni. Un perfecto ejemplo de la filosofía que el creador ha preconizado a lo largo de su vida: para cada objeto de su creación, la «función» primaba sobre la «forma».

LA LÁPIDA DE LA "COLUMNA INFAME"

(25)

Una historia espantosa

Castello Sforzesco
Piazza Sempione
De 7:00 a 19:30 h (horario ampliado durante los meses de verano)
MM1/Cairoli

Bajo el pórtico del elefante del Castillo Sforzesco, había una lápida del siglo XVII junto a la famosa «columna infame» cuya espantosa historia también relató Alessandro Manzoni.

Cuando la peste se declaró en Milán en 1630, se corrió el rumor de que los *untori* (literalmente «untadores», para sembrar la peste) la propagaban. Estos, sobornados por potencias extranjeras que querían que el ducado se arrodillara, habrían untado los muros, los picaportes y las puertas con una misteriosa sustancia viscosa que transmitía la epidemia. La psicosis colectiva se propagó hasta el punto de que bastaba con tocar un muro o con apoyarse en él para ser considerado enseguida un propagador de peste.

Es lo que le pasó a Guglielmo Piazza, Comisario de Salud Pública, acusado por dos mujeres de haber frotado sus manos sobre un muro y quien, bajo tortura, confesó ser un propagador de peste, a la vez que denunciaba a su barbero, Gian Giacomo Mora, como su cómplice.

Encontraron en la tienda de Mora las tradicionales cremas y ungüentos de los barberos (quienes, en aquella época, también hacían las veces de médicos) y consideraron que todos estos cosméticos eran la mortífera sustancia pestilente. Mora fue arrestado y torturado hasta que confesó una culpabilidad inventada por completo con la esperanza de salvar su vida. En realidad, acababa de firmar su sentencia de muerte.

La casa del barbero fue demolida después, y donde la calle se amplía, se erigió una columna de granito coronada con una esfera, la «columna infame», como recuerdo perpetuo de la maldad de los responsables de la epidemia. Cerca de la columna, sobre un muro, se podía ver la lápida que recordaba con complacencia todas las torturas inflingidas a los dos desgraciados.

Con el tiempo, la columna se convirtió en el símbolo de la infamia, no de estos dos pobres inocentes condenados a muerte sino de aquellos que los habían torturado cruel e injustamente. En 1778, quitaron y destruyeron la columna, aunque la lápida permaneció en su sitio hasta 1803. Una inscripción y una escultura recuerdan al público el lugar donde antaño estaba la tienda de Mora (ver pág. 213).

BAJORRELIEVE DE UNA JOVEN OBSCENA

26

Una joven que se afeita el pubis

Civiche Raccolte d'Arte (Colecciones municipales de obras de arte)
Castello Sforzesco
Piazza Castello
martes a domingo, 9.30 a 17.30 h
MM1/Cairoli, Cadorna; Tranvía 1, 4, 19; Bus 50, 58, 61

No es frecuente ver a una joven afeitándose el pubis entre las representaciones del arte antiguo. Es sin embargo lo que representa el bajorrelieve del siglo XII que figuraba de manera evidente sobre la fachada exterior de la antigua Porta Vittoria y que hoy se expone en la sala VI del Museo de Arte Antiguo del Castillo Sforzesco.

La Porta Vittoria era conocida en su origen con el nombre de «Porta Tosa» (es decir, «muchacha» en milanés) o también «Porta Tonsa» (a saber, «afeitada») a causa, justamente, de esta efigie, y siguieron llamándola así incluso después de que san Carlos Borromeo hubiera exigido, en el siglo XVI, que retiraran este bajorrelieve (la llamaron Porta Vittoria solo cuando los austriacos fueron expulsados de Milán).

Esculpida en un edículo de forma clásica, la joven en cuestión está vestida con una larga túnica remangada, el cabello recogido por una corona, razón por la que se decía antaño que se trataba de la esposa de Federico I Barbarroja, de la que los milaneses se habrían burlado por culpa de su marido, aunque podía tratarse sencillamente de una prostituta: el Ayuntamiento obligaba en efecto a las prostitutas a afeitarse la entrepierna por cuestiones de higiene.

Otras fuentes pretenden que esta efigie no tenía ninguna función apotropaica, a saber, no estaba destinada a alejar la mala suerte. Representaría a la diosa Flora mostrando su vientre embarazado, símbolo de la fertilidad.

Otra hipótesis todavía asocia esta imagen a la leyenda de la «joven obscena» (*sconcia fanciulla*). Se cuenta que cuando Federico I Barbarroja asedió Milán en 1162, una muchacha subió a las fortificaciones, se desvistió para mostrarse desnuda ante los alemanes y empezó a afeitarse el pubis con una tijera ignorando las flechas que le silbaban en los oídos. Una iniciativa tan valiente como inútil para humillar a Barbarroja y a su ejército, ya que entró poco después en la ciudad y la redujo a cenizas.

LA CAMPANA DE LOS SABOYA

27

El único vestigio monumental del corto reinado de los Saboya en Lombardía

Castello Sforzesco - Piazza Castello
milanocastello.it
martes a domingo, 9.30 a 17.30 h
MM1/Cairoli, Cadorna; Tranvía 1, 4, 19; Bus 50, 58, 61

El único vestigio monumental del corto reinado de los Saboya en Lombardía es una campana. Al morir Carlos II de España en 1706, Milán pasó bajo el domino austriaco y se mantuvo así durante 90 años, hasta la llegada de Napoleón, a excepción de un corto periodo de tres años, de 1733 a 1736, durante el cual la ciudad pasó bajo la tutela del reino de Cerdeña. Esta campana, que originariamente estaba en la torre de Bona, servía a los defensores del Castillo Sforzesco para dar la alarma en caso de peligro. Cuando Carlos Manuel III de Saboya sitió el castillo de Milán, un cañonazo dañó la campana. Una vez conquistada la ciudad, fue el marqués Víctor Amadeo de Seyssel, señor temporal del castillo, quien recuperó la campana dañada y la mandó fundir de nuevo. Le encargó la tarea al célebre maestro fundidor milanés Bartolomeo Bozzo.

La campana en cuestión está decorada con guirnaldas, figuras sagradas y blasones del marqués de Aix y de la familia de su esposa, los príncipes dal Pozzo della Cisterna. Las inscripciones en latín relatan la historia de la campana y de su restauración de 1734, aparte de tener la firma del maestro fundidor. Esta es la traducción de las dos primeras líneas en lo alto de la campana: «Habiendo sido el castillo francés conquistado por el ejército sardo y reconstruido sobre sus propias cenizas, esta [campana], dañada por el impacto de un proyectil, está dedicada a Carlos Manuel.» Y debajo: «En nombre del rey de Cerdeña, el superintendente del castillo ordenó que la rehicieran el 30 del mes de octubre de 1734.» Y por último: «Obra de Bartolomeo Bozzo».

Un maestro fundidor muy solicitado

Bartolomeo Bozzo fue uno de los maestros fundidores más solicitados de Milán. Ejerció sus talentos durante el siglo XVIII, de 1723 a 1795, y creó su reputación sobre la gran calidad acústica de sus campanas. Le debemos algunas de las campanas milanesas más famosas: destacan en particular las del antiguo reloj público de Brera, la de la torre del Palacio de los Jurisconsultos en la piazza Mercanti (de hecho, una de ellas es obra de su hijo Luigi, que firmaba como «Bozzi»), y otra en la basílica de Sant'Ambrogio (donde la firma está en latín: «Bozzius»). Otras se encuentran en Monza, en la catedral de Villa Reale, en el monasterio de Morimondo, en el Torrazzo (campanario) de Cremona y en el santuario Madonna della Fontana di Sannazzaro de' Burgondi.

"Leonardo da Vinci en el Castillo Sforzesco"

Fue Lorenzo el Magnífico, señor de Florencia, quien animó a Leonardo da Vinci a ir a Milán, como representante artístico de la ciudad. Habiendo sido excluido del grupo de artistas florentinos convocados en Roma por el Papa en 1480 para pintar los muros de la Capilla Sixtina (tal vez porque lo habían acusado de sodomia unos años antes, aunque la acusación había sido retirada), Leonardo, ya con 40 años de edad, acepta y escribe una carta al que gobierna de facto el Estado milanés en calidad de tutor de su sobrino: Ludovico Sforza, llamado el Moro. El genio toscano se ofrece como ingeniero militar, arquitecto, músico y, en última instancia, como escultor y como pintor. El Moro acepta y, en 1482, Leonardo se instala en el Castillo Sforzesco donde vivirá dieciocho años, hasta que el Moro sea derrotado por las milicias francesas. En la corte, los talentos del ingeniero militar pasan a un segundo plano: Ludovico Sforza prefiere ensalzar su poder y llevar una vida fastuosa y llena de diversiones en las que también participa el artista. Para el Moro y su familia, Leonardo organiza fiestas y banquetes suntuosos, dibuja decorados fantasmagóricos animados para las representaciones teatrales, inventa juegos, compone máximas brillantes, improvisa versos acompañado de la lira, y crea *mirabilia* (maravillas) para sorprender y divertir a los asistentes. Vale la pena citar un despertador de agua que obliga al durmiente a despertarse, tirándole de los pies y un dispositivo químico para transformar el agua en vino... Aunque ya no queda casi nada de todos estos inventos, afortundadamente algunas obras maestras de Leonardo da Vinci han sobrevivido. La Virgen de las rocas (hoy en el Louvre, así como una versión posterior en la National Gallery de Londres) es el primer encargo que recibió en Milán, fuera de la corte: este retablo tenía que estar en la capilla de la cofradía de la Concepción en San Francesco Grande, una gran iglesia que estaba cerca de la Porta Vercellina, demolida más tarde. Quedan también algunos retratos «de corte», como *La dama del armiño*, (Cecilia Gallerani, la amante del Moro – hoy en Cracovia); *Retrato de un músico* (en la Pinacoteca Ambrosiana), en el que figura tal vez Franchino Gaffurio, maestro de capilla en el Duomo, el más famoso de los músicos de corte; y *Retrato de dama* (en el Louvre), la identificación de esta mujer querida para el Moro sigue siendo también incierta: se trata tal vez de Lucrezi Crivelli, otra de sus amantes. Pero como el artista toscano llegó a la cumbre de su talento en la capital lombarda, fue con total seguridad pintando *La última cena*, otra obra realizada fuera del castillo, aún cuando fue un encargo del Moro, ferviente devoto, al que se veía a menudo en la iglesia de Santa Maria delle Grazie que quería transformar en su mausoleo personal. Ludovico el Moro le encargó también la decoración de la Sala delle Asse (ver pág.

101) y de las pequeñas salas de la Ponticella (ver pág. 101), y luego le pidió que hiciera un gran monumento ecuestre a Francesco Sforza, que tenía que haber sido colocado en la entrada del castillo. Poco tiempo después, Leonardo, que estaba pasando apuros cuando trabajaba en el monumento y en las pequeñas salas, pidió al duque que le abonara dos años de pagos atrasados. Corto de liquidez, el Moro le regaló una viña en la propiedad de los Atellani. Cuando Leonardo ya tenía lista la maqueta en barro cocido de la escultura ecuestre, tuvo que interrumpir el trabajo: el bronce necesario para la fundición se estaba empleando en la fabricación de los cañones que iban a usarse contra los franceses que se estaban acercando a la ciudad. Hubo que esperar 500 años para que la estatua fuera fundida... La llegada de los franceses no afectó sobremanera a Leonardo da Vinci (de hecho, terminó trabajando para ellos), pero meditó con amargura sobre el final del reinado de aquel que parecía estar destinado a conquistar Europa entera.

LA MISTERIOSA FUENTE DEL DRAGÓN

28

Una de las tres copias de la fuente original

Cortile della Fontana
Castello Sforzesco
Museo de Arte Antiguo
Piazza Castello
martes a domingo, 9 a 17.30 h
MM1/Cairoli, Cadorna; Tranvía 1, 4, 19; Bus 50, 58, 61

Injustamente desconocido porque solo pueden disfrutarlo los visitantes del Museo de Arte Antiguo, el pequeño Patio de la Fuente (*Cortile della Fontana*), cuyo encanto reside en parte en la tonalidad verde esmeralda del musgo que lo ha ido recubriendo tranquilamente, debe su nombre a una fuente rematada por el dragón de los Visconti (ver el blasón de los Visconti, pág. 109). Poca gente conoce la singular historia de esta fuente. En la piazza Martiri della Libertà, en Seregno, existe una fuente de ladrillo idéntica a esta (salvo por el dragón que han quitado recientemente), lo que ha provocado dudas durante largo tiempo sobre cuál era la original y cuál la copia. En realidad, ambas son copias. La original, de mármol blanco, había sido construida por encargo de los Sforza para el Castillo de Vigevano, y luego trasladada a Bellinzona, ciudadela milanesa hasta el año 1500. Luego la transformaron en pila bautismal para la Colegiata de San Pedro y San Stefano de la comuna suiza, donde hoy permanece. Durante las obras de restructuración del Castillo Sforzesco, Luca Beltrami mandó hacer moldes de esta fuente, que luego utilizó para hacer al menos tres copias en ladrillo: la del castillo, la de Seregno y una tercera que se encuentra en el patio de Villa Mirabello (ver pág. 313), residencia rural de los Visconti. La fuente del Castillo Sforzesco, en particular, fue restaurada por Beltrami en 1898 para adornar la Corte Ducal, hasta que la desmontaron en 1953 para reinstalarla donde hoy se puede visitar. Por otra parte, la original no estaba rematada por este dragón que el propio Beltrami mandó hacer para las copias, como lo demuestran algunos de los dibujos que tenía en su posesión.

EN LOS ALREDEDORES (29)

La única ventana original del Castillo Sforzesco

Desde el Patio de la Fuente, se ve una gran ventana de ladrillo, la única ventana original del castillo que ha sobrevivido a las destrucciones, reconstrucciones y redistribuciones del edificio. Cuando a finales del siglo XIX, el arquitecto Luca Beltrami se encargó de la restauración del castillo, utilizó esta ventana como modelo para reconstruir todas las demás.

LA «PONTICELLA» DE BRAMANTE ㉚

Descubriendo las «Pequeñas salas negras» del Castillo Sforzesco

Castello Sforzesco – Piazza Castello
Abierto ocasionalmente con reserva previa (Ad Artem 02 6596937)
MM1/Cairoli, Cadorna; Tranvía 1, 4, 19; Bus 50, 58, 61

Abierto al público en raras ocasiones, la «Ponticella» es un pequeño puente cubierto situado en el lateral derecho del Castillo Sforzesco que antaño comunicaba los aposentos privados del duque con la Ghirlanda.

El cuerpo del edificio ya exisitía en la época de Francesco Sforza, pero Ludovico el Moro, después de haber sido proclamado duque en 1494, quiso ampliarlo y restructurarlo. Encargó a Bramante la ejecución del proyecto. El célebre arquitecto de Urbino era en aquel entonces, junto con Leonardo da Vinci, uno de los artistas más apreciados de la corte.

Es Cesare Cesariano, su alumno, el primero en atribuir, en 1521, la Ponticella a Bramante, pero esta atribución fue cuestionada después. Hoy, se considera que aunque tal vez Bramante no fue el autor, la idea fue sin duda suya.

Reconstruida en gran parte por Beltrami en el siglo XIX, la Ponticella presenta una secuencia de tres pequeñas salas que se apoyan sobre un pórtico cuyo muro interior, que de hecho se ve desde fuera, está recubierto de grafitos antiguos representando el castillo.

En el interior, las tres pequeñas salas (cerradas por el momento) forman parte del recorrido del Museo de Arte Antiguo del castillo (salas IX y X): se accede directamente desde la Sala delle Asse atribuida a Leonardo da Vinci. En los documentos de los Sforza, se las conoce como las «pequeñas salas negras», porque Ludovico el Moro se encerró en ellas durante quince días en señal de duelo tras el fallecimiento de Beatriz de Este, su amada esposa que, con solo 22 años de edad, murió dando a luz a su tercer heredero.

En 1495, estas tres pequeñas salas fueron decoradas bajo la dirección de Ambrogio Ferrari, pero si nos remitimos a los documentos que se han conservado, Leonardo da Vinci participó en la definición del proyecto de la decoración. Hoy están adornadas con catorce lunetos decorados con retratos de los Sforza, retratos realizados entre 1525 y 1530 por un pintor desconocido y procedentes de la Casa degli Atellani. Según los expertos, estos retratos no se parecen en casi nada, o en nada en absoluto, a las personas que representan. Solo los retratos de Ludovico el Moro (que figura aquí con el pelo canoso para resaltar su envejecimiento precoz debido a la muerte de su esposa) y de sus dos hijos, Francisco II y Maximiliano, responden en grandes líneas a los rasgos fisonómicos de estos tres personajes.

EL DIABLO DEL GABINETE DE SETTALA

31

Un autómata con cara de diablo

Colección permanente MUDEC
Via Tortona 56
mudec.it
Lunes de 14:30 a 19:30h, martes, miércoles, viernes y domingo de 9:30 a 19:30 h, jueves y sábado de 9:30 a 22:30 h
MM 2 S. Agostino – P. Genova; Tranvía 14; Bus 68

«Un armario del que de repente sale la espeluznante figura de un demonio que empieza a reirse, a sacar la lengua y a escupir a la cara de los asistentes, todo ello con un enorme fragor de cadenas de hierro y de engranajes muy apropiados para causar verdadero terror en las mujeres, a quienes a menudo se les muestra.»

Así describía el presidente Charles de Brosses, en una carta del 17 de julio de 1739, una de las salas maestras del gabinete de Settala, del que se expone hoy una parte entre las colecciones municipales del Castillo Sforzesco: un autómata con cara de diablo. Este demonio se fabricó colocando sobre un busto del siglo XVI (tal vez un Cristo de la Columna) un mecanismo al que se da cuerda con una manivela que le permite girar la cabeza, poner los ojos en blanco, sacar la lengua y emitir un sonido inarticulado. Al referirse a la descripción del siglo XVII, parece que hoy los cuernos y el collar han desaparecido.

Un aguafuerte de Cesare Fiori, que figura en el catálogo del «Museo Settala» de Pietro Scarabelli, publicado en Tortona en 1666, representa una «Vista del Museo Settala»: se ve una sala grande, dividida en tres galerías escenográficas, donde hay miles de objetos reunidos, animales disecados, cuadros, cajas, jarrones, etc. A la derecha, en un nicho, se ve también el «diablo mecánico».

Manfredo Settala, canónigo de San Nazzaro in Brolo, tenía un gabinete de curiosidades, o Wunderkammer, considerado el más famoso de Italia. Todo lo que queda de su colección, tras el saqueo de las campañas napoleónicas y los bombardeos de la Segunda Guerra Mundial, se conserva en su mayoría en la Pinacoteca Ambrosiana.

LA LÁPIDA DE AUSONIO

Una inscripción de «bienvenida» que se remonta a la antigua Roma

Castello Sforzesco, Piazza Castello
milanocastello.it - Todos los días de 7:00 a 19:30 h (más tarde en verano)
MM1/Cairoli, Cadorna; Tranvía 1, 4, 19; Bus 50, 58, 61

Heus viator! («¡Saludos, oh viajero!») Estas palabras de bienvenida vienen de lejos: figuran sobre la «lápida de Ausonio», como se llama a esta losa semioculta en uno de los muros interiores del castillo, en el estrecho pasillo que, frente a la entrada de los museos, lleva a la Rocchetta. Se trata sin embargo de un saludo importante, ya que el poeta Décimo Magno Ausonio es el autor de la única descripción de *Mediolanum* del siglo IV –la ciudad era entonces la capital del Imperio Romano de Occidente– que haya llegado a nuestros días. En su obra, *Ordo Urbium Nobilium*, que data de 388 aproximadamente, Ausonio hace un elogio de Milán, reproducido en esta lápida. He aquí la traducción: «Todo es maravilloso en Milán: la abundancia de cada cosa, la cantidad y la elegancia de los edificios residenciales, el carácter afable de los habitantes; la vida alegre; y también la belleza del lugar, que se extiende dentro de un doble recinto amurallado; y la pasión del pueblo, el circo y la magnificencia del teatro y de su pórtico; los templos, la roca Palatina y la opulenta Casa de la Moneda; el recinto siempre repleto de Termas dedicadas a Hércules; los peristilos todos decorados con frisos de mármol; y las murallas, rodeadas de un foso como un vallum. Todas las cosas que rivalizan y destacan en belleza y magnificencia, de tal modo que ni siquiera sufren por la comparación con Roma.» Sin embargo, esta lápida no es contemporánea de Ausonio: data del siglo XVI. Decoraba sin duda la fachada de las Escuelas Palatinas que estaban en la actual piazza Mercanti, antes de que un incendio las destruyera en 1664.

EL FRESCO DE ARGOS

33

Un tesoro escondido durante 500 años

Sala del Tesoro (Sala Luca Beltrami)
Castello Sforzesco, Piazza Castello
Todos los días de 7:00 a 19:30 h (más tarde en verano)
MM1/Cairoli, Cadorna; Tranvía 1, 4, 19; Bus 50, 58, 61

Desde el patio de la Rocchetta, yendo hacia el oeste, se llega a la Torre Castellana en cuya planta baja se conserva un precioso fresco representando a Argos, que ha permanecido oculto durante 500 años. Encargado por Ludovico el Moro, sin duda antes de 1493, este fresco se encuentra sobre la puerta que comunica las dos pequeñas salas del tesoro. Cuando se restauró la bóveda, el rostro que figura en ella quedó dañado, razón por la que cubrieron esta obra maestra cinco años después. Aunque gracias a este revestimiento encontraron, durante las obras de restauración de 1893, el resto del fresco en perfecto estado. Desde entonces el rostro dañado ha sido identificado: se trata de Argos, el titán mitológico de cien ojos, de los que cincuenta permanecían abiertos cuando dormía. Varios indicios lo confirman: en los dos medallones en falso relieve figuran dos episodios relacionados con su mito (*Mercurio durmiendo a Argos* y *Mercurio en compañía de Argos* asesinado); los dos pavos reales, en los laterales del fresco, son también una clara referencia a este mito: según la leyenda, los ojos que adornan su plumaje son los de Argos, que Hera colocó en las plumas después de su muerte. En el cuadro, a los pies de los medallones, se podía leer además esta frase, hoy ilegible, pero que ha sido reconstruida: «Le he devuelto a Argos todos los ojos que el dios le había quitado / Que sea un guardián atento y venga a reforzar la roca 'anguigena' (a saber, «nacida de la serpiente», como la que figura en el blasón de los Sforza).» Sin embargo, no se entiende por qué un personaje tan trágico ha sido elegido como guardián de las riquezas del castillo. Por esto, algunos suponen que se trata más bien de Jano, fundador mítico de Milán y defensor del destino de la ciudad. Último misterio: no se sabe quién es el autor de este fresco. Cuando lo descubrieron, lo atribuyeron a Leonardo da Vinci, luego a Bramante, pero hoy se cree que este último solo lo diseñó y que quien lo pintó fue Bramantino.

LOS EMBLEMAS DE LA FUENTE DE LA CORTE DUCAL

(34)

Los emblemas de los Visconti-Sforza en una fuente del castillo

Castello Sforzesco - Piazza Castello
milanocatsello.it
Todos los días de 7:00 a 19:30 h (más tarde en verano)
MM1/Cairoli, Cadorna; Tranvía 1, 4, 19; Bus 50, 58, 61

Sobre la placa de piedra de una preciosa fuente fijada a un muro de la Corte Ducal del Castillo Sforzesco, los cinco símbolos aparentemente sin relación alguna entre sí (tres anillos entrelazados, un sol, un perro, una paloma y el bocado de un caballo) son algunos de los emblemas (*imprese*) de los Visconti-Sforza, en otras palabras, blasones individuales de algunos de los miembros de estas ilustres familias. Los tres anillos adornados con un diamante eran el emblema de Cabrino Fondulo, señor de Cremona. Estos anillos aluden sin duda a su encuentro con el emperador Segismundo y con el papa Juan XXIII, que tuvo lugar en Milán en 1414, cuando los dos personajes acudieron al Concilio de Constanza vía Mantua. Al simbolizar esta triple alianza con un emblema, el señor de Cremona buscaba tal vez oficializar su dinastía, por entonces precaria, ante las autoridades supremas. El sol radiante (o «rayo») es el emblema de Juan Galeazzo Visconti: significa que el duque de Milán es, como el astro, una fuente de vida que separa la luz de la oscuridad (es decir, el bien del mal), y también un símbolo de justicia. Como prueba de que el duque había alcanzado la grandeza, el sol radiante también figura en la vidriera absidal de la catedral: Juan Galeazzo ya no era pues un simple mortal. Como los verdaderos reyes, había sido investido de cualidades divinas. El lebrel (*veltro* en este caso: este término medieval designa un perro de caza) del tercer emblema está acostado bajo un pino y cuya correa es asida por una mano divina. El lema - *Quietum nemo impune lacesset*: «Nadie perturbará impunemente la paz conquistada con tanta dificultad» – es uno de los emblemas de Francesco Sforza que, al casarse con la única hija de Felipe María Visconti, Blanca María, permitió que el linaje se perpetuara. La paz en cuestión es sin duda la de Lodi, quien puso fin al enfrentamiento entre Milán, Florencia y Venecia (9 de abril de 1454).

La pequeña paloma (a veces superpuesta al sol radiante) sujeta en su pico una cinta en la que se puede leer *À bon droit*. Este emblema es en realidad un deseo de paz y de gestión «justa» del poder, deseo que Petrarca expresó al joven Juan Galeazzo. Fue Buena de Saboya, esposa de Galeazzo María Visconti, quien lo escogió para decorar su habitación (la sala XIII del castillo a la que llaman de hecho «Sala delle Colombine»).

El bocado acompañado del lema *Ich vergies nicht* («Yo no olvido») también pertenecía a Juan Galeazzo: indica que a menudo tuvo que «morder el freno», por cómo su tío Barnabé Visconti lo tiranizaba, y que después de haber aguantado muchos abusos, se vengó encarcelándolo antes de ocupar su sitio. En la parte superior de la fuente, destacan también dos membrillos (*cotogne* en italiano), homenaje a la ciudad de Cotignola, cuna de la dinastía de los Sforza.

¿Qué es una impresa?

A diferencia de los blasones heráldicos que representan a una familia entera – la serpiente devorando al hombre en el caso de los Visconti, y luego de los Sforza – la impresa es un emblema atribuido a una sola persona o incluso, a veces, a un episodio específico que la caracteriza, a saber, una hazaña, una «empresa» (impresa). Estos emblemas aparecieron en el siglo XII, en la época de los torneos, para poder identificar a los caballeros. El emblema se compone de dos partes: el «cuerpo» (que puede representar un animal, una planta, objetos de varios tipos o los cuatro elementos fundamentales), y el «alma», es decir, el lema, escrito, en general, en una lengua extranjera para que solo algunos elegidos pudieran entenderlo. La función del emblema es exaltar y magnificar la figura de quien lo lleva. Puede tratarse de una victoria en una batalla, o de una conquista, incluso amorosa, a menos que sencillamente realce algunas cualidades de alma de su propietario.

Los emblemas de las familias Visconti y Sforza

Las hazañas (imprese) de las familias Visconti y Sforza se llevaron a cabo durante casi dos siglos, pero a menudo se las representa juntas como para recalcar la continuidad de la familia ducal. En el patio de la Rocchetta, se pueden admirar varias de ellas alrededor de cada uno de los capiteles de la columnata. Se reconoce, entre otros, al león «galeado» (galea singnifica «casco» en latín: se trata pues de un león con casco), emblema de Galeazzo II Visconti, pero del que Galeazzo María Visconti se apropió después. Designa a aquel que, dependiente de la voluntad ajena, se ve obligado a esconder su furia, justamente como el león con casco. El lema alemán *Ich Off* significa «yo espero», sobrentendiendo «regresar a mi patria», ya que Galezzo II pasó diez años exiliado en el extranjero (el mismo lema figura en un blasón moderno que reúne el casco y la serpiente de los Visconti: este blasón se encuentra en la «torre del Filarete»). Otro emblema, símbolo de la «templanza», representa tres tizones ardientes de los que cuelgan unos cubos, una manera de decir que uno necesita tener una mente fría (el agua de los cubos) para calmar sus propios ardores. Galeazzo II ganó este emblema en un duelo contra el condestable de Bourbon, razón por la que añadió también un tizón ardiente y dos cubos al blasón del león con casco. Dos manos divinas que estrechan un corazón representan el matrimonio «de interés» de Galeazzo María Sforza con la adinerada Buena de Saboya, cuñada del rey de Francia. En otro emblema, se ven dos manos divinas sujetando un cedazo, el tamiz que se usa para separar la harina del moyuelo, y este lema: Tale a ti quale a mi («Tanto a ti, como a mí»). Se cuenta que Buena quiso este emblema para hacer entender a su esposo, quien la engañaba con facilidad, que podría haberle pagado con la misma moneda. Un emblema que Ludovico el Moro se había atribuido representa dos faros, o «fanales», colocados sobre dos rocas separadas por un mar agitado (el puerto de Génova, tal vez) y el siguiente lema: *Tal trabalio mes places por tal thesaurus non perder* («Me place esforzarme para no perder semejante tesoro»). Como si al duque le hubiese agradado luchar para mantener un poder que le había costado conquistar.

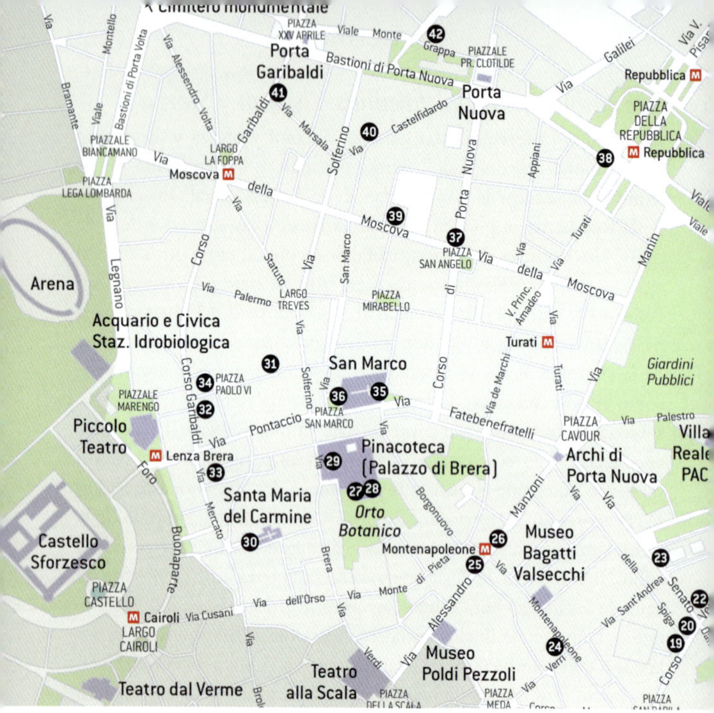

Noreste

① EL TETRAGRÁMATON DE LA IGLESIA DE SANT'ANGELO 130
② LAS CELDAS DEL LAZARETO 132
③ PATIO DEL PALAZZO LURASCHI 136
④ LA COLUMNA DE SAN DIONIGI 137
⑤ LAS COLUMNAS DE LA PIAZZA OBERDAN 138
⑥ EL BALCÓN DEL RELOJ 139
⑦ EL CANAL DE RIEGO GERENZANA 140
⑧ EL JARDÍN ESCONDIDO DEL HOTEL SHERATON DIANA MAJESTIC 142
⑨ LOS LIBROS DE MADERA DEL MUSEO MUNICIPAL DE HISTORIA NATURAL 144
⑩ LOS FLAMENCOS ROSAS DEL JARDÍN DE LA VILLA INVERNIZZI 146
⑪ UNA OREJA A MODO DE INTERFONO 147
⑫ PALACIO BERRI MEREGALLI 148
⑬ EL EDIFICIO DEL N.° 35 DE LA VIA POERIO 150
⑭ ESTATUA DE PINOCHO 152
⑮ LOS TESOROS ESCONDIDOS DEL PALAZZO ISIMBARDI 156
⑯ LA «TORRE DE LAS SIRENAS» 158
⑰ UN GATO DE CHAPA 160
⑱ FRAGMENTO DE MURO MEDIEVAL 162
⑲ EL BAJORRELIEVE DE LA LOBA DE CORSO VENEZIA 163
⑳ LOS VESTIGIOS DE LOS CAÑONAZOS DE LOS CINCO DÍAS 164

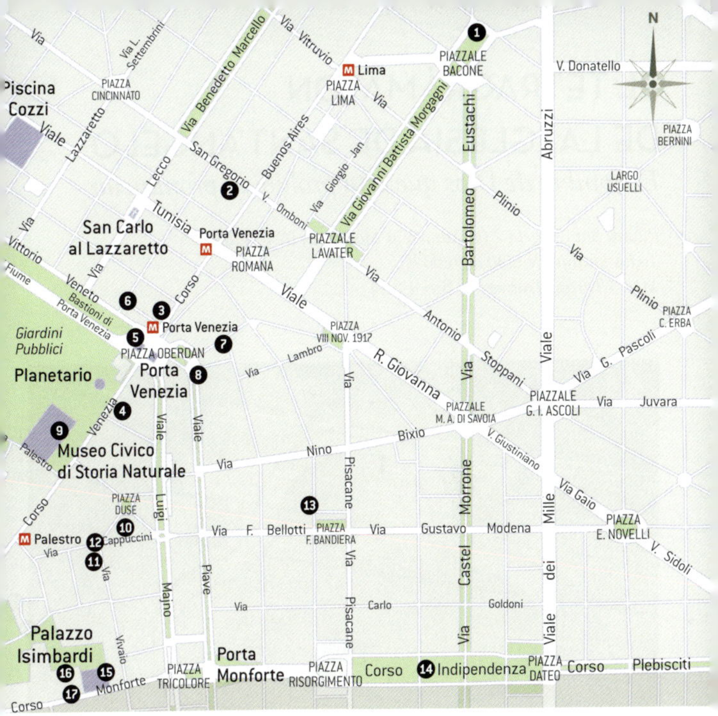

㉑ PALAZZO SERBELLONI 166
㉒ PLACA DEL ATAQUE DE MARINETTI «AL CLARO DE LUNA» 167
㉓ EL PRIMER BUZÓN DE CORREOS DE MILÁN 167
㉔ COLECCIÓN GIOVANNI LORENZI 168
㉕ LA SUITE 105 DEL GRAND HOTEL ET DE MILÁN 170
㉖ LA AZOTEA DEL HOTEL ARMANI 172
㉗ LA CÚPULA DE SCHIAPARELLI 174
㉘ MUSEO ASTRONÓMICO DE BRERA 175
㉙ FONDO OVIDIO SCOLARI 176
㉚ ESTATUA DE SAN EXPEDITO 178
㉛ CLAUSTROS DE SAN SIMPLICIANO 180
㉜ LA PLACA DE QUASIMODO 181
㉝ EL FRONTÓN ROMANO 181
㉞ CRIPTA DE LOS MÁRTIRES DE LA ANAUNIA 182
㉟ LA LÁPIDA SEPULCRAL DESFIGURADA DE LA IGLESIA DE SAN MARCO 184
㊱ EL HEXAGRAMA DE LA FACHADA DE LA BASÍLICA DE SAN MARCO 185
㊲ LA ESCULTURA DE LOS AMANTES 188
㊳ LOS IMPACTOS DE LOS POSTES DEL TRANVÍA 190
㊴ MEDIATECA SANTA TERESA 191
㊵ LOS BATIENTES DE MADERA DE LA ESCLUSA DE LA VIRGEN CORONADA 192
㊶ BIBLIOTECA HUMANISTA DE LA INCORONATA 194
㊷ CENTRO SOCIO-RECREATIVO MUNICIPAL PARA PERSONAS MAYORES 196

EL TETRAGRÁMATON DE LA IGLESIA DE SANT'ANGELO

1

El nombre de Dios que está prohibido pronunciar

Piazza Sant'Angelo 2 (esquina Via Moscova); 02 63470547
Todos los días de 6:30 a 20:00 h
MM 3 Turati; Tranvía 1; Bus 43, 94

En el techo de la capilla de los santos Águeda y Homobono (la cuarta en el lado izquierdo de la nave), dentro de la iglesia Sant'Angelo, hay unos caracteres hebreos que forman la palabra הוהי. La presencia de esta palabra hebrea en una iglesia católica resulta sorprendente, ya que es un tabú en ciertas tradiciones religiosas judías conservadoras.

Este término alude al nombre verdadero de Dios. Pero ¿cuál es ese nombre? La respuesta no es simple ni rotunda: su nombre varía según la religión.

La Iglesia cristiana utiliza comúnmente el término Señor, pero en algunas celebraciones litúrgicas se pueden emplear dos variantes: Adonai, en hebreo antiguo, y Kyrios, en griego.

En la tradición judía más conservadora, este nombre no debe pronunciarse nunca para no profanarlo (el tercer mandamiento de la tradición judía dice: «No pronunciarás el nombre de Dios en vano»), ni en las oraciones, ni en los cantos, ni en las celebraciones (ni siquiera en silencio en los pensamientos). En letras latinas, la inscripción adopta la forma del tetragrámaton YHVH, que, según estudios del siglo XVI, debería pronunciarse Yahweh, origen también de Yahvé. Algunos investigadores sugieren que este nombre significaría: «Aquel que trae a la existencia lo que existe», aunque también podría derivar de un verbo como llegar a ser, existir o simplemente ser. Pero está prohibido pronunciarlo. También podemos observar en el rosetón de la puerta lateral derecha del Duomo la transcripción, quizá más común del tetragrámaton: JAHVÉ.

Una fuente de la que manaba el acqua marcia

En el atrio de la iglesia de Sant'Angelo, la Fuente de san Francisco predicando a los pájaros, donde el santo está representado por una estatua de bronce, es una obra de 1926 de Giannino Castiglioni. Es una de las pocas fuentes que aún existen en Milán de la que manaba agua sulfurosa, más conocida en Milán como acqua marcia. Maloliente, debido a su contenido en azufre en el pasado se creía que poseía propiedades beneficiosas para la salud. El agua, que aún llega de ese mismo acuífero situado a 350 metros de profundidad y que comenzó a extraerse en 1920, no se considera potable.

LAS CELDAS DEL LAZARETO ②

Los vestigios del Lazareto en el cuadrilátero de Corso Buenos Aires

Cerca de la iglesia de San Nicola al Lazzaretto
Via San Gregorio 5
MM 1 Porta Venezia

Aunque los edificios que el Lazareto ocupaba antaño en un emplazamiento de 140 000 m^2 hayan desaparecido desde hace más de un siglo, esta construcción figura hoy entre los lugares grabados en la memoria de los milaneses, no solo por ser la protagonista del capítulo XXI de los *Promessi Sposi* (*Los novios*) de Alessandro Manzoni, sino también por los terribles acontecimientos de los que fue testigo.

Considerando su tamaño original, hoy no queda gran cosa. La parte más importante se reduce a cinco estancias y media de la via San Gregorio, que pertenecen desde 1974 a la Iglesia ortodoxa griega del Antiguo Calendario.

Desde la calle, se distinguen seis ventanas originales características del Renacimiento, así como cinco chimeneas (cada habitación tenía una) y, en el patio, hay un pórtico bajo el que se cuentan diez arcos y once columnas. Cerca del ala que da a la calle, también se puede ver a través del follaje un trozo del foso original, al que antaño llamaban el «abrevadero de la salud», y, sobre un muro del pórtico interior sigue figurando una placa con la siguiente inscripción en latín: «Oh viajero, retén tus pasos pero no tus lágrimas.»

Otros vestigios del Lazareto en Milán

En el patio del número 1 de Corso Buenos Aires, quedan algunas de las columnas originales del Lazareto, idénticas a las de la via San Gregorio, salvadas por el ingeniero Luraschi de las demoliciones y luego reutilizadas aquí para el pórtico de su palacio (ver «El patio de los Promessi Sposi», pág. 163). La pequeña iglesia, oculta detrás de las casas, que se alza en el número 1 del Largo Bellintani Fra Paolo, también pertenecía al Lazareto. Dedicada primero a san Gregorio (hoy lleva el nombre de san Carlos Borromeo, que ordenó su construcción), estaba ubicada exactamente en el centro del patio rodeado de edificios. Hace tiempo se cerró al público por estar en mal estado. Por último, en el 29 de via Castaldi, la antigua farmacia del Lazareto, fundada en 1750, sigue abierta. Es una de las farmacias milanesas más antiguas, debe su fama a su célebre Amaro Medicinale Giuliani, un licor amargo a base de hierbas que el propietario Germano Giuliani inventó en 1905.

Para el contexto histórico del Lazareto, ver siguiente doble página.

El Lazareto de Milán

Entre los siglos XV y XVII, 25 millones de personas, a saber, un tercio de la población total de la Europa de aquel entonces, fueron víctimas de la peste. Milán no escapó y en 1630-1632, sobre todo, más de 50 000 personas murieron (la mitad de los habitantes).

Para hospitalizar, intentar curar y, sobre todo, aislar a los apestados, única manera de impedir el contagio de la infección, Ludovico el Moro ordenó la construcción de un lazareto especialmente concebido para este fin. Se decidió erigirlo en un barrio apartado de las zonas habitadas, cerca de la Porta Orientale, para evitar que los vientos dominantes (que en Milán soplan de oeste a este) trajeran el aire «corrompido» de los enfermos a los barrios donde vivían las personas sanas.

Fue el arquitecto Lazzaro Palazzi quien edificó entre 1488 y 1513 este cuadrilátero de 378 metros de largo por 370 de ancho, que ocupaba la zona comprendida entre los actuales Corso Buenos Aires, via San Gregorio, via Lazzaretto y via Vittorio Veneto. Sobre las murallas de la via Laghetto 2, figura un cuadro con una representación pictórica del Lazareto en su conjunto.

El complejo tenía muros de ladrillo con decoraciones de terracota, según una arquitectura que evocaba la del Ospedale Maggiore (Hospital principal), al que pertenecía el Lazareto. Estaba rodeado de un foso, el «abrevadero de la salud», y albergaba 288 celdas, cada una de unos veinte metros cuadrados, con dos ventanas, una chimenea, letrinas y un camastro para dormir. Se podía alojar hasta treinta apestados. Cuesta imaginar el hedor, la suciedad y el amontonamiento de cuerpos, enfermos o cadáveres, en un espacio tan estrecho, lo que explica por qué los médicos no se aventuraban nunca dentro del recinto del Lazareto, prefiriendo enviar en su lugar a criados, farmacéuticos y barberos para controlar la situación: siempre establecían su diagnóstico y prescribían sus tratamientos a distancia. El perímetro del edificio rodeaba un gran patio en cuyo centro había una capilla dedicada a Santa Maria della Sanità (santa María de la Sanidad), demolida en 1576. San Carlos Borromeo mandó construir en su lugar una iglesia dedicada inicialmente a san Gregorio (hoy está dedicada a san Carlos). Decidieron dar una forma octogonal a esta iglesia para que simbolizara el doble de los lados del Lazareto y recordara el octavo día, el de la resurrección de Cristo. Además, todas las fachadas de la iglesia estaban abiertas (hoy están tapiadas) para que los enfermos pudieran ver al cura y seguir la misa desde sus celdas. Iniciada en 1580, no fue terminada hasta después de la muerte del santo al que está dedicada. Dentro de la iglesia, un cuadro anónimo representa a san Carlos visitando a los apestados. Cuando en 1796 Napoleón se apoderó de Milán, la iglesia fue destinada al culto pagano y no fue consagrada de nuevo hasta finales del siglo XIX. Una vez erradicadas las epidemias de peste, el Lazareto fue primero desinfectado, luego restituido al Ospedale Maggiore, y después transformado sucesivamente en cuartel, hospital militar, prisión para el enemigo, depósito, fábrica de cañones y pasto para el ganado. Albergó también una escuela de medicina veterinaria, y Napoleón lo usaba para celebrar fiestas y torneos. Bajo la ocupación austriaca, las estancias se habilitaron para hospedar a pobres y marginados y la iglesia terminó sirviendo de granero. El hospital también alquiló algunas habitaciones en la planta baja a ferroviarios, hortelanos, artesanos, vendedores ambulantes, lavanderas, herreros y fabricantes de hielo.

Al final, la Banca di Credito Italino compró el complejo de edificios para construir nuevas viviendas. El Lazareto fue definitivamente demolido entre 1882 y 1890.

El origen del término «lazareto»

Según una primera hipótesis, la palabra «lazareto» derivaría de Lázaro, el leproso difunto del Evangelio, resucitado por Cristo y luego venerado como protector de los leprosos.

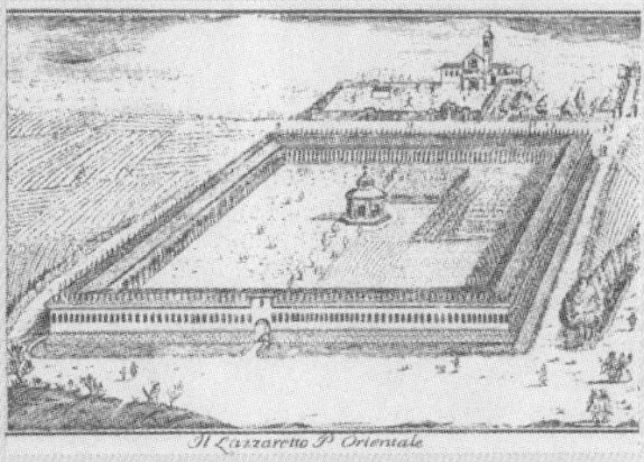

La segunda hipótesis se refiere al primer lazareto de todos, al lazareto veneciano de Santa María de Nazareth: tras sucesivas distorsiones fonéticas, la palabra Nazareth se habría transformado primero en *nazaretto* y luego en *lazaretto*.

PATIO DEL PALAZZO LURASCHI

③

El patio de «Los Novios»

Corso Buenos Aires, 1
MM 1 Porta Venezia

Detrás del vestíbulo del palacio Luraschi, en el número 1 del Corso Buenos Aires, hay un pequeño patio encantador con dos particularidades: cuatro columnas de mármol procedentes del antiguo Lazareto (ver pág. 167) y doce bustos esculpidos representando a los personajes de los *Promessi Sposi* (*Los novios*), la célebre novela de Alessandro Manzoni. Es fácil reconocer a los protagonistas, Renzo y Lucía, así como a Don Rodrigo, al cardenal Borromeo, al padre Cristoforo, a Agnese y a la monja de Monza. Este palacio, proyectado por Ferdinando Luraschi, el ingeniero civil que le dio su nombre, y erigido entre 1881 y 1887 por el maestro de obras Angelo Galimberti, fue uno de los primeros en construirse en el barrio (a lo largo de lo que antaño se llamaba Corso Loreto) tras la demolición del Lazareto. Recuperando materiales que iban a ser destruidos, Luraschi decidió conservar y reutilizar cuatro de las columnas que se alineaban inicialmente alrededor del perímetro interior del Lazareto (se pueden ver otras once columnas originales en el n.º 5 de la via San Gregorio). Una de las normas urbanísticas vigentes en la época, llamada de *servitù del Resegone* («servidumbre del monte Resegone»), imponía que los edificios al norte de la ciudad tuvieran una altura máxima de dos a tres plantas para poder ver el paisaje de los Bastiones (precisamente la vista de los Prealpes y del monte Resegone). El edificio que construyó Luraschi, uno de los primeros en Italia en tener ocho plantas, fue también uno de los primeros en Milán en infringir esta norma. Es probable que Luraschi erigiera esta serie de bustos para compensar el hecho de haber construido en el mismo lugar que un edificio importante del patrimonio manzoniano como el Lazareto, que tapaba además la vista de una montaña citada a menudo por el escritor milanés en su obra.

> De 1888 a 1940, este patio fue ocupado por el Puntigam, una elegante cervecería-restaurante, uno de los primeros lugares de Milán en disponer de iluminación eléctrica gracias a un contrato experimental que el Ayuntamiento había firmado con la Sociedad Edison.

EN LOS ALREDEDORES

La columna de San Dionigi ④

En el número 50 de Corso Venezia, una placa cita el capítulo XI de *Los novios* de Manzoni. En ella se puede leer la siguiente inscripción: «*Qui c'era una colonna con sopra una croce, detta di San Dionigi*» («Aquí se alzaba una columna rematada por una cruz, llamada de San Dionigi»). Se trataba de una columna votiva construida en 1577, en la época de la peste. En la novela, Renzo se para en ella para recoger pan. Esta columna fue derribada en el siglo XVIII, así como la iglesia dedicada a san Dionigi (san Dionisio), para dejar sitio a los jardines de Porta Venezia.

LAS COLUMNAS DE LA PIAZZA OBERDAN

⑤

Una chimenea camuflada

MM 1 Porta Venezia

Lejos de ser los vestigios de un antiguo monumento destruido o de un templo inacabado, las dos misteriosas columnas de la piazza Oberdan son, en realidad, una chimenea camuflada.

Debajo de la piazza Oberdan están los antiguos baños públicos Venezia (*Albergo Diurno Venezia*), a los que se accede por la boca de metro en la esquina del Corso Buenos Aires y del viale Vittorio Veneto. Al principio, había dos accesos con marquesina: uno del lado de la via Tadino, y el otro donde hoy está la entrada, antes de que lo reubicaran durante las obras del metro y desapareciera para siempre.

Estos baños públicos se construyeron en 1925 con una concesión inicial de 30 años. En 1955, el Ayuntamiento de Milán obtuvo la propiedad del establecimiento y de todos sus accesorios y dependencias. El proyecto preveía inicialmente treinta cabinas de baño, seis cabinas de ducha con ropero, diez cuartos de baño, un vestuario, una lavandería, un banco, oficinas, cabinas telefónicas, un depósito para las bicicletas y puestos de limpiabotas.

La caldera que calentaba el aire ambiente estaba dotada de una chimenea camuflada en una de las dos columnas de la plaza. Para dar un valor estético aceptable a esta columna, se añadió otra al lado cuya función era puramente decorativa. Se había previsto también erigir un monumento en la plaza, aunque nunca se construyó.

El gran salón de los baños públicos no se puede visitar, pero a veces, como lo indican carteles colocados sobre las vidrieras, se puede apreciar el interior a través de la puerta de cristal a la izquierda de la boca de metro. La humedad causada por el agua de lluvia que se filtra desde la calle ha ido deteriorando las paredes, las baldosas y las decoraciones.

EN LOS ALREDEDORES (6)

El balcón del reloj

En el n.º 1 de la via Tadino, sobre la entrada de este edificio de finales del siglo XIX, se ve un precioso y curioso reloj colocado en el centro del balcón y flanqueado por maceteros con plantas y dos pequeñas estatuas pintadas de un niño y una niña a tamaño natural, disfrazados de pastores.

EL CANAL DE RIEGO GERENZANA ⑦

La parte destapada de un antiguo curso de agua

Via Spallanzani 10
MM1 Porta Venezia; Tranvía 5, 9, 33

El canal de riego Gerenzana (*Roggia Gerenzana* en italiano), un curso de agua procedente del río Seveso que cruza la ciudad de norte a sur, está hoy tapado casi por completo, salvo un corto tramo que se aprecia desde el patio de la Casa Galimberti, pero también desde el patio del supermercado de la esquina (tras haber pedido permiso).

Estos pocos metros de canal, casi abandonados y a menudo secos, atestiguan sin duda la existencia de un curso de agua que desempeñó una función importante en este barrio de Milán.

Originariamente, el canal pertenecía al marqués de Brivio-Sforza e irrigaba su propiedad de San Giuliano Milanese (donde aún se ve una parte desde la zona de la piazza Insubria). Cuando este canal llegaba a la Porta Orientale (la actual Porta Venezia), las aguas pasaban por una serie de «filtros» artesanales hechos de arena y gravilla y alimentaban, una vez depuradas, las aguas del Bagno Diana (Baños de Diana), la primera piscina al aire libre de Italia.

La parte de la via Sirtori alimentaba por su parte el establecimiento de la *Società Anonima Omnibus e Tramways*, edificio de 1861 que estaba flanqueado además por un depósito de carruajes y por unos establos donde podían abrevarse los casi 500 caballos de la Sociedad.

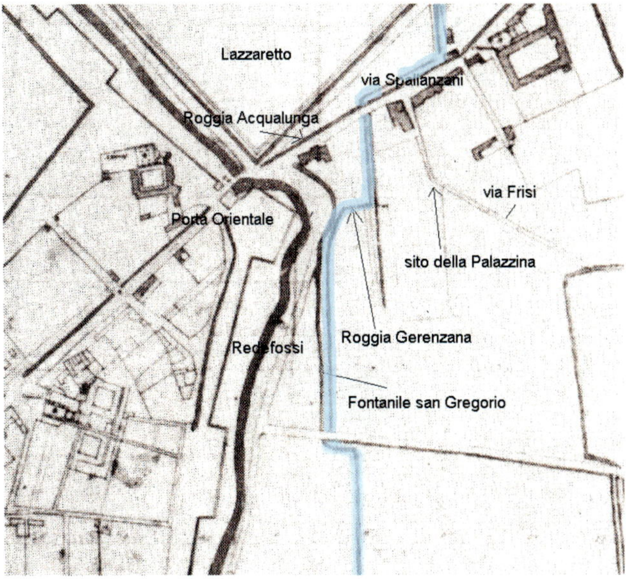

EL JARDÍN ESCONDIDO DEL HOTEL SHERATON DIANA MAJESTIC

⑧

Una estatua que adornaba la primera piscina pública de Milán

Viale Piave 42
Todos los días de 10:30 a 1 h
MM 1 Porta Venezia; Tranvía 9

Aunque es fácil encontrar un bonito patio oculto detrás de un portón en el centro de Milán, los jardines de los palacios suelen ser menos visibles: en su mayoría, están ocultos por edificios o protegidos por verjas impenetrables que apenas permiten echar un ojo. Sin embargo, en el barrio de Porta Venezia, no lejos del gran parque público Jardines Montanelli, hay un jardín que merece la pena visitar.

En el 42 del viale Piave, el hotel Diana tiene un gran ventanal semicircular que da al bar. Desde allí se puede vislumbrar un jardín exuberante, en cuyo centro se alza una estatua de Diana en medio de un pequeño estanque. La estatua de la diosa protectora de las fuentes y los bosques adornaba antaño la entrada de la primera piscina pública de Milán, inaugurada en 1842 en una zona donde abundaba la vegetación, justo a la salida de los bastiones de la Porta Orientale (la actual piazza Oberdan).

Los Baños de Diana (nombre de la piscina en honor a la diosa) eran de uso exclusivo para hombres. Tenían una enorme piscina, trampolines, cabinas y una galería para observar a los bañistas.

Las aguas procedían de la Roggia Gerenzana, que discurrían a pocos metros de ahí y venían del cercano Naviglio della Martesana.

Se techó la piscina definitivamente en 1908, cuando el arquitecto A. Manfredini proyectó sustituirla, siguiendo la moda francesa de la época, por un lugar de ocio y descanso que conoció un éxito inmediato. El nuevo Kursaal Diana albergaba un restaurante, una sala de baile, un hotel moderno con iluminación eléctrica, habitaciones con baño privado, teléfono en las plantas y un ascensor doble para transportar separadamente a los clientes y el equipaje. También se añadió un sferisterio, donde se jugaba a una especie de pelota vasca, que más tarde transformaron en una flamante pista de patinaje.

El Kursaal, al que Mussolini rebautizó más tarde con el nombre italiano Diana Maestoso, pasó a la historia por el atentado de 1921 que destruyó el Gran Teatro, el cual hoy delimita el jardín por un lado, semioculto por las frondosas ramas de una espectacular y olorosa glicinia.

LOS LIBROS DE MADERA DEL MUSEO MUNICIPAL DE HISTORIA NATURAL

9

El extraordinario herbario del archiduque de Austria

Museo Civico di Storia Naturale - Corso Venezia, 55
02 88463337 - comune.milano.it/museostorianaturale
De martes a domingo, de 9:00 a 17:30 h
Entrada gratuita los martes a partir de las 14:00 h y todos los días a última hora
MM1 Palestro

Entre los numerosos objetos, minerales, fósiles y animales disecados expuestos en el Museo Municipal de Historia Natural, el visitante observador descubrirá con placer dos pequeños cofrecillos de madera, uno cerrado y el otro abierto, con forma de libro.

Conservados en una caja de cristal justo después de la entrada, estos cofrecillos no son en realidad más que dos de los 400 ejemplares que conserva el museo. Conocidos con el nombre de «libritos de Monza» porque provienen de la Villa Reale de Monza, constituyen, desde un punto de vista histórico, una de las colecciones más interesantes y más valiosas del museo. En Italia solo existe otra serie similar, en San Vito di Cadore. Estos cofrecillos pueden abrirse como los libros de verdad: en ellos se conservan muestras botánicas de varias especies de árboles y arbustos del parque de la Villa Reale. Se trata, en suma, de herbarios que, además de las partes tradicionales de cada espécimen – tronco, hojas, flores, frutos y semillas– también contienen la sección de una rama, el polen, las cenizas, una viruta, un trozo de carbón, una malformación, etc. Dentro de una pequeña cavidad situada en el grosor del «libro» hay una hoja doblada donde se enumeran, en francés, los distintos elementos que contiene la caja. Se desconoce tanto el origen de esta colección como su autor, aunque es probable que estos cofrecillos hayan sido encargados por el archiduque Rainiero II de Austria en 1815.

El Museo Municipal de Historia Natural, considerado el más grande de Italia, posee otras muchas pequeñas maravillas. Destacan en particular un raro ejemplar de Quagga, una especie de cebra de Sudáfrica hoy extinguida; el cristal de azufre más grande del mundo; sorprendentes dioramas que muestran una gran variedad de animales en su hábitat natural; y por último, «Ciro», el primer dinosaurio italiano, cuyo nombre científico es *Scipionyx samniticus*: una especie desconocida hasta su descubrimiento y considerada hoy por los especialistas como uno de los vertebrados fósiles más importantes y mejor conservados del mundo.

LOS FLAMENCOS ROSAS DEL JARDÍN DE LA VILLA INVERNIZZI ⑩

Flamencos rosas en el centro de la ciudad

Via dei Cappuccini 3
MM 1 Palestro

Si al pasear por la via dei Cappuccini se tiene la feliz idea de echar un vistazo al otro lado de la verja negra y dorada del número 3, se tendrá la curiosa impresión de estar de repente en un rincón del Caribe. A través de la exuberante vegetación, se puede ver una sorprendente colonia de flamencos rosas. Estos flamencos rosas pueblan, junto con pavos reales y patos, desde hace tiempo el jardín del Palazzo Invernizzi, un edificio de estilo clásico cuya entrada principal da al Corso Venezia. Antaño residencia de la familia Invernizzi, marca histórica de la alimentación italiana, este palacio alberga hoy la Fundación Romeo y Enrica Invernizzi que promueve estudios e investigaciones en el ámbito de la economía y de las ciencias alimentarias. No obstante, el jardín y la villa no son accesibles al público.

Afortunadamente, los flamencos rosas no se esconden y, quizá porque precisamente nadie los molesta, se reproducen sin dificultad, a pesar del clima muy poco tropical, y se dejan admirar por los transeúntes desde hace ya décadas.

EN LOS ALREDEDORES

Una oreja a modo de interfono (11)

A unos 200 metros del jardín de los flamencos rosas, en el número 10 de la via Serbelloni, junto a la entrada de un edifico que los milaneses llamaban justamente *Ca' de l'orèggia* (la casa de la oreja), pero cuyo nombre oficial es Palazzo Sola-Busca, obra maestra del modernismo milanés, se puede admirar una enorme y curiosa oreja de mármol. Esta oreja, maravillosa escultura realizada en 1930 por el artista milanés Adolfo Wildt, maestro de Lucio Fontana y de Luigi Broggini, fue esculpida cuidando hasta el más mínimo detalle. En su interior se distingue el tímpano, el estribo y el martillo. En los años 30, gracias a la transmisión del sonido a través de un canal interno del edificio, funcionaba como un interfono de gran originalidad. Hoy, lamentablemente, ya no funciona.

PALACIO BERRI MEREGALLI

(12)

Un rincón de Barcelona

Via Cappuccini 8
MM 1 Palestro

Entre los edificios del siglo XVIII y XIX de este barrio, el Palacio Berri Meregalli es una obra maestra del arquitecto Giulio Ulisse Arata, erigida entre 1911 y 1914. Este sorprendente edificio evoca tanto las decoraciones *art nouveau* de Coppedè como el modernismo catalán de Gaudí.

El eclecticismo del arquitecto le llevó a mezclar elementos tomados del arte románico (piedras, ladrillos vista, arcos y logias), del gótico, del Renacimiento y en parte del estilo *art nouveau* tardío, como lo demuestran los putti de cemento, las gárgolas, los frescos, los fragmentos de mosaico y los hierros forjados con rizos, obra de Alessandro Mazzucotelli (ver pág. 22).

Si lo pides amablemente, el guardia suele dejar que cruces la reja de hierro forjado que recuerda la entrada de un castillo medieval para poder admirar el espectacular vestíbulo, decorado con mármoles, almohadillados, arcos de ladrillo, techos artesonados y mosaicos multicolores realizados por Angiolo D'Andrea: un decorado digno de una catedral bizantina.

Al fondo de la entrada se conserva una preciosa escultura de Adolfo Wildt: una cabeza de mujer con velo y un par de alas, titulada de hecho Victoria alada.

EL EDIFICIO DEL N.º 35 DE LA VIA POERIO ⑬

Una de las doce copias del edificio situado en el 770 de Eastern Parkway, en Brooklyn, Nueva York

Via Poerio 35 - MM1 Palestro; Tranvía 23, 9

Al pasar por la via Poerio, el paseante cosmopolita puede tener una sensación de *déjà vu*. El edificio del número 35 tiene además motivos para sorprender en Milán, con sus tres frontones puntiagudos y su *bow window* central de estilo gótico que recuerda más a un edificio holandés o británico que a uno milanés. De hecho, es una de las doce copias del edificio que se alza en el 770 de Eastern Parkway, en el distrito de Brooklyn, en Nueva York.

El rabino Yossed Yitzchok Schneersohn, líder del movimiento judío ortodoxo Habad-Loubavitch, fijó aquí su residencia tras haber dejado la Europa asolada por la Segunda Guerra Mundial. Gracias al empeño de su yerno, el rabino Menachem Mendel Schneerson, que heredó el puesto de guía del movimiento (Rebbe), el edificio del número 770 se convirtió en un auténtico lugar de culto para los fieles, a tal punto que se decidió copiarlo, casi fielmente, en varios lugares del planeta.

Hoy existen doce copias del edificio del 770 de Eastern Parkway, en Brooklyn, Nueva York. Varias están en Israel, pero hay otras en Argentina, Australia, Brasil y Canadá. La única que existe en Europa es la que está en la via Poecio, 35.

Para ver la ubicación de las demás casas, visite robbinsbecher.com

Italia ha sido cuna de importantes doctores de la Torá desde la destrucción del Segundo Templo. En 1949, bajo petición de la comunidad judía, el Rav Yaakov Gansburg fue enviado a Milán para encargarse de la Shejitá (faena ritual de animales kosher). En 1952, supervisó con Rav Yaakov Perlow las obras del Mikve (baño reservado a las abluciones rituales) de la via Guastalla, bajo la dirección personal del Rebbe. En 1959, el Rebbe envió a sus primeros emisarios a Italia, al Rav Gershon Mendel Garelik y a su esposa. El Rav Garelik se convirtió en rabino de la sinagoga Ohel Yaakov de la via Cellini y creó la actividad del Merkos l'lnyonei Chinuch en Italia. Los dos primeros años, la señora Garelik impartió clases a adolescentes y a adultos, y todas las actividades del MLC se desarrollaban en el domicilio del joven rabino, en la via Uberti. Más tarde se abrió una escuela en el edificio de la via Poerio (hoy trasladada a la via Macconago) y otras sucursales dedicadas a actividades culturales en Milán y fuera.

ESTATUA DE PINOCHO

⑭

Un Pinocho olvidado transformado en niño

Jardín del Corso Indipendenza (a la altura de la via Ciro Menotti)
Bus 54, 61

En el jardín del Corso Indipendenza, hay una fuente, escondida y casi olvidada, decorada con una singular estatua de Pinocho transformado en niño.

Inaugurada el 19 de mayo de 1956, al mismo tiempo que el área de juegos del jardín, la Fuente de Pinocho intrigaba antaño a todos los niños que jugaban en los alrededores. Obra del escultor Attilio Fagioli, oriundo de Toscana como Carlo Collodi, autor de *Las Aventuras de Pinocho*, fue donada a la ciudad por la asociación milanesa Famiglia Artistica: Pinocho, convertido ya en niño, observa con aire satisfecho a la marioneta que ya no es, yaciendo en el suelo. Una inscripción, del poeta Antonio Negri, inventor de esta obra, explica su propósito pedagógico: «Com'ero buffo quand'ero un burattino. E tu che mi guardi, sei ben sicuro di aver domato il burattino che vive in te?» («Qué gracioso era yo cuando era un títere. Y tú que me miras, ¿estás seguro de haber domado al títere que vive en ti?»)

Esta estatua debía representar el paso simbólico de la infancia a la edad adulta. Se comparta o no esta interpretación en la actualidad, lo cierto es que hoy día son pocos los niños con la suerte de interrogarse sobre esta escultura y el significado de su inscripción: la nariz de Pinocho (cuyo gato ha desaparecido) ha sido cortada, y la fuente, desgastada por el tiempo, ahora está seca.

Pinocho, el primer títere masón

La pertenencia de Carlo Collodi a la masonería, aunque no es oficial, está indiscutiblemente reconocida, como lo atestiguan la creación en 1848 de su periódico Il Lampione, que, como él mismo decía, iba a «iluminar a todos aquellos que vagan por las tinieblas»; su participación como voluntario toscano junto a Giuseppe Garibaldi, célebre carbonaro y, sin duda, masón; y por último, su estrecha relación con Mazzini, masón reconocido, de quien se declaró «discípulo apasionado».

Además, los principios fundamentales de la masonería, que se encuentran en el lema de la República francesa – Libertad, Igualdad y Fraternidad – están perfectamente ilustrados en *Las aventuras de Pinocho*: la Libertad porque Pinocho es un ser libre que ama la libertad; la Igualdad porque Pinocho sólo aspira a ser igual que los demás, y que, al nacer, todos los hombres son iguales como lo dicta el principio de igualdad; y la Fraternidad, principal sentimiento que sienten los personajes a lo largo de la historia. Los tres pilares de la masonería universal figuran pues en *Las aventuras de Pinocho*, una historia inmortalizada en 1940 por el cineasta norteamericano Walt Disney, un masón templario de alto grado. Más que un simple cuento para niños, Pinocho es en realidad un relato iniciático parecido al *Fausto de Goethe* o a *La flauta encantada de Mozart* : una parábola masónica de múltiples sentidos que retoma los temas, fórmulas y etapas del recorrido iniciático de la masonería. De hecho, son precisamente estas alusiones veladas a un recorrido iniciático a las que Pinocho debe su extraordinario éxito (el segundo libro más vendido en Italia en el siglo XX después de la Divina Comedia), las distintas etapas de la trama que evocan de un modo subliminal los arquetipos del saber humano. Pinocho representa una extraordinaria herramienta pedagógica al margen de la educación oficial de la época. Este cuento, impregnado de una moral de emancipación política, es una de las mayores contribuciones de la cultura toscana a la masonería. Pinocho es una criatura sometida a un largo recorrido: al principio, trozo de madera «bruta» (como la piedra «bruta» que todo aprendiz ha de tallar), tiene que lograr ser «pulido» (término masónico para «iluminado»).

El nombre de Pinocho deriva de pinolo (piñón), semilla de la piña, y por ende del pino, árbol tradicional de Navidad, símbolo del nacimiento espiritual que el neófito experimenta cuando recibe la luz de la iniciación. De hecho, no es casualidad que el primer personaje de la historia, Geppetto, sea ebanista, o carpintero, como José, el padre adoptivo de Jesucristo. Como ebanista, es «demiurgo» («creador», «artesano»), en el sentido platónico y gnóstico de la palabra. Un poco más adelante, el Hada Azul desciende del cielo para enseñar a Pinocho el libre albedrío. Y cuando él le pregunta si ya se ha convertido en un niño de verdad, le responde de una manera significativa: «No, Pinocho. El deseo de tu padre Geppetto sólo se cumplirá cuando te lo merezcas. Demuéstralo con valentía, sinceridad y pasión, y, un día, serás un niño de verdad.» Exactamente como ocurre durante la iniciación masónica, bajo el signo del aprendizaje y del sentido de responsabilidad. La voz de Pepito Grillo es, por supuesto, la de la conciencia que anima al títere a ir «al colegio», otro símbolo masónico de la conciencia.

El recorrido iniciático de Pinocho consiste también en una serie de pruebas relacionadas con los cuatro elementos: el aire (la presencia de numerosas aves en el cuento, y el vuelo del títere sobre las alas de la paloma), la tierra (las monedas enterradas en el hoyo), el fuego (que le quema los pies) y el agua, en varios capítulos de baños y ahogamientos, hasta el último capítulo. Pinocho es también presa del «sueño», otra figura masónica clásica que indica la no actividad del iniciado, y es precisamente mientras duerme cuando el Hada Azul le besa, según el rito del beso masónico de los templarios. Pinocho muere ahorcado pero resucita gracias a la purga/purificación, es decir, elevándose a un grado de iniciación más.

Entre el resto de alusiones a la masonería, cabe señalar la Isla de las Abejas industriosas que recuerdan el Templo de Salomón masónico de Hiram, con sus cuatrocientas granadas, cantidad exacta de panecillos que prepara el Hada Azul, con las tazas de café con leche, cuyo cromatismo blanco y negro es una de las características del templo y un símbolo del contraste entre el bien y el mal. El gato, la zorra y Tragalumbre encarnan las tentaciones de la vida profana, perezosa, fácil, donde la cojera y la ceguera son otras alusiones a los símbolos masónicos.

El titiritero Strómboli y el País de los Juguetes simbolizan la vida profana y las vanidades mundanas, y la transformación de Pinocho en burro, su decadencia entre las bestias.

Para salvarse y retomar el camino de la iluminación, el títere ha de encontrar a su padre/demiurgo, pero sólo puede reunirse con él tras pasar una prueba bíblica: es engullido por una ballena, como Jonás, mito fundamental de todas las grandes religiones monoteístas y de todas las escuelas esotéricas. Uniéndose a Geppetto, que le lleva a hombros mientras nada, y al agua, elemento primario, Pinocho se convierte al fin en un «niño de verdad», un verdadero «iluminado».

LOS TESOROS ESCONDIDOS DEL PALAZZO ISIMBARDI

15

Un palacio abierto al público dos veces por semana

Palazzo Isimbardi – Via Vivaio 1
02 77402895
Visitas guiadas los miércoles a las 18:00 y los viernes a las 10:00 h
Entrada libre, reserva obligatoria en la oficina de la IAT (Informazione e Accoglienza Turistica), piazza Castello
MM1 San Babila; Bus 54, 61

El Palacio Isimbardi, que data del siglo XVI, alberga desde 1935 la sede de la Provincia de Milán y abre al público dos veces por semana. Su jardín, la arquitectura de sus salas y las numerosas obras de arte que están expuestas merecen una visita.

Desde la entrada se puede admirar el patio de honor de estilo Renacimiento y su suelo de terracota original, enriquecido con preciosas incrustaciones de mármol de Candoglia (el mismo que en la catedral), y un pórtico pintado al fresco, decorado con «grotescos» y representaciones de animales mitológicos.

En la planta baja hay tres grandes frescos del siglo XVII procedentes de una villa de Vaprio d'Adda, atribuidos a la escuela del pintor de Varese, Pier Francesco Mazzucchelli, y una escultura de Francesco Messina representando a Eva. La sala Pedenovi destaca por un gran lienzo del siglo XVI de Bernardino Campi, además de algunos preciosos relojes antiguos pertenecientes a la amplia colección del palacio.

En el jardín a la italiana, unas estatuas del siglo XX evocan algunas actividades de la región: la industria, la irrigación de los campos y la agricultura. También se puede ver un vestigio de la guerra, conocido con el nombre de «torre de las sirenas» (ver pág. 121).

Tras subir por la escalera de honor, se accede al vestíbulo donde se conservan dos grandes mapamundis del siglo XVII, realizados en el taller de Giovanni Jacopo de' Rossi, y un estandarte de 1927 bordado a mano, con hilo de oro y plata, por las monjas de clausura. En las siguientes salas, se pueden admirar unas grandes lámparas de techo del siglo XVIII de cristal de Murano, un escritorio de madera taraceada, obra del célebre ebanista Giuseppe Maggiolini, esculturas de Enrico Butti y de Francesco Barzaghi, preciosos lienzos de Angelo Trezzini, de Giacomo Favretto, de Francesco Filippini, de Leonardo Bazzaro y de otros pintores del siglo XIX, esculturas de Francesco Barzaghi y cuadros del siglo XX de Enrico Prampolini, Carlo Carrà, Raffaele De Grada, Aligi Sassu y Lorenzo Viani.

La obra más importante de este palacio es, sin duda alguna, el gran lienzo (6 x 8 metros) que adorna el techo de la Sala del Consejo Provincial (Sala della Giunta), titulado *Apoteosis de Angelo della Vecchia en el signo de las Virtudes*, obra de Giambattista Tiepolo.

LA «TORRE DE LAS SIRENAS» ⑯

El refugio de Mussolini

Jardín del Palazzo Isimbardi
Via Vivaio 1
Visitas guiadas los miércoles a las 18:00 h y los viernes a las 10:00 h
Entrada libre, reserva obligatoria en la oficina de la IAT (Informazione e Accoglienza Turistica), piazza Castello
MM1 San Babila; Bus 54, 61

Encajado entre el edificio de la Provincia de Milán y el de la Prefectura, el jardín del Palazzo Isimbardi alberga una singular construcción de hormigón, de 22 metros de altura, con un techo puntiagudo que le da un aire de lápiz gigantesco. Conocido con el nombre de «torre de las sirenas», el edificio funcionaba como centro de alerta en caso de amenaza aérea durante la Segunda Guerra Mundial: aún se pueden ver, aunque cubiertas de hiedra, dos puertas anti-explosión cerradas al público. Los espeleólogos que han podido entrar en ella han descubierto fragmentos de decoraciones de los distintos espacios (únicas en la historia de los refugios aéreos) así como numerosos carteles como: *Bunker comunicazioni*, *Vietato fumare* («Prohibido fumar») y *Meglio allarmati che bombardati* («Mejor alarmado que bombardeado»).

En efecto, debajo del jardín hay un búnker cuya construcción finalizó en 1943 para alojar, en caso de amenaza aérea, a las autoridades de la época. Según la leyenda, Benito Mussolini habría pasado aquí sus últimos días, antes de huir de Milán en abril de 1945. Aunque esto nunca ha sido oficialmente probado, desde entonces el edificio es conocido como el «búnker de Mussolini». La edificación, de planta rectangular dispuesta en dos alturas, podía albergar hasta 180 personas. Había una centralita telefónica y telegráfica, un sistema–que podía alimentarse mediante una bicicleta en caso de apagón– de ventilación y de filtración del aire contra los gases tóxicos, una habitación especial reservada para el prefecto y cuartos de baño con bañera.

Los otros refugios antiaéreos de Milán

Se cuentan más de 15 000 refugios antiaéreos en Milán, la mayoría escondidos debajo de edificios o en patios en copropiedad (identificados en general con las letras «R» o «U.S.», ver pág. 195). Entre los refugios exteriores, la torre más importante, aparte de la del Palazzo Isimbardi, está en la via Adriano, en la frontera con el municipio de Sesto San Giovanni. Esta torre de 35 metros de altura alojaba antaño a los obreros de la empresa Magnetti Marelli. Aunque el interior ha sido destrozado por vándalos y okupas, aún se pueden ver, entre la basura y la chatarra, algunos vestigios y grafitis que datan de la Segunda Guerra Mundial. Por último, cabe señalar los refugios con un tejado en punta de la via Pitteri, el refugio redondeado de la via Mecenate, los parapetos del Viale Forlanini y el refugio del parque Cassina de' Pomm.

UN GATO DE CHAPA

17

Un gatito curioso que observa a los transeúntes

Corso Monforte 43
Bus 61, 54

A dos pasos de las oficinas de la prefectura, son pocos los transeúntes que se dan cuenta de la presencia de un pequeño testigo que observa a todo el mundo en silencio: oculto frente a una ventana del sótano, junto a la puerta de entrada del n.º 43, un gato de chapa, con largos bigotes y la cola enrollada alrededor de la reja, se mantiene pacientemente al acecho.

El edificio donde se esconde, de estilo *art nouveau*, data de los primeros años del siglo XX, y su fachada exhibe un pintoresco conjunto de ladrillos y arquerías.

En la tercera planta, se pueden ver seis figuras femeninas inspiradas en modelos medievales, pintadas a ambos lados de las ventanas.

EN LOS ALREDEDORES

El trampantojo de una villa

Si por algún casual el portal del n.º 7 de la via Carlo Pisacane está abierto, puedes entrever en su interior lo que parece ser una columnata, más allá de la cual un largo camino bordeado de árboles lleva a una villa en lo alto de una colina. En realidad, se trata de un hermoso ejemplo de trampantojo, que cubre todo el muro sobre el que da el portal.

FRAGMENTO DE MURO MEDIEVAL ⑱

El único fragmento de muralla medieval que se conserva

Via San Damiano 7–9
MM 1 San Babila

Este fragmento de muralla, de unos treinta metros de largo, cuya base está compuesta por bloques de piedra y la parte superior por ladrillos parcialmente cubiertos de vegetación, representa el único vestigio de las antiguas murallas que se construyeron en la Edad Media a petición del ingeniero militar Gugliemo da Guintellino, para defender la ciudad de los ataques de Federico I Barbarroja.

Hay una placa conmemorativa, prácticamente ilegible, en el muro que recuerda estos hechos. Exceptuando esta parte, casi no queda nada de esta fortificación, salvo la antigua Porta Nuova y la Porta Ticinese. En cambio, el Castillo Sforzesco conserva los frisos que adornaban la Porta Romana (cuyos restos se encuentran en el subsuelo de dos palacios que se alzan en el cruce entre Porta Romana y la calle Francesco Sforza), así como el bajorrelieve de la loba (ver al lado) que decoraba la Puerta Oriental.

EL BAJORRELIEVE DE LA LOBA DE CORSO VENEZIA

⑲

Milán también tiene su loba

Corso Venezia 21
MM 1 San Babila, Palestro

Roma ya no es la única ciudad del mundo en poder jactarse de tener una estatua de loba que amamanta: Milán también tiene una que, aunque no tenga la majestad de su homóloga romana (solo se trata de un bajorrelieve), también tiene su encanto. Aunque no está confinada en una sala de museo, sino al contrario, expuesta ante la mirada de todo el mundo, es cierto que nadie, o casi nadie, parece percatarse de su presencia.

Sus orígenes son inciertos. Algunos pretenden que proviene de una lápida funeraria pagana que formaba parte de la Porta Orientale de la ciudad. Conocida con el nombre de Renza, esta puerta, que databa de la época de la muralla romana, se alzaba a la altura de San Babila. Separaba la ciudadela de *Mediolanum* de los campos sembrados de bosques y huertos que se extendían en las afueras. Cuando la ciudad creció, la puerta, junto con su loba, fue desplazada a lo largo de la muralla del anillo de circunvalación interior de los Navigli, donde hoy el Corso Venezia cruza con la via San Damiano. En 1818, la Porta Orientale fue demolida. Hoy ya no queda gran cosa, salvo el león de la piazza San Babila y esta loba que amamanta a su lobezno.

En la actualidad, la loba de Corso Venezia, protegida por un cristal, parece haber sido olvidada, y apenas se puede leer su inscripción en latín, ya casi borrada. Pero aún se distingue su silueta, último testimonio de una época en que la convivencia entre hombres y lobos era un tema a la orden del día.

LOS VESTIGIOS DE LOS CAÑONAZOS DE LOS CINCO DÍAS

20

Los vestigios de la batalla para la liberación de Milán en 1848

Corso Venezia y Via della Spiga
MM 1 San Babila, Palestro

Milán sigue marcada por evidentes huellas de invasiones, batallas, guerras y enfrentamientos violentos. Las que se ven sobre todo en la esquina de la Casa De Maestri, en el número 13 de Corso Venezia, y también, más adelante, en la esquina de la via della Spiga, son vestigios de cañonazos disparados durante los enfrentamientos de los Cinco días de Milán, la insurrección popular contra la ocupación austriaca que tuvo lugar del 18 al 22 de marzo de 1848, como lo recuerdan las inscripciones que figuran junto a las fisuras: hartos del dominio austriaco, los milaneses invadieron el palacio del gobierno e hicieron prisionero al subgobernador, Moritz O'Donnell. Acorralado en el Castillo Sforzesco, el general Josef

Radetzky se esforzó mal que bien en resistir con su ejército, pero no paraban de aparecer barricadas por toda la ciudad ¡llegando a contabilizarse 1 600! Los austriacos no dudaron en disparar sus cañones contra los insurgentes para despejar las calles, pero la resistencia milanesa, compuesta de ciudadanos de todas las clases sociales, desde aristócratas hasta proletarios, incluyendo mujeres y niños, no cedía. La conquista de la piazza dei Mercanti y de la Porta Nuova, la constitución de un Consejo de Guerra y de un gobierno provisional y, por último, el arresto de las primeras autoridades austriacas impulsaron a Radetzky a pedir un armisticio, que le fue negado. El 22 de marzo, las tropas imperiales fueron definitivamente vencidas tras la última batalla de Porta Tosa (a la que llaman desde entonces Porta Vittoria) y abandonaron en seguida la ciudad.

«È un quarantotto»

Desde entonces, la expresión «è un quarantotto» (literalmente: «¡es un 48!») sigue usándose en Italia, y no solo por los milaneses, en el sentido de «¡Qué lío!»

PALAZZO SERBELLONI

21

El lujo escondido de un palacio napoleónico

Corso Venezia 16
fondazioneserbelloni.com
La «planta noble» (piano nobile) del palacio puede visitarse con motivo de los eventos que organiza la fundación Sito Serbelloni
MM1 San Babila, Palestro

Erigido en el siglo XVIII, el Palazzo Serbelloni representa uno de los edificios más emblemáticos del neoclasicismo milanés. Cruzando la puerta de entrada, se accede a un deslumbrante vestíbulo, decorado con estucos y frescos. Siguiendo el pórtico en dirección al jardín, se descubre una colección de piezas arqueológicas, lápidas funerarias y vestigios de las épocas romana y medieval, así como bustos e imponentes chimeneas de piedra procedentes de la propiedad de la familia Serbelloni.

Sin embargo, es en la planta noble (*piano nobile*) donde está el maravilloso salón de baile, rico en estucos dorados, columnas, bronces y espejos, al que califican de napoleónico en honor a uno de los huéspedes más ilustres que se hospedó en este palacio. Aparte de Napoleón, también se alojaron el príncipe de Metternich, Cesare Beccaria y el rey de Italia Victor Manuel II.

Cuando Bonaparte entró con sus tropas en Milán en 1796, como lo relata Stendhal al principio de *La cartuja de Parma*, se decidió recibirlo en el flamante palacio de Gian Galeazzo Serbelloni, gran admirador del joven general, héroe de la Campaña de Italia. Allí residió durante tres meses y Josefina, su esposa, permaneció casi un año. Aún se pueden ver las suntuosas decoraciones del cuarto de baño con techo abovedado y del vestíbulo (que hoy alberga unas oficinas). Por último, cabe destacar la sala decorada con una antigua chimenea de mármol y un techo pintado al fresco que fueron en parte recuperados, como el resto del palacio, tras los bombardeos de 1943. Durante mucho tiempo sede del Círculo de la prensa, el palacio es desde hace poco un centro de eventos culturales.

EN LOS ALREDEDORES

Placa del ataque de Marinetti «al claro de luna» ㉒

En el n.º 21A de Corso Venezia, una placa recuerda que Tommaso Marinetti, fundador del movimiento futurista, vivió en este edificio, donde instaló la redacción de la revista Poesia y lanzó un desafío simbólico «al claro de luna que se refleja en el Naviglio».

El primer buzón de correos de Milán ㉓

A la izquierda de la gran puerta de entrada del edificio que alberga los Archivos Estatales, y donde antaño estaba el Colegio Helvético, hay un buzón de correos. Pero no se trata de un buzón cualquiera: data de la época napoleónica, cuando este palacio albergaba el Senado del Reino de Italia, y representa el primer buzón de este tipo que colocaron en Milán.

COLECCIÓN GIOVANNI LORENZI

(24)

Una colección de máquinas de afeitar única en el mundo

Via Montenapoleone 9 - Visitas mediante reserva llamando al 02 76022848 (lorenzi.it) - MM1 San Babila, MM3 Montenapoleone

Ubicado en la primera planta del edificio donde la histórica cuchillería de la familia Lorenzi sigue teniendo mucha fama, este museo inaugurado en 1996 por Franco Lorenzi alberga una colección única en el mundo, totalmente dedicada a la historia del afeitado. Giovanni, el padre de Franco, tuvo la idea de coleccionar máquinas de afeitar en los años 30. Aunque también hay piezas históricas, e incluso arqueológicas, como algunas piedras de obsidiana afiladas, antepasados de las afeitadoras modernas y numerosos modelos de maquinillas de los siglos XVIII y XIX, esta colección gira sobre todo en torno a las máquinas de afeitar fabricadas en los últimos cien años. Hay 4 060 modelos expuestos en unas 48 vitrinas que ocupan dos salas del museo. Y cada uno de estos modelos es único: se calculan más de 500 cuchillas de afeitar Gillette, todas distintas las unas de las otras. Entre los objetos más curiosos, destacan, entre otros, las maquinillas sonoras (que tocan música cuando la cuchilla toca la piel), vibratorias (manuales y eléctricas), con bombilla incorporada, con cabezal giratorio para facilitar la limpieza con agua corriente, y máquinas de afeitar de galalita (un antepasado del plástico obtenido gracias a una proteína de la leche), hoy muy raras de ver. Pero también hay maquinillas para mujeres o para militares, navajas de afeitar guardadas en estuches de cuero, piel o baquelita, con un afilador, una brocha de afeitar, un pequeño espejo e incluso bacías portátiles en las que se puede calentar el agua eléctricamente. El museo conserva también máquinas de afeitar de personajes célebres, como la de D'Annunzio, y máquinas de afeitar de broma, como ese modelo que se suponía debía funcionar mediante flatulencias (equipado con un pequeño tubo de caucho para la «conexión»). La colección Lorenzi incluye por otro lado reproducciones de más de 3 000 patentes de máquinas de afeitar, numerosas fotografías de barberos de calle del mundo entero, sin mencionar los grabados, aguafuertes, imágenes y estampas de época, carteles publicitarios o cinematográficos, calendarios de barberos y dos dioramas a escala 1:10 que ilustran el oficio de barbero.

El encanto de la visita también reside indudablemente en la presencia de su guía y creador, Franco Lorenzi, amante apasionado de la historia de la cuchillería y autor de uno de los raros volúmenes enciclopédicos sobre máquinas de afeitar: su entusiasmo, paciencia y sentido del humor transforman una simple visita en un verdadero espectáculo.

En Roma también existe una colección privada de 27 000 cuchillas de afeitar (ver la guía *Roma insólita y secreta* del mismo editor).

LA SUITE 105 DEL GRAND HOTEL ET DE MILÁN

㉕

El apartamento donde Giuseppe Verdi pasó el final de su vida

Via Manzoni 29
El apartamento de Verdi suele estar reservado para los huéspedes del hotel, pero se abre al público con motivo de ceremonias y eventos especiales, como las Jornadas de Primavera del FAI (Fondo per l'Ambiente Italiano: fondo para la defensa del medio ambiente italiano)
MM3 Montenapoleone

En la primera planta del Grand Hotel Et de Milán, en la suite 105, se encuentra el apartamento donde Giuseppe Verdi vivió casi treinta años cuando residía en Milán y donde murió en 1901. En 1872 el Maestro eligió como domicilio este suntuoso hotel, que en aquel entonces se llamaba simplemente «Albergo di Milano», por estar a unas decenas de metros del Teatro de la Scala y por ser el único en aquella época en ofrecer un servicio de correos y telégrafos. Se convirtió de este modo en la residencia del compositor y de su esposa Giuseppina Strepponi durante sus largas estancias en Milán. Nada ha cambiado en este apartamento desde que Verdi lo ocupaba, y todavía hoy se pueden visitar su dormitorio y su sala de estar. En esta última, donde estaba el escritorio sobre el que Verdi compuso *Othello* y *Falstaff*, destacan un retrato del dramaturgo romántico, obra de Giuseppe Barbaglia, y un mensaje autógrafo de Alessandro Manzoni escrito en una tarjeta de visita. El Grand Hotel fue un testigo privilegiado de los triunfos del Maestro. Después del estreno de *Othello* en la Scala, el 5 de febrero de 1887, una muchedumbre alborozada rodeó el coche de Verdi y lo llevó hasta el hotel a fuerza de brazos. Ya en su apartamento, Verdi tuvo que salir al balcón para recibir las ovaciones de sus admiradores hasta altas horas de la noche. En cambio, después del estreno de *Falstaff*, el 9 de febrero de 1893, fue recibido en el vestíbulo del hotel por un grupo de incondicionales que le regalaron una corona de laureles de bronce.

Paja para no turbar la agonía del Maestro

En enero de 1901, mientras Verdi agonizaba, los milaneses demostraron una vez más el gran cariño que sentían por el gran compositor cubriendo la via Manzoni de paja con el fin de amortiguar el ruido de los coches. Nada debía perturbar al Maestro en sus últimos días.

LA AZOTEA DEL HOTEL ARMANI ㉖

Un brillante ejemplo de marketing

Via Manzoni 31
02 88838888
armanihotels.com
MM 3 Montenapoleone

El Hotel Armani, ubicado entre la via Manzoni y la via dei Giardini, ocupa toda una manzana: ocho elegantes plantas, de las cuales tres albergan boutiques, restaurantes y bares.

Sin embargo, lo más extraordinario del hotel es que, si miras desde el cielo (para quienes tienen la suerte de sobrevolar Milán en helicóptero o en globo aerostático), te darás cuenta de que el plano del edificio forma una gigantesca A, de Armani, quizá el único ejemplo del mundo de un logotipo de marca que dibuja el propio edificio.

Los muros romanos en el subsuelo

Muy cerca de allí, en la bodega de vinos del restaurante Don Carlos, dentro del Grand Hotel et de Milan (via Manzoni 29), hay una parte de los cimientos de la muralla romana de la época de Maximiano, construida con un conglomerado de piedras y fragmentos de ladrillos.

Dado que los cimientos debían tener una anchura de cuatro metros, se cree que el fragmento conservado, con un espesor de casi un metro, es lo único que ha sobrevivido, ya que el resto se destruyó para construir la bodega.

La reutilización de los materiales era una práctica muy extendida en la Antigüedad tardía, al igual que en el siglo IV, cuando había que construir con rapidez y a bajo coste una muralla para defenderse de las invasiones bárbaras.

Otros testimonios de este reaprovechamiento de materiales se han encontrado en via Montenapoleone, via dell'Orso, esquina con via Verdi, via Bigli, via Monte di Pietà y via Manzoni.

Hay otros vestigios de la muralla de Maximiano en los sótanos del n.º 21 (casa Dozzio) y del n.º 27 de la via Montenapoleone

LA CÚPULA DE SCHIAPARELLI

(27)

La cúpula desde la que Schiaparelli «vio» los canales sobre Marte

Museo Astronómico de Brera
Via Brera 28
lunes a viernes, 9 a 16.30 h - Entrada libre
Visita a la cúpula con reserva previa: brera.inaf.it/prenotazione_schiaparelli.html
MM 2 Lanza

En la última planta del edificio que ocupa el Museo Astronómico de Brera, la torre situada al noreste del Observatorio está coronada por una cúpula que diseñó y deseó Giovanni Virginio Schiaparelli, director de este observatorio durante la segunda mitad del siglo XIX. La cúpula alberga el telescopio que fabricó el alemán Georg Merz, quien lo había dotado de un objetivo de 218 mm de diámetro y de una distancia focal de 3,15 mm. Este instrumento está en excelente estado de conservación.

Con este mismo telescopio Schiaparelli observó el planeta Marte donde creyó ver los famosos canales. Algunos tomaron la existencia de estos canales como una prueba de que hubiera habido formas de vida en Marte. Hasta que las fotos tomadas por la sonda Mariner 4 en 1965 y la primera cartografía realizada por Mariner 9 en 1971 pusieron fin a tales especulaciones, ya que se pudo afirmar con total conocimiento de causa que no existían ni canales artificiales, ni mucho menos signos de vida en ese planeta.

EN LOS ALREDEDORES

Museo Astronómico de Brera (28)

El Museo Astronómico, ubicado en el interior del palacio que alberga también la Academia y la Pinacoteca de Brera, conserva los instrumentos del Observatorio astronómico, el instituto de investigación científica más antiguo de la ciudad. Gracias a los esfuerzos de Schiaparelli, que lo dirigió de 1862 a 1900, se ha podido conservar el enorme patrimonio histórico de este observatorio que posee una biblioteca antigua, archivos históricos y una colección de instrumentos científicos. Entre estos instrumentos, destacan en particular el círculo multiplicador de Reichenbach (1808), el magnetómetro de Gauss fabricado por Meyerstein (1835) y el espectrómetro Poggiali (1865).

FONDO OVIDIO SCOLARI

(29)

La colección de libros de magia de la Biblioteca Braidense

Biblioteca Nazionale Braidense - Via Brera 28
De lunes a viernes, de 8:30 a 18:15 h, y los sábados, de 9:00 a 13:45 h
MM2 Lanza; Bus 61; Tranvía 2, 12, 14

Sobre el pequeño balcón que rodea el vestíbulo de la Biblioteca Braidense, se observa que algunos libros son en realidad reproducciones de madera que sirven para camuflar pequeñas puertas secretas. Detrás de una de ellas se esconde el fondo Ovidio Scolari sobre el arte de la prestidigitación: a fin de cuentas, no resulta sorprendente que unos libros que tratan de «secretos» mágicos se guarden en un lugar secreto.

Este fondo, formado por 227 libros que constituyen la quintaesencia misma de la que disponían los adeptos a principios del siglo XX, fue creado por Ovidio Scolari, un apasionado del arte mágico, que lo donó a la Biblioteca Braidense a su muerte en 1934. Entre los volúmenes más interesantes, vale la pena citar una edición de 1881 de *Confidences d'un prestidigitateur*, la autobiografía novelada del célebre ilusionista francés Jean Eugène Robert-Houdin; un método clásico de magia, *Modern Magic* (1876) del profesor Hoffman; un libro raro como *Isn't it wonderful?* (1899) de Charles Bertram; un ejemplar de *Exclusive Magical Secrets* (1912) de Will Goldston, cerrado con un candado; y el controvertido libro de Harry Houdini, *The Unmasking of Robert-Houdin* (1908). Se encuentran también otros clásicos como *Our Magic* (1911) de Nevil Maskeline y David Devant, *La Prestidigitation sans appareils* (1914) de Camille Gaultier y *The Expert at the Card Table* (1905) de S.W. Erdnase, verdadera «biblia» de manipulaciones y trucos de tramposos en la mesa de juego. Entre los libros italianos, están, entre otros, *Frizzi Mefistofelici* del milanés Enrico Longone, más conocido con el nombre de «Frizzo», y *Confidenze di un prestigiatore* del siciliano Romanoff. El único volumen que merece ser considerado «valioso» por su rareza y su valor material se remonta a 1759: una obra de Carlo Antonio titulada *Trésor des Jeux.*

Un club de arte de la magia en Milán

Los magos y los ilusionistas forman parte de una larga tradición milanesa, siendo Milán, de hecho, la sede del CLAM (Club Arte Magica), fundado en 1972 por Pierino Pozzi, más conocido como «Karton». En los locales del n.º 21 de la via Thaon di Revel, dentro del establecimiento de la antigua fundición napoleónica (ver pág. 303), los miembros se reúnen todos los viernes para animar una escuela de magia y organizar espectáculos y conferencias especializadas. Para inscribirse o participar en este club, consultar la web: www.clubartemagica.org.

ESTATUA DE SAN EXPEDITO (30)

El santo de los favores ultrarrápidos

Santa Maria del Carmine
Piazza del Carmine 2
lunes a viernes, 7.15 a 12 h y 16 a 19.15 h
MM2 Lanza; Tranvía 2, 12, 14; Bus 61

He aquí un santo de lo más «milanés»: san Expedito, cuya estatua se alza en la iglesia de Santa Maria del Carmine, tiene en efecto la particularidad de conceder favores en veinticuatro horas. Expedito de Melitene es un mártir cristiano de los siglos I y II de nuestra era, patrón de las causas urgentes y desesperadas. El arte clásico lo representa aplastando un cuervo con el pie que pronuncia la palabra «*cras*» (mañana, en latín), mientras sostiene una cruz sobre la que está escrita la palabra «*hodie*» (hoy).

En otras palabras, Expedito parece recomendar que no se deje para mañana lo que se pueda hacer hoy. En Alemania, igualmente venerado, lo representan con un reloj en la mano.

En la iglesia de Santa Maria del Carmine, cerca de la estatua de san Expedito, ante el que siempre arden velas y cirios, no es raro ver a estudiantes implorando su ayuda antes de pasar un examen oral o escrito.

Los modelos de estatuas de las agujas del Duomo

La iglesia de Santa Maria se alza en un emplazamiento donde, desde 1250, había un edificio de culto ligado a la Orden de los Carmelitas. En 1447, la iglesia actual fue erigida con materiales procedentes de la expoliación del castillo de los Visconti (antes de ser de los Sforza), destruido en la edad de oro de la República ambrosiana. Sin embargo, este edificio fue reformado varias veces a lo largo de los siglos. Es interesante señalar que las estatuas del coro de madera son los modelos originales de yeso que han sido utilizados para algunas de las estatuas que se distinguen sobre las agujas del Duomo. En la sacristía, de estilo barroco, destacan los armarios diseñados por Gerolamo Quadrio en 1692: fue aquí donde, en 1814, trajeron el cuerpo de Giuseppe Prina, el Ministro de Finanzas a quien los milaneses masacraron en el Palazzo Carmagnola después de que hubiera aumentado el impuesto sobre la sal. Es también muy recomendable la visita de los vestigios del claustro, al que se accede por la nave izquierda: dos laterales han sido conservados, así como trozos de lápidas funerarias romanas y medievales y fragmentos de monumentos fúnebres nobiliarios que antaño estaban dentro de la iglesia.

¿Un santo por error?

No se sabe casi nada de san Expedito, ni siquiera si realmente existió. Lo que sí es seguro es que dio comienzo a un culto tan vivo como popular, extendido en el mundo entero, que ya existía en el siglo XVI, al menos en Francia. Se han creado varias leyendas en torno al santo, como la que cuenta que el nombre «Expeditus» derivaría de la inscripción «spedito» (expedido) que figuraba en un paquete enviado a Roma con reliquias de un santo desconocido.

El nombre «Expeditus» ha facilitado sin duda los juegos de palabras: fue así como pasó a ser el patrón de la rapidez por antonomasia. Invocado en sus orígenes para causas urgentes, se convirtió después en el patrón de los comerciantes (para acelerar los negocios en curso) y de los navegantes. Por este mismo motivo, también se le reza para tener éxito en los juicios y en los exámenes. En Milán, una segunda estatua de san Expedito se conserva en la iglesia de San Nicolao.

CLAUSTROS DE SAN SIMPLICIANO ㉛

En el corazón de Brera, dos claustros propicios al recogimiento

Via dei Cavalieri del Santo Sepolcro 3
Visitas con motivo de congresos, conciertos de música barroca e incluso sesiones de meditación musical, organizadas periódicamente y anunciadas en los siguientes sitios web: sansimpliciano.it, teologiamilano.it
MM2 Lanza; Bus 43, 61, 94

Al entrar en los claustros de San Simpliciano y pasear por sus caminos de grava bordeados de parterres, se tiene la sensación de estar en mitad del campo, lejos del centro de Milán.

No hay ningún cartel en la calle que revele la existencia de estos claustros desde fuera, dado que el edificio alberga hoy la Facultad de Teología de la Italia del Norte. Sin embargo, se pueden visitar los claustros cuando se celebran congresos, conciertos de música barroca, e incluso sesiones de meditación musical, que se organizan regularmente (ver más arriba).

Una vez dentro, se descubren dos maravillosos claustros, el más grande del siglo XVI, el más pequeño del XV, recién restaurados y situados justo detrás de la basílica benedictina de San Simpliciano. La restauración se ha llevado a cabo respetando la arquitectura original, empezando por los pórticos abiertos de ambos claustros. En la primera planta, las galerías interiores, a las que dan las celdas hoy transformadas en salas, han sido rehabilitadas.

El sótano, sometido a una importante y delicada restauración, alberga hoy los archivos: 170 000 volúmenes de la biblioteca académica entregados en depósito.

Las fachadas también han sido restauradas: los muros del gran claustro han recuperado su color original, gris y paja. En el claustro pequeño (antaño decorado con un ciclo pictórico de Borgognone, hoy desaparecido), se han rehabilitado el revestimiento de las paredes y las decoraciones florales de las bóvedas conservando cuidadosamente el suelo de ladrillo y el pozo central.

EN LOS ALREDEDORES

La placa de Quasimodo (32)

Bajo el porche de Corso Garibaldi, 16, una placa recuerda que Salvatore Quasimodo, Premio Nobel de Literatura 1959, vivió en este edificio. La tumba del poeta está en el templo de la Fama del Cementerio Monumental de Milán.

El frontón romano (33)

Bajo el porche del edificio de la via del Lauro, 7, se distinguen dos fragmentos de frontones romanos iluminados por lámparas. Estos vestigios se remontan al siglo I a.C. y fueron hallados durante las excavaciones previas a la construcción del edificio.

CRIPTA DE LOS MÁRTIRES DE LA ANAUNIA

34

La leyenda de los tres santos que derrotaron a Barbarroja

Basilica di San Simpliciano – Piazza San Simpliciano 7
lunes a sábados, 7 a 12 h y 15 a 19 h. Domingos, 7:30–12:30 h
MM2 Lanza; Bus 61; Tranvía 2, 4, 12, 14

La leyenda cuenta que Federico I Barbarroja, que arrasó Milán a finales del siglo XII, acabó rindiéndose gracias a la intervención «espiritual» de tres santos cuyos restos mortales descansaban en aquella época en la basílica de San Simpliciano.

Hacia finales del siglo IV, san Ambrosio envió a tres misioneros – Alejandro, Martorio y Sisinio – a evangelizar la antigua región de la Anaunia, actual Valle de Non, en Trentino. Pero su aventura acabó mal: los tres fueron condenados a la hoguera en el año 397 y sus restos mortales fueron enviados al obispo Simpliciano, sucesor de san Ambrosio. Fue este obispo quien, habiendo terminado la construcción de la iglesia en el año 401, depositó los restos mortales de los tres mártires en una cripta.

Siete siglos después, el 29 de mayo de 1176, durante la célebre batalla de Legnano entre los milaneses y Barbarroja en la que fue derrotado el emperador alemán, tres palomas blancas salieron de la iglesia de San Simpliciano y se posaron sobre el *Carroccio** de la Liga Lombarda, que estaba a la espera de recibir la bendición. Tras la victoria, los hermanos benedictinos de San Simpliciano añadieron tres palomas a su blasón para celebrar el acontecimiento y, aún hoy, cada 29 de mayo se conmemora esta batalla con una ceremonia solemne.

Hoy día, basta con pedírselo al guarda de la basílica para poder visitar el *sacellum* funerario que contenía los restos mortales de los tres mártires (trasladados en 1927 a Trento, a la basílica de Sanzeno, a quienes está dedicada). Se accede por el crucero a la izquierda del altar, cuya entrada, que está en la base del órgano, está cubierta de espléndidos frescos del pintor Aurelio Luini. Recientemente restaurado en un estilo mucho más sencillo, el interior conserva aún una parte del embaldosado y de los muros originales. Hoy, es la capilla del Santo Sacramento.

LA LÁPIDA SEPULCRAL DESFIGURADA DE LA IGLESIA DE SAN MARCO

(35)

¿Un caso de «damnatio memoriæ»?

Piazza San Marco 2
lunes a domingos, 7: 15 a 12 h y 16 a 19 h
MM2 Lanza; Bus 61

Al acercarse al crucero de la iglesia de San Marco se ve, a la derecha del altar, una curiosa lápida sepulcral decorada con un bajorrelieve de un hombre con la cara borrada. Colocada verticalmente, esta lápida es el último vestigio del sarcófago donde antaño descansaba, por lo visto, el cuerpo del misterioso personaje desfigurado. El altorrelieve representa a un hombre vestido a la moda del Renacimiento, con las manos cruzadas sobre el vientre y la cabeza apoyada sobre una almohada. Un noble, sin duda, o al menos un hombre adinerado que, por una razón u otra, fue castigado después de morir. Se trata probablemente de un caso de *damnatio memoriæ*, una condena al olvido *post mortem* que se remonta a la época romana, pero aún vigente en la Edad Media (y en parte hoy en algunos países), que consistía en eliminar todo lo que el difunto había dejado para la posteridad, borrar su nombre de los monumentos públicos y anular sus honores. Esta pena se aplicaba especialmente a todos aquellos que cometían un crimen grave a expensas de la Iglesia. No queda, por tanto, nada del hombre que figura en esta lápida sepulcral: ni su rostro, meticulosamente destruido a martillazos, ni rastro de fecha o inscripción, suponiendo que hubiera habido alguna en los bordes de su tumba.

EL HEXAGRAMA DE LA FACHADA DE LA BASÍLICA DE SAN MARCO

36

Una estrella de David en una iglesia católica

Chiesa di San Marco - Piazza San Marco 2
lunes a domingos, 7: 15 a 12 h y 16 a 19 h - MM2 Lanza; Bus 61

Si se observa atentamente la imponente fachada de la basílica de San Marco, arriba, en el centro, se ve un gran rosetón en el que figura un símbolo más bien raro en una iglesia católica: la estrella de seis puntas de David, también llamado Sello de Salomón, símbolo del judaísmo, pero también de la alquimia y de la masonería. El sello se ramifica en dieciséis rayos. Parecen representar la rosa de los vientos, símbolo de regeneración, pero han desatado, en particular, la imaginación de los partidarios de una teoría del complot universal (o «conspiracionistas»). En realidad, hasta el siglo XIX, era común ver la estrella de David representada en algunos edificios o santuarios cristianos como un motivo puramente ornamental: figura, por ejemplo, sobre la fachada de la basílica neogótica de Santa Croce en Florencia. Pero a partir del siglo XIX se dejó de usar este símbolo por su creciente asociación no solo con el judaísmo, sino también con el ocultismo y la masonería.

Para más información sobre la estrella de David y su simbolismo, ver siguiente doble página.

El hexagrama, ¿un símbolo mágico?

El hexagrama, también conocido como Estrella de David o Escudo de David (Magen David), está formado por dos triángulos equiláteros entrelazados (uno apunta hacia arriba y el otro hacia abajo) que simbolizan la naturaleza espiritual y la naturaleza humana del hombre. Sus seis puntas corresponden a las seis direcciones en el espacio (norte, sur, este, oeste, cénit y nadir) y muestran el movimiento universal completo de los seis días de la Creación; el séptimo día, el Creador reposó. En este contexto, el hexagrama se ha convertido en el símbolo del macrocosmos (seis ángulos de 60 grados forman 360 grados) y de la unión del hombre con su Creador.

Como señala el Antiguo Testamento (Deuteronomio, 6:4-8), el hexagrama, que los judíos asociaban con la mezuzá, adornaba a menudo la entrada de las casas judías, pero también era utilizado con frecuencia como amuleto por los pueblos cristianos e islamistas, por lo que no se trata de un símbolo exclusivamente judío. El Corán (XXXVIII, 32 y sigs.) y Las mil y una noches lo presentan como un talismán indestructible que permite disfrutar de la bendición de Dios y ofrece una protección total contra los espíritus de la naturaleza, los djinns. También aparece con frecuencia en las vidrieras y frontones de las iglesias cristianas, como una referencia simbólica al alma universal que, en este caso, está representada por Cristo, o a veces, por el binomio Cristo (triángulo superior) – María (triángulo inferior). El resultado de la unión de ambos es el Padre Eterno Todopoderoso. El hexagrama también suele aparecer con forma de estrella de seis puntas y de roseta de seis pétalos. Aunque está presente en la sinagoga de Cafarnaún (siglo III a. C.), el hexagrama no aparece en la literatura rabínica hasta el año 1148, precisamente en el libro ...*Shkol ha-Kofer* del sabio caraíta* Judah ben Elijah. El capítulo 242 le da un carácter místico y protector, y suele estar grabado en los amuletos: «Siete nombres de ángeles preceden la mezuzá... Lo eterno te protegerá y este símbolo llamado 'El Escudo de David' está emplazado al lado del nombre de cada ángel». En el transcurso del siglo XIII, el hexagrama se convirtió también en el atributo de uno de los siete nombres mágicos de Metatrón, el ángel de la presencia asociado al arcángel san Miguel, el jefe de las milicias celestes y el más cercano al Dios Padre. Sin embargo, la identificación del judaísmo con la Estrella de David comenzó en la Edad Media. En 1354, el rey Carlos IV (Karel IV) concedió a la comunidad judía de Praga el privilegio de tener su propia bandera. Los judíos confeccionaron entonces un hexagrama en oro sobre fondo rojo al que llamaron la bandera del rey David, y que se convirtió en el símbolo oficial de las sinagogas de la comunidad judía en general. En el siglo XIX, este símbolo se difundió por todas partes. La mística judía sostenía que el origen del hexagrama estaba directamente relacionado con las flores con forma de lirio de seis pétalos que adornan la menorah**. Para quienes creían en este origen, el hexagrama había sido creado por las manos del Dios de Israel, ya que el lirio de seis pétalos, cuya forma recuerda a la Estrella de David, es identificado con el pueblo de Israel en el *Cantar de los cantares*. Aparte de su función protectora, el hexagrama poseería también un poder mágico: esta fama le viene de la célebre *Clavícula de Salomón*, un grimorio atribuido al rey Salomón pero cuyo origen se remonta, aparentemente, a la Edad Media. Este libro de fórmulas mágicas de autor anónimo proviene probablemente de una de las numerosas escuelas judaicas de estudios cabalísticos que existían entonces en Europa, ya que el texto está claramente inspirado de las enseñanzas del Talmud y de la Cábala judía. Esta obra contiene una selección de 36 pentáculos (símbolos cargados de significado mágico o esotérico) destinados a crear una comunicación entre el mundo físico y los planos del alma. Existen varias versiones de este texto, en varios idiomas, y el contenido varía de una a otra, pero la mayoría de los textos originales que aún existen datan de los siglos XVI y XVII, aunque existe también una traducción griega del siglo XV. En el Tíbet y en la India, las religiones budistas e hinduistas utilizan también este símbolo universal del hexagrama, que consideran como el símbolo del Creador y de la Creación, y que los brahmanes consideran el emblema del dios Vishnu. Al principio, los colores de los dos triángulos entrelazados eran el verde (triángulo superior) y el rojo (triángulo inferior), pero luego fueron sustituidos por el blanco que representa la materia y el negro, el espíritu. Para los hinduistas, el triángulo superior del hexagrama simboliza a Shiva, Vishnu y Brahma (Espíritu Santo, el Hijo y el Padre). Cabe destacar que el Hijo (o Vishnu) ocupa siempre la posición central: es el intercesor entre lo divino y lo terrestre.

* Qaraim o bené mikrá: «Seguidores de las Escrituras». El caraísmo es una ramificación del judaísmo que defiende la autoridad única de las escrituras hebraicas como fuente de revelación divina.

** *Menorah: candelabro dorado de siete brazos que representan a los siete espíritus ante el trono: Miguel, Gabriel, Rafael, Samael, Zadkiel, Anael y Cassiel.*

LA ESCULTURA DE LOS AMANTES ㊲

Inspirada en una ilustración de Gustave Doré para la Divina comedia

Piazzale Bacone 6
MM 1 Lima; Bus 92

Dos amantes esculpidos que se acercan para besarse. Una imagen poética e íntima, que cualquiera puede admirar cada día en la fachada de la casa proyectada por el arquitecto Andrea Fermini en 1908. Se trata de una ilustración del célebre pintor y grabador francés Gustave Doré, quien representó en esta misma posición a los eternos enamorados Paolo y Francesca de la Divina comedia de Dante, y que inspiró a Fermini para componer estas dos figuras entrelazadas.

La escultura en bajorrelieve, repetida tres veces en las dos fachadas del edificio en esquina, no es la única decoración con forma humana que adorna este elegante ejemplo del estilo Liberty milanés. También hay cariátides sentadas en la parte superior de los pilastras, que sostienen la cornisa, mientras unos querubines juegan entre las incrustaciones florales y vegetales de la balaustrada. En 1942, durante los bombardeos, el edificio sufrió daños, pero afortunadamente solo el tejado resultó dañado. Ni siquiera las bombas pudieron impedir que los dos amantes se unieran en su eterno abrazo.

EN LOS ALREDEDORES

Las estatuas desnudas del carnicero y su esposa

¿Qué hacen un hombre y una mujer desnudos en lo alto de la cornisa del edificio Liberty del n.º 51 del viale Monza? El hombre se llamaba Emilio Ferrario, el príncipe de los carniceros milaneses (beccai, como se les llamaba a finales del siglo XIX), y la mujer era su esposa, Carolina Reina. Ferrario comenzó como aprendiz en una carnicería antes de abrir y dirigir toda una cadena de carnicerías. Su éxito le permitió adquirir la preciosa mansión del viale Monza y recurrir al talento de uno de los escultores más célebres de la época, Ernesto Bazzaro (autor, entre otras obras, del otro Monumento a Felice Cavallotti en la via Marina y de las estatuas del palacio apodado la ca' di ciapp, ver pág. 98), para que los representara a él y a su esposa en mármol, como dos divinidades paganas. Entre ambos, hay un escudo con las iniciales del carnicero: EF.

LOS IMPACTOS DE LOS POSTES DEL TRANVÍA

38

Los postes del tranvía dañados por las bombas

Piazza della Repubblica
MM3 Repubblica; Tranvía 1, 9, 33

Los postes de la piazza della Repubblica que sostienen los cables del tranvía tienen sorprendentes impactos y hasta agujeros que los atraviesan de lado a lado: son producto de las esquirlas de las bombas que arrasaron Milán en agosto de 1943. En aquella época, las huellas de las explosiones y de las esquirlas de los obuses se veían por toda la ciudad, y aún cuando calles, casas, jardines y monumentos fueron reconstruidos o restaurados, estos postes se dejaron tal cual, limitándose a darles una mano de pintura de vez en cuando.

Se aprecian otras huellas «menores» de los bombardeos de la Segunda Guerra Mundial en la via Palestro y en la piazza Duomo.

MEDIATECA SANTA TERESA

(39)

Convierta gratis sus viejas películas caseras a DVD

Antigua iglesia de San Giuseppe y Santa Teresa
Via Moscova 28
02 8739781 – mediabrera.it
Conversión gratuita de películas privadas en película a DVD escribiendo a esta dirección: homemovies. milano@gmail.com
MM2 Moscova; MM3 Turati

La mediateca Santa Teresa es una sección de la Biblioteca Nacional Braidense dedicada a los nuevos medios de comunicación. En ella se pueden ver todos los programas que la RAI ha emitido desde los años 50 hasta nuestros días (o al menos todo lo que ha conservado), pero también todos los programas de Mediaset y de La Siete (La7) desde el año 2000. Aparte de estos archivos televisivos, la mediateca dispone de archivos radiofónicos de la RAI así como de una amplia colección de DVD, películas VHS, CD de música y grabaciones de espectáculos del Piccolo Teatro. La música napolitana cuenta con sus propios archivos. Aparte de los fondos digitales de la Biblioteca Braidense (Sommariva, fondo Manzoni, hemeroteca, encuadernación de arte), también se pueden consultar los bancos de datos en línea y en CD-rom. La mediateca ofrece además un servicio particular: convierte gratis las antiguas películas caseras (súper 8, por ejemplo) a formato DVD (para más información, escriba a: homemovies.milano@gmail.com), a condición de dejar una copia en la mediateca. Estos testimonios constituirán algún día importantes materiales de estudio para los sociólogos e investigadores del futuro. Otro de los atractivos de la mediateca es el edificio que ocupa: la antigua iglesia de San Giuseppe y Santa Teresa, que formaba parte del complejo monástico de los Carmelitas Descalzos del siglo XVII. Con su planta en cruz griega, esta iglesia desacralizada ha sido reformada varias veces a lo largo de los siglos para atribuirle distintas funciones: tras la supresión del monasterio en 1782, albergó sucesivamente una fábrica de tabaco, viviendas militares, la Casa de la Moneda, una cooperativa y por último una institución que organizaba actividades de ocio para los trabajadores. Salvada de los bombardeos de la Segunda Guerra Mundial, la iglesia fue sometida a las normas urbanísticas en 1959, antes de que la comprara el Ayuntamiento de Milán en 1974. El proyecto de restauración de este espacio y su uso como mediateca se remontan a los años 90. Destaca también, en la sala central, el Antiguo Mapa de Italia de Matteo Greuter, que data del siglo XVII.

LOS BATIENTES DE MADERA DE LA ESCLUSA DE LA VIRGEN CORONADA

40

Una esclusa diseñada por Leonardo da Vinci

MM2 Porta Garibaldi, Moscova; Tranvía 2; Bus 43

La esclusa que está al final de la via San Marco, debajo del Viale Monte Grappa, era antaño una puerta de acceso a la ciudad para los barcos que venían del norte por los Navigli, a lo largo del Naviglio Martesana (NM): hoy sin agua, esta esclusa conserva aún los batientes de sus compuertas de madera, en mal estado, pero idénticos a los que Leonardo da Vinci dibujó en su Códice Atlántico.

Fascinado por el agua, abundante en Lombardía, el célebre genio toscano empezó a estudiar los Navigli en cuanto llegó a Milán. Es el autor del primer dibujo que atestigua la conexión del Naviglio Martesana y el recinto de los Navigli, realizada en 1463. El Naviglio Martesana y el foso urbano fueron conectados en 1496 por Giuliano Guasconi que había consultado previamente a Leonardo da Vinci, por entonces ingeniero ducal en la corte de Ludovico el Moro. Quedaba por afrontar el problema de la diferencia de nivel entre el Naviglio Grande, que desemboca en la ciudad en la parte inferior del canal, y el Naviglio Martesana, que desemboca más arriba. Había que adoptar, aquí también, un sistema de esclusas, realizado en Milán desde la primera mitad del siglo XV, con el principio de dos diques hidráulicos. Así lo demuestra un dibujo que figura en el Códice Atlántico y que se puede fechar entre 1506 y 1513 (ver reproducción más abajo), Leonardo da Vinci mejoró el mecanismo de la esclusa colocando un portillo en la parte inferior. Maniobrado en tierra con un pivote excéntrico diseñado especialmente para esto, este garantiza una abertura gradual bajo la presión del agua, permitiendo así una mejor regulación de la fuerza que el agua ejerce sobre las compuertas de la esclusa, accionadas continuamente por el paso de las embarcaciones.

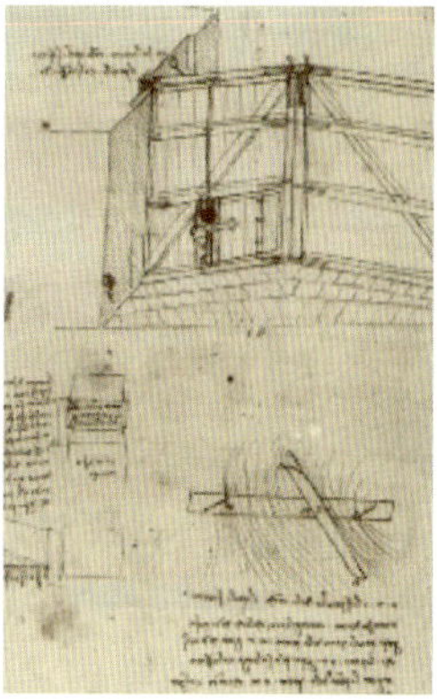

En 1967, la esclusa de la Gabelle (a la que llamaban así porque los barqueros pagaban ahí el impuesto, como lo demuestra aún la presencia de la garita de los aduaneros) fue declarada monumento histórico «porque es el último vestigio del Naviglio Martesana en su tramo urbano, simbolizado por la supervivencia del último puente antiguo sobre el Naviglio, de la última esclusa y de la garita, vestigios de las instalaciones originales necesarias para la navegación».

BIBLIOTECA HUMANISTA DE LA INCORONATA

41

Una biblioteca del siglo XV

Chiesa di Santa Maria Incoronata
Corso Garibaldi 112
Abierto con reserva previa, llamando a la parroquia al 02 654855
MM2 Moscova

La Libraria agostiniana dell'Incoronata es uno de los tesoros escondidos de la ciudad. Realizada en 1487 por los hermanos agustinos, justo después de la construcción de la iglesia, era una de las ocho bibliotecas de este tipo en Italia, y probablemente la única en Milán que está decorada con frescos. Habilitada en la primera planta del imponente complejo que antaño se desplegaba en torno a cuatro grandes patios y claustros, de los que hoy solo queda uno, es una biblioteca con tres naves, separadas por columnas de granito, con frescos en el techo en los que figuran los *Magistri Sacrae Paginae*, personajes ilustres de la orden de San Agustín, visibles desde los lunetos situados entre los arcos y los soportes de las bóvedas de crucería, flanqueados por un ojo de buey en perspectiva.

Antaño poseía gran cantidad de manuscritos que los monjes podían consultar, sentados en los bancos, gracias a la magnífica luz que se filtraba por las ventanas, pero hoy esta sala está totalmente vacía. Federico Borromeo, en vista de la apertura de la Biblioteca Ambrosiana en 1609, reunió manuscritos procedentes de monasterios, conventos y colecciones privadas, con el fin de promover el primer centro de estudios milaneses abierto al público. Gran parte de los volúmenes de la Incoronata acabaron pues en la Ambrosiana, mientras que otros libros se desperdigaron tras la supresión del convento y la confiscación de los libros por orden de Napoleón en 1797. El único ejemplo, en Italia, de biblioteca humanista contemporánea a la de la Incoronata, donde aún se conservan intactos tanto los muebles como las obras, es la Biblioteca Malatestiana de Cesena.

¿Por qué incoronata (coronada)?

A principios del siglo XV, se construyó un convento para los padres agustinos junto a una iglesia que, para tal ocasión, fue restaurada en el estilo del gótico tardío, de moda en aquella época. Como la construcción terminó justo cuando Francesco Sforza fue proclamado duque, en 1451, decidieron dedicar la iglesia al nuevo señor de la ciudad, y por ende a Santa Maria Coronada.

CENTRO SOCIO-RECREATIVO MUNICIPAL PARA PERSONAS MAYORES

42

El edificio de las antiguas cocinas económicas

Viale Monte Grappa 8/A - 8.30 a 12.30 h y 13.30 a 16.40 h
Para una visita guiada, llamar al 02 6592362
MM2 Porta Garibaldi, Moscova; Tranvía 2; Bus 43

La inscripción *Cucine economiche* («Cocinas económicas»), que se ve en un viejo edificio de los alrededores del Ponte delle Gabelle (ver pág. 175), atestigua la existencia de un antiguo comedor inaugurado en 1883 por el Comité de Promoción de las Cocinas Económicas y de los Hornos Sociales.

Creadas para hacer frente a las necesidades primarias del subproletariado y de la clase obrera, las «cocinas económicas» y la alimentación barata se desarrollaron aprovechando la efervescencia ideológica que suscitaron los debates y los congresos de la Exposición Nacional de 1881 en los jardines públicos.

Estas estructuras, proyectadas por el arquitecto Luigi Broggi, ilustran bien el estilo neorromántico milanés. La distribución racional de los espacios y la simplicidad de los volúmenes armonizan perfectamente con la función del edificio de dos plantas: abajo están las cocinas y el comedor de 160 plazas; arriba, las oficinas. La decoración destaca por una sucesión de aberturas de arco rebajado, franjas horizontales alternas, de ladrillo o de yeso, y motivos sencillos de ladrillos escalonados.

El pequeño patio, invadido por la vegetación, alberga una pequeña capilla que, antes de la reforma, contenía decenas de exvotos de finales del siglo XIX y principios del XX, hoy desaparecidos. Los ferroviarios hicieron estas ofrendas en agradecimiento a una gracia recibida.

Tras caer en desuso, el edificio fue reutilizado en el 2000 para albergar la fundación Bettino Craxi, creada por su hija Stefania, en memoria de su padre. Hoy lo ocupan las oficinas del Centro socio-recreativo municipal para personas mayores (Centro socio ricreativo anziani) que forma parte de los servicios sociales del Ayuntamiento de Milán. Aquí, las personas mayores ahora pueden reunirse para jugar a juegos de sociedad, bailar o sencillamente charlar.

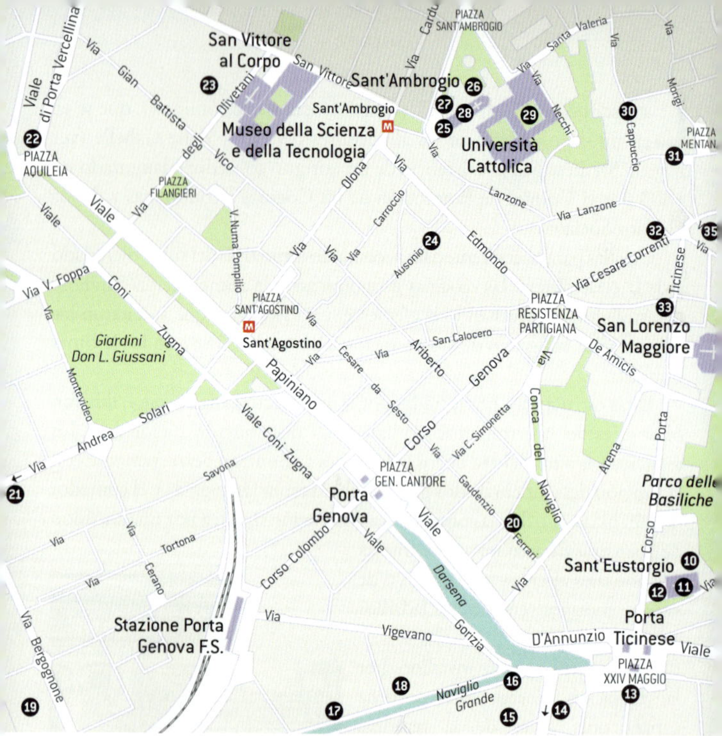

Suroeste

① LA PIEDRA REDONDA DE SAN BERNABÉ 200
② EL POZO DEL MARTIRIO DE SAN CALIMERO 202
③ LA ANTIGUA IGLESIA DE SAN PAOLO CONVERSO 204
④ LOS RESTOS DEL SÓTANO 205
⑤ UNA MERIDIANA MURAL 206
⑥ LOS JARDINES DE SAN CELSO 207
⑦ EL VELO DE LA VIRGEN 208
⑧ LA CAÍDA DE SAN PABLO 210
⑨ LAS SEÑALES DE LOS REFUGIOS ANTIAÉREOS 212
⑩ LA VIRGEN CON CUERNOS 214
⑪ LAS VIRTUDES DE LA CAPILLA PORTINARI 216
⑫ EL BAJORRELIEVE DEL TRANSPORTE DE LA TUMBA DE LOS REYES MAGOS 218
⑬ EL PATIO CONTINUO DEL CORSO SAN GOTTARDO 222
⑭ MUSEO DEL CABALLO DE MADERA «LORENZO PIANOTTI» 224
⑮ LOS VIERNES DEL ROCKY HORROR PICTURE SHOW 225
⑯ UN PASEO EN BARCAZA POR LOS NAVIGLI 226
⑰ CENTRO DEL GRABADO 227
⑱ LAS RANURAS EN LAS BARANDILLAS DEL NAVIGLIO 230

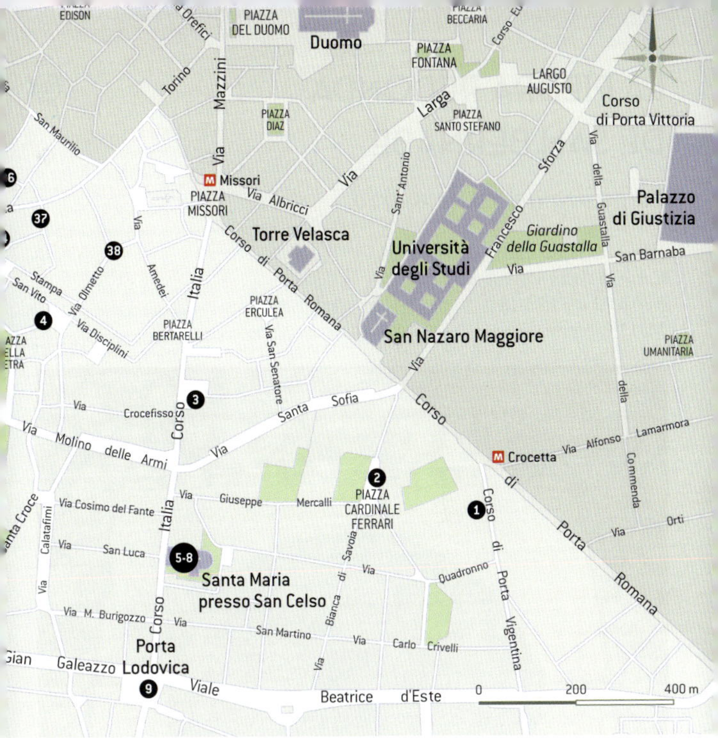

⑲ LA ENTRADA AL LABERINTO DE ARNALDO POMODORO *232*

⑳ LAS LÁPIDAS DE LA ESCLUSA DE VIARENNA *234*

㉑ TALLERES SCALA ANSALDO *236*

㉒ LA PEQUEÑA CAPILLA DEL FOPPONINO *238*

㉓ LOS VESTIGIOS DEL MAUSOLEO IMPERIAL *239*

㉔ CASA MONETA *240*

㉕ LA COLUMNA DE LA SERPIENTE *242*

㉖ EL PATIO SECRETO DE LA BASÍLICA *243*

㉗ LOS AGUJEROS DE LA COLUMNA DEL DIABLO *244*

㉘ LOS SECRETOS DE SAN AMBROSIO *246*

㉙ EL JARDÍN DE LAS VÍRGENES *254*

㉚ CLAUSTRO DE LAS HUMILLADAS *256*

㉛ IGLESIA DE SAN BERNARDINO ALLE MONACHE *257*

㉜ TORRE DEL CARROBBIO *258*

㉝ UNA ESCULTURA DEDICADA A GIAN GIACOMO MORA *260*

㉞ FONDAZIONE ALESSANDRO DURINI *262*

㉟ EL PATIO DEL PALAZZO STAMPA DI SONCINO *263*

㊱ LA CASA DEL MONSTRUO DE LA VIA BAGNERA *264*

㊲ CASA ISIMBARDI POZZOBONELLI *266*

㊳ EL PATIO DEL PALAZZO ARCHINTO *267*

LA PIEDRA REDONDA DE SAN BERNABÉ

①

La piedra del 13 de marzo

Iglesia de Santa Maria del Paradiso
Corso di Porta Vigentina 10
8.30 a 12 h y 15 a 18 h
MM3/Crocetta

En la iglesia de Santa Maria del Paradiso, fundada en 1590, el suelo de la nave central tiene una losa circular de piedra que parece representar un sol: un círculo con un agujero en el centro rodeado de trece rayos. Según cuenta la tradición, el 13 de marzo del año 51 a.C., san Bernabé (José de Chipre) acudió a *Mediolanum* (Milán) para predicar el Evangelio, cuando la ciudad se dedicaba aún a los cultos paganos. El santo se apostó a las afueras de la Porta Orientale y empezó a convertir a sus oyentes. Allí por donde pasaba, la nieve se fundía, las flores brotaban y las estatuas paganas se derrumbaban. Se cuenta que, un día, clavó, como por arte de magia, su cruz de madera en una piedra redonda y que trazó con sus dedos trece surcos en abanico para conmemorar esta excepcional hazaña. Debajo del círculo en cuestión, una inscripción en latín reza: «El 13 de marzo del año del Señor 51, el apóstol Bernabé, predicando el Evangelio de Cristo al pueblo milanés cerca de las murallas de via Marina en la Porta Oriental, plantó el estandarte de la cruz en esta piedra redonda.»

Los historiadores han demostrado lo infundado de la tradición del santo y de su «paso» por Milán: san Bernabé nunca salió de Turquía y los milaneses no fueron cristianizados sino hasta tres siglos después. La piedra, que en efecto podría haber sido esculpida en la Edad Media, es en realidad muy antigua y probablemente celta.

La piedra fue llevada a Santa Maria del Paradiso por los padres mendicantes de la Orden de los Siervos de María: estaba en la basílica de San Dionigi (san Dionisio), erigida en el siglo IV por encargo de san Ambrosio en honor del onceavo obispo de Milán y demolida en el siglo XVIII para dejar sitio a los jardines públicos de Porta Venezia.

Cortar el pelo a los niños el 13 de marzo para que crezca más denso y fuerte

A pesar de lo que digan los historiadores, el «Tredesin de Marz» («13 de marzo» en milanés) sigue siendo una de las fiestas típicas de Milán. En recuerdo de san Bernabé, la ciudad adelanta la primavera una semana: el 13 de marzo, cerca del Corso di Porta Vigentina, se celebra una de las fiestas (sagre) más antiguas y esperadas de Milán. Una costumbre popular, tan enraizada como infundada, recomendaba que ese día se cortara el pelo a los niños para que creciera más denso y fuerte.

EL POZO DEL MARTIRIO DE SAN CALIMERO ②

¿Un pozo milagroso?

Cripta de la basílica de San Calimero
Via San Calimero 11
Se puede visitar esta cripta solicitándolo a la parroquia de Santa Maria al Paradiso. 02 58314028; parrocchia.paradiso@tiscali.it
MM3/Crocetta; Tranvía 16, 24; Bus 94

Al fondo de la antigua iglesia de San Calimero (edificada en el siglo V donde sin duda se alzaba un templo dedicado al dios Apolo y modernizada en 1882), a ambos lados del altar mayor, dos cancelas dan a unos pasadizos que conducen a una cripta del siglo XVI. Completamente cubierta de frescos de los Fiammenghini («los pequeños flamencos»), Giovanni Mauro y Giovanni Battista della Rovere, dos hermanos, pintores del Milán renacentista, esta cripta alberga un altar-tumba con los restos de Calimero, cuarto obispo de Milán, del que poco o nada se sabe.

Cuando en el siglo VIII, a petición del obispo Tomaso, se abrió la cripta donde descansaban estas reliquias, estaba inundaba, algo nada sorprendente dada la cantidad de canales que pasan por debajo de Milán. Fue tal vez este mismo obispo Tomaso quien mandó construir el pozo en la cripta, aún en funcionamiento, para drenar el agua. Detrás del pozo, una placa sobre el muro evoca todos estos episodios, aunque no diga que Calimero era un mártir. La leyenda según la cual Calimero habría sido torturado por los paganos que lo perseguían y luego tirado al fondo del pozo en señal de desprecio por imponer el bautizo a todo ciudadano romano o pagano con el que se cruzaba, es mucho más reciente. Según una creencia que se remonta al mismo periodo, las aguas de este pozo son milagrosas. Por eso, antaño, el 31 de julio, día de la festividad de San Calimero, daban de beber el agua del pozo a los enfermos para ayudarlos a sanar. Además, durante los periodos de sequía, el sacerdote sacaba agua del pozo durante la misa para verterla sobre el atrio a modo de ritual propiciatorio.

LA ANTIGUA IGLESIA DE SAN PAOLO CONVERSO

③

Una obra maestra escondida del manierismo lombardo

Piazza Sant'Eufemia - Abierto con motivo de eventos culturales

La antigua iglesia de San Paolo Converso es sin duda alguna uno de los tesoros mejor escondidos de Milán. Hoy, desacralizada, sirve de espacio de exposiciones para los eventos culturales que organiza la Fundación Metropolitan. Este extraordinario edificio de dos espacios (cuyo modelo es la iglesia de San Maurizio) alberga una espectacular colección de obras maestras pictóricas de los hermanos Antonio y Giulio Campi de Cremona. Diseñada por un arquitecto desconocido (tal vez, Galeazzo Alessi) como en el caso de la iglesia anexa al monasterio de las Hermanas Angélicas de San Pablo (demolido en 1804), fue iniciada en 1549 y probablemente terminada, con todas sus decoraciones, unos cuarenta años después. La parte reservada a las religiosas es la más deteriorada. Después de la supresión de la orden, fue abandonada y transformada en almacén. La parte que inicialmente era accesible al público, cuyas paredes están cubiertas de frescos, estucos, frisos, relieves y otras decoraciones, como lo exigía el precepto del *horror vacui* (miedo al vacío), característico de la cultura artística de finales del Renacimiento, es una verdadera galería de las obras más extraordinarias de los hermanos Campi. Detrás del presbiterio hay cuatro frescos que relatan episodios de la vida de san Pablo, sin duda las primeras pinturas de la iglesia. En las capillas laterales, destacan una singular *Decapitación de san Juan Bautista* y un *Martirio de san Lorenzo* por tener sin duda una gran influencia en el futuro estilo de Caravaggio, así como un *Martirio de santa Eufemia* (cuyo autor se desconoce) y *La entrega de llaves a san Pedro*. Es también recomendable ver la larga bóveda pintada al fresco, de unos 500 m^2, una de las joyas del edificio. A pesar del deterioro que han sufrido los frescos por las filtraciones de agua en el tejado, esta iglesia es una de las obras maestras del manierismo lombardo.

La acústica de la iglesia es tan especial que artistas de la talla de María Callas y Mina grabaron discos aquí hasta los años 60.

EN LOS ALREDEDORES

Los restos del sótano ④

En algunos sótanos de la via San Vito se pueden ver, tras pedir permiso, algunos restos arqueológicos. En el n.º 18, por ejemplo, entre los cimientos, hay un epígrafe celta con la inscripción *Mesiolano*, la antigua *Mediolanum*. Justo al lado, se puede leer la mención *miliaros* junto al número XXIV, como indicando que la piedra se encontraba originalmente a 24 millas de Milán. Se desconoce cómo llegó aquí. En el n.º 26, donde hay un enorme sótano que en otro tiempo albergó una discoteca, se conservan también los restos de algunos muros romanos que datan del final de la época republicana (siglo I a. C.).

UNA MERIDIANA MURAL

⑤

Una meridiana escondida

Patio de Santa Maria dei Miracoli sopra San Celso
Corso Italia 37
7 a 12 h y 16 a 18.30 h
MM3/Missori; Tranvía 16, 24; Bus 94

Desconocido por muchos milaneses, el patio del santuario de Santa Maria dei Miracoli cerca de San Celso esconde una sorprendente meridiana mural: en el lado izquierdo del pórtico, dentro de la primera hornacina de barro cocido ubicada en el mismo lado, que alberga el icono de la Virgen del Milagro (ver pág. 189), se pueden ver algunas estrías verticales. De lejos, parecen simples marcas de separación de los ladrillos, o a lo sumo un deterioro debido al desgaste del tiempo. Pero de cerca, se nota que estas líneas no son paralelas, sino que se alargan en forma de abanico y que algunos signos del zodiaco están grabados en el barro cocido. Se reconocen los signos de Escorpio, Sagitario, Capricornio, Acuario y Piscis: esta meridiana, orientada hacia el sur como lo estaban antaño todas las meridianas murales, solo podía utilizarse de octubre a marzo.

Falta el gnomon (la aguja que indica la hora con su sombra), pero los agujeros que hay en el muro demuestran que antiguamente hubo uno.

EN LOS ALREDEDORES

⑥

Los jardines de San Celso

Aunque está cerrado, el jardín que se extiende delante de la antigua pequeña iglesia románica de San Celso (reconstruida en 996) es muy apreciado en primavera por sus flores perfumadas. Sin embargo, pocos saben que detrás de la pequeña iglesia y del santuario (ubicado en la via Vigoni) hay un segundo jardín pequeño, abierto al público.

Silencioso y discreto, está decorado con algunas estatuas, una preciosa fuente y un magnífico ejemplar de tulipero. También se pueden ver los ábsides de ambas iglesias, yuxtapuestos.

EL VELO DE LA VIRGEN

⑦

Un velo y un icono en recuerdo de la aparición de la Virgen

Iglesia de Santa Maria dei Miracoli sopra San Celso
Corso Italia 37
7 a 12 h y 16 a 18.30 h
MM3/Missori; Tranvía 16, 24; Bus 94

En recuerdo de un célebre milagro, el santuario de Santa Maria dei Miracoli sopra San Celso ha conservado un antiguo icono de la Virgen y el velo que la cubría. El velo se expone una vez al año, el 30 de diciembre, cuando se recuerda el acontecimiento durante la misa. Sin embargo, el icono se puede ver en cualquier momento del año: está debajo de un altar, a la izquierda del presbiterio, pero está muy deteriorado, ya que los fieles han tomado la costumbre de acariciarlo para pedir favores. El perfil del rostro y la silueta del niño son, sin embargo, reconocibles (se puede contemplar más fácilmente una copia, fuera, enfrente del santuario, en el pórtico de cuatro arcadas de ladrillo aparente).

Según la leyenda, el 30 de diciembre de 1485, en pleno periodo álgido de una epidemia de peste, los milaneses corrían a las iglesias para implorar el fin de la plaga. Ese día se celebraba una misa en San Nazaro in Campo, la iglesia que se alzaba antaño en el barrio, donde hoy está el altar mayor. El ábside albergaba una pintura cubierta con un velo, que representaba a la Virgen sosteniendo al Niño Jesús en sus brazos. Se cree que el propio san Ambrosio habría querido este cuadro como un monumento conmemorativo del lugar donde habían encontrado los cuerpos de san Nazario y san Celso. Aquel 30 de diciembre, la Virgen habría, de repente, apartado con su mano el velo que cubría el lienzo, sonriendo a los fieles y mostrándoles al Niño. Después de esta aparición, prosigue la leyenda, la epidemia empezó a remitir. Para afrontar la prodigiosa afluencia de peregrinos, acabaron construyendo un gran santuario en este lugar. Se dice que el velo expuesto cada 30 de diciembre es el original que cubría el cuadro.

Otro milagro

Dentro de la iglesia, en la segunda capilla de la izquierda, un fresco del siglo XIV, procedente de la pequeña iglesia preexistente, muestra a la Virgen sosteniendo al Niño Jesús en brazos y, a ambos lados, los santos mártires Nazario y Celso. Esta obra es también objeto de un milagro: el 13 y 14 de julio de 1620, los fieles afirmaron haber tenido la impresión de que la Virgen del cuadro abría y cerraba los ojos. Uno de ellos pretendió incluso haber visto una lágrima, por la cual esta madona habría recibido el apodo de Virgen del llanto (*Madonna del pianto*). Después, numerosos creyentes con enfermedades oculares aseguraron que esta representación de la Virgen los había curado.

LA CAÍDA DE SAN PABLO

⑧

La inspiración de Caravaggio

Santa Maria dei Miracoli sopra San Celso - Corso Italia 37
7 a 12 h y 16 a 18.30 h
MM3 Missori; Tranvía 16, 24; Bus 94

El deambulatorio de la iglesia de Santa Maria dei Miracoli sopra San Celso alberga la *Caída de san Pablo* de Moretto da Brescia. Es sin duda la obra que influyó en la imaginación de Caravaggio. Lo innovador de este cuadro, realizado en 1542, era que representaba por primera vez la conversión de san Pablo caído de su caballo, no desde arriba, como era el caso en los años anteriores, sino desde abajo, a saber, desde el punto de vista del santo yaciendo en el suelo. Caravaggio retomará este efecto de perspectiva en su obra maestra conservada hoy en la iglesia de Santa Maria del Popolo en Roma.

Caravaggio en Milán

Aunque fue en Roma donde Michelangelo Merisi da Caravaggio, llamado Caravaggio, realizó la mayoría de sus obras maestras, es considerado uno de los ciudadanos más ilustres de Milán. Ahí nació el 29 de septiembre de 1571 y fue bautizado en la basílica de Santo Stefano Maggiore (ver pág. 255), como lo demuestra su acta de bautizo hallada en 2007 en los archivos de la diócesis. Era hijo de Lucia Aratori y de Fermo Merisi, arquitecto, superintendente y administrador de la casa de Francesco Sforza, descendiente de una rama menor de la importante dinastía milanesa, y marqués de Caravaggio, un pueblo situado a pocos kilómetros de Milán. La familia Merisi era acomodada: poseía algunas propiedades (que, una vez vendidas, constituyeron una fuente de ingresos para el pintor durante sus primeros años difíciles en Roma) y se beneficiaba de una renta fija que le pagaban los Sforza. Con 13 años de edad, Caravaggio fue enviado durante cuatro años al taller del pintor bergamasco Simone Peterzano, que firmaba sus lienzos Titiani alumnus, a saber, «alumno de Tiziano». El contrato de aprendizaje, fechado a 6 de abril de 1584, lleva la firma de la madre de Caravaggio, ya que su padre había muerto durante la epidemia de peste de 1577. La pintura de Peterzano mezclaba el manierismo tardío de la escuela lombarda con el estilo realista promovido por la Contrarreforma, con un sentido de la luz heredado del arte veneciano.

A lo largo de su vida, el propio Caravaggio aspirará a una pintura realista, fiel a lo «verdadero», basándose en las enseñanzas de su maestro. Siguiendo la tradición, su formación incluía el estudio de obras de arte conservadas en Milán y en los alrededores. Es cierto, por ejemplo, que el joven pintor tuvo la oportunidad de estudiar *La última cena* de Leonardo da Vinci (ver pág. 68) y las obras maestras de Arcimboldo. Recorrió todo el norte de Italia, habiendo llegado incluso a Venecia donde habría podido admirar a grandes maestros del color como Giorgione, Tiziano y Tintoretto. Estuvo probablemente marcado por el trabajo de un grupo de pintores oriundos de la región de Brescia, calificados, de hecho, de «precaravaggistas»: Moretto, Savoldo, Foppa y Moroni, entre otros, que prestaban especial atención al mundo natural y a la realidad de la vida cotidiana. Los frescos del siglo XVI de los hermanos Campi, en la iglesia desacralizada de San Paolo Converso (ver pág. 191), parecen incluso haber sido pintados por Caravaggio treinta años antes de su época. La influencia de otras obras es también evidente, empezando por *La caída de san Pablo* de Moretto en Santa Maria dei Miracoli (ver pág. 189), los frescos de Foppa en la capilla Portinari (ver pág. 210), así como los lienzos de este pintor conservados en el Castillo Sforzesco; la Santa Catalina de Ferrari en la iglesia de Sant'Angelo, que también alberga cuatro lienzos de Campi; la *Deposición de Callisto Piazza en San Maurizio* y, naturalmente, los lienzos de su maestro, Simone Peterzano, en San Barnaba y en Santa Maria della Passione. No queda nada de esos años, no se ha encontrado hasta hoy ningún cuadro atribuible al joven Caravaggio. Terminado su aprendizaje en 1588, Caravaggio estuvo probablemente involucrado en un asunto criminal, el primero, tal vez, de una larga serie que caracterizó la breve y turbia vida del maestro del claroscuro. Tras fallecer su madre, no tardó en dilapidar su parte de la herencia familiar, cuyos réditos compartió con sus hermanos Caterina y Giovan Battista, para después instalarse en Roma, probablemente durante el verano de 1592 (otras fuentes indican que llegó cuatro años más tarde).

Nunca volvió a Milán (murió en Porto Ercole, Toscana, en 1610, con tan solo 39 años de edad). La capital lombarda solo ha conservado dos lienzos, pero están entre los más extraordinarios: *Canasta de frutas* en la Pinacoteca Ambrosiana y *Los Discípulos de Emaús* en la Pinacoteca de Brera.

LAS SEÑALES DE LOS REFUGIOS ANTIAÉREOS ⑨

Indicaciones insólitas para posibles supervivientes

Piazzale di Porta Lodovica 2
Tranvía 15

A ambos lados del portal de un viejo edificio de la Porta Lodovica, se distinguen dos flechas blancas sobre fondo negro con una gran *R* en el centro. Estas inscripciones, que se remontan a la Segunda Guerra Mundial, no han sido borradas de algunos edificios que se salvaron de los bombardeos y de las sucesivas reestructuraciones, como es el caso de la Porta Lodovica. Las flechas en cuestión, con una gran R en el centro (la *r* de rifugio, *refugio*), más extendidas en Milán, indicaban la entrada de un refugio antiaéreo (casi todos transformados, después de la guerra, en bodegas de vino o garajes). No muy lejos de estas flechas, suele haber otras, bicolores, con las letras *U.S.*: no son las siglas de *United States*, sino de *Uscite di Sicurezza* (salidas de emergencia) – las salidas de los refugios antiaéreos. Estas señales no servían para mostrar la salida a quien estaba dentro de un refugio, sino para indicar a los rescatadores, tras un bombardeo o el derrumbamiento de un edificio, dónde buscar supervivientes. En el edificio de la Porta Lodovica, las señales están a la derecha del portal. También se ve otra *R*, en perfecto estado, en la esquina de la calle. Es más raro ver grandes I blancas sobre fondo negro (como en la via Caccialepori o en la via Polti de' Bianchi) y, más raro aún, las *I* negras sobre fondo blanco, indicaciones que los bomberos y el Comité Provincial para la protección antiaérea mandaron colocar para señalar a los equipos de rescate la ubicación de las bocas de incendio (*idrante* en italiano, de ahí la *i*). Sobre uno de los muros del primer pabellón del hospital policlínico, en el número 9 de la via Pace, se puede ver un círculo blanco que contiene un cuadrado rojo. Esta señal indicaba las estructuras sanitarias que tenían un refugio antiaéreo.

Otras indicaciones de refugios antiaéreos

Esta es una lista, incompleta, de calles donde aún se pueden ver las indicaciones R y U.S.: via Vasari, via Seneca, piazza Cesare Beccaria, Corso Indipendenza, via Ripamonti, via Tirso, via Melloni, via Paganini, via Archimede, piazza Bertarelli, via Caradosso, via Marco Aurelio, via Soave, via Tamagno, via Crivelli, via Marcona, via Luosi, via Beato Angelico, via Mercadante, via Belfiore, via Volterra, via Porpora, via Elba, via Monteverdi, via Cimarosa, via Washington, Corso di Porta Vittoria, via Cesare Battisti, via Cenisio, via De Grassi, via Valtellina, via Spartaco, e incluso en la piazza del Duomo, en dos columnas del pórtico situado enfrente de una boca de metro.

LA VIRGEN CON CUERNOS

⑩

Una extraña Virgen con cuernos

Museo di Sant'Eustorgio
Cappella Portinari
Piazza Sant'Eustorgio 3
De martes a domingo de 10 a 18 h
Tranvía 3, 9, 15; Bus 59

En la pared sur de la Capilla Portinari, a la derecha de la ventana con parteluz, hay un fresco que representa una extraña Virgen con cuernos. Más que una blasfemia, el fresco de Vincenzo Foppa, titulado *Il miracolo della falsa Madonna (El milagro de la falsa Virgen)*, ilustra una leyenda protagonizada por la figura de san Pedro de Verona, anteriormente conocido como Pietro Rosini, a quien está dedicada la capilla construida a petición del banquero florentino Pigello Portinari (1421-1468). Cuenta la leyenda que, mientras celebraba misa en Sant'Eustorgio, san Pedro de Verona se dio cuenta de que el diablo se había metido en una imagen de la Virgen María que estaba en el altar. Expulsó inmediatamente al diablo, con la ayuda de un mago herético pintado a la derecha, que sostenía entre sus dedos una hostia consagrada. A pesar de que el exorcismo fue un éxito, los cuernos de Lucifer se quedaron en la frente de la Virgen pintada en el cuadro. En realidad, Foppa quería representar la aversión que había en ese lugar en aquella época hacia el culto de la Virgen.

Hay otra curiosidad en la capilla: la persona que encargó esta obra, Pigello Portinari, aparece de perfil detrás del santo. Portinari aparece en otro fresco, *Il miracolo della nube (El milagro de la nube)*, y en un cuadro atribuido a Giovanni mártir, en el momento en el que al banquero se le aparece en sueños el dominico para ordenarle que construyera la capilla.

La testa del santo

El 6 de abril, aniversario de su muerte, se celebra a San Pedro de Verona exponiendo, a la izquierda de la capilla, una urna de cristal y plata con la cabeza del santo. Incluso se ha conservado la podadera con la que fue asesinado, pero en Seveso, en el santuario dedicado a él. En el atrio de Sant'Eustorgio hay una estatua de San Pedro mártir, con la podadera clavada en el cráneo.

LAS VIRTUDES DE LA CAPILLA PORTINARI

(11)

El simbolismo de las virtudes teologales y cardinales

Museo di Sant'Eustorgio
Piazza Sant'Eustorgio 3
10 a 18 h (cerrado los lunes)
Tranvía 3, 9, 15, 29, 30; Bus 59

La famosa y monumental tumba de san Pedro mártir, en la sublime capilla Portinari de la basílica de Sant'Eustorgio, está sostenida por ocho personajes femeninos. No suele notarse que estas mujeres descansan sobre animales, de los cuales algunos son mitológicos. Estas estatuas y estos animales representan las virtudes que el alma debe cultivar para elevarse espiritualmente. La Justicia, con su espada y su balanza (rota por accidente), descansa sobre unos perros que representan a los «guardianes de la fe»: estos «perros del Señor» (*dominicane*) recuerdan asimismo que san Pedro era dominico. La Templanza, con dos cántaros vertiendo agua

el uno en el otro, está apoyada sobre una figura mitad humana mitad animal: une especie de esfinge que simboliza el punto de separación moral entre la humanidad y la bestialidad. La Fuerza o Valor (*Fortitude*) muestra un plato decorado con motivos florales (rosas) que sustituye otro símbolo habitual de esta virtud, la torre, que sostiene sobre su pecho con las manos cruzadas, símbolo de la virtud en el Paraíso. Reposa sobre unos leones, representación del poder espiritual establecido en el mundo. La Prudencia (*Sapientia*) tiene dos rostros, uno delante y otro detrás. Sujeta un libro y observa un pequeño objeto, sin duda un espejo, que refleja la sabiduría y la prudencia. La Caridad (*Caritas*) amamanta con un solo pecho a dos niños. Es el amor que nutre a la humanidad, ofrecido incondicionalmente. A ella, a su vez, la llevan dos perros que expresan la ternura y el afecto. La Fe (*Fides*), con un cáliz en la mano izquierda y una cruz en la derecha, expresa la fe en la salvación corporal y espiritual en el seno de la Iglesia y de su rito eucarístico, representado por la copa sagrada. Reposa sobre dos perros que la defienden.

La Esperanza (*Spes*) con un ramo de flores reemplazando el símbolo tradicional del ancla. El ramo de flores representa la receptividad a la influencia divina; y su perfume, el de la esperanza, última virtud del hombre en tránsito por este mundo de dolores y de penas. Es llevada por dos grifos, que representan, en la simbología medieval, la doble naturaleza, humana y divina, de Cristo.

La Obediencia sostiene el libro cerrado de la Regla y el cordón monástico de la orden. Es llevada por dos leones que recuerdan que la fuerza de la obediencia recompensa lo justo con el Paraíso celeste cuyo sol espiritual está simbolizado en la Tierra por los leones.

> Se distinguen habitualmente dos tipos de virtudes: las virtudes teologales cuyo origen y objeto son el Espíritu Santo revelado por la fe, la esperanza y la caridad. Y las virtudes cardinales que son las principales virtudes humanas: justicia, prudencia, fuerza [o valor], templanza, y obediencia, tanto a la regla monástica como al orden social.

> La capilla Portinari fue construida entre 1462 y 1468 por cuenta del banquero florentino Pigello Portinari, agente del Banco Médici de Milán. Es considerada una obra maestra del Renacimiento lombardo, y sus frescos murales, obra de Vicenzo Foppa, celebran la vida de san Pedro mártir, también llamado Pedro de Verona (1205-1252), un monje dominico. La tumba fue realizada en 1336 por el maestro escultor Giovanni di Balduccio y colocada, primero, a la izquierda de la nave de la iglesia de Sant'Eustorgio. En 1737, fue trasladada a la capilla Portinari.

EL BAJORRELIEVE DEL TRANSPORTE DE LA TUMBA DE LOS REYES MAGOS

¿Pero qué hacen los Reyes Magos en Milán? (12)

Basilica di Sant'Eustorgio
Piazza Sant'Eustorgio 1
7.30 a 12.30 h y 14 a 18.30 h
Tanvía 3, 9, 15, 29, 30; Bus 59

Sobre el capitel de la quinta columna derecha de la nave central, se distingue con dificultad el episodio esculpido que narra el transporte de las reliquias de los Reyes Magos a Milán. Este bajorrelieve del siglo XI muestra a Eustorgio guiando a los bueyes que tiran del carro en el que está colocada el arca de mármol de los Reyes Magos.

Según la tradición, treinta y tres años después de haber asistido a la natividad, los Reyes Magos regresaron a Jerusalén para presenciar la crucifixión de Cristo y murieron allí como mártires uno después de otro. Los cuerpos fueron trasladados juntos a Constantinopla, donde la reina

Helena, madre de Constantino el Grande, recibía las primeras reliquias del cristianismo.

El emperador Constantino I, hijo de Constantino, ofreció estas reliquias a Eustorgio que lo visitó en Constantinopla, antes de establecerse como obispo en Milán. El futuro santo mandó esculpir un arca de mármol, la colocó en un carro tirado por dos bueyes y partió para Milán en 344, como lo demuestra el bajorrelieve del quinto capitel derecho de la nave central de la basílica. Cuando llegó a la Porta Ticinese, no muy lejos de las pilas bautismales (ver más abajo), el carro se hundió en el fango y no hubo manera de moverlo. Eustorgio lo interpretó como una señal del cielo y ordenó que la basílica de los Reyes Magos, la actual Sant'Eustorgio, fuese erigida ahí mismo.

Ocho siglos después, Federico I Barbarroja saqueó la ciudad, se apoderó de las reliquias y las regaló al arzobispo de Colonia, Rainald von Dassel, en 1164. Todos los intentos por devolver las reliquias a Milán fracasaron hasta el siglo XX: en 1904, el cardenal Ferrari, arzobispo de Milán, mandó reponer en Sant'Eustorgio los huesos de los restos mortales de los Reyes Magos (dos peronés, una tibia y una vértebra), donados por el arzobispo de Colonia, Mons. Fischer. Hoy, se celebra este acontecimiento en la Epifanía con una procesión. La cripta y la pequeña capilla que contienen las reliquias se hallan en el transepto derecho de la basílica. En la cima del campanario de la iglesia – el más alto de Milán y el primero, en 1306, en tener un reloj visible y no solo sonoro – en lugar de la cruz que suele prolongar la aguja, hay una estrella de ocho puntas en memoria de los Reyes Magos.

Simbolismo olvidado de los Reyes Magos

La Biblia menciona a los Reyes Magos en el Evangelio según San Mateo (2, 1-12), pero omite sus nombres, cuántos eran y el hecho de que eran reyes. Es el Evangelio armenio de la Infancia (un evangelio apócrifo del siglo V o VI d.C.) el que cita sus nombres: Melchor o Belchor, Baltasar y Gaspar, presentados respectivamente como rey de los persas, rey de los hindúes y rey de los árabes.

Los obsequios que regalaron, el oro, el incienso y la mirra, simbolizan el reconocimiento de Cristo nacido rey (el oro), sacerdote (incienso) y profeta (la mirra) de Dios.

La Iglesia les rinde homenaje el 6 de enero, día de la Epifanía,

festividad que en origen era la única celebración cristiana de la manifestación de Cristo en el mundo: no fue hasta 354 cuando el papa Liberio, para luchar contra los cultos paganos y, sobre todo, contra el mitraísmo (ver la guía *Roma insólita y secreta* del mismo editor), fijó el nacimiento de Cristo el 25 de diciembre (fecha del nacimiento del dios oriental Mitra, relacionada con el solsticio de invierno y el inicio del renacimiento del día y de la luz) para incluir al mitraísmo y obtener mayor aceptación de sus adoradores.

El 6 de enero es también el día de la festividad de los dioses griegos epifánicos (epifanía es una palabra griega que significa manifestación o revelación) que celebraba la aparición de las divinidades (griegas) ante los hombres 12 días después del 25 de diciembre, día del inicio del renacimiento solar.

Según la tradición, Melchor representaba la raza blanca (europea) y sería el descendiente de Jafet, de la familia de Noé. Baltasar representaba la raza negra (africana) y sería el descendiente de Ham o Cam, de la familia de Noé. Por último, Gaspar representaba la raza amarilla (asiática) y sería el descendiente de Sem, también del linaje del patriarca Noé.

Nótese que las iniciales JHS (Jafet, Ham, Sem) de los hijos de Noé evocan a Cristo (a menudo designado con la misma abreviatura JHS, «JESUS HOMINUM SALVATOR» – Jesús salvador de los hombres).

Según ciertas fuentes, para llegar al lugar del nacimiento gracias a la «estrella de Belén», los Reyes Magos habrían seguido una conjunción astral de los planetas Júpiter, Mercurio (o Hermes) y Saturno con forma de triángulo con el sol en el centro que indicaba que la luz de JHS (J para Júpiter, H para Mercurio o Hermes y S para Saturno) había tomado una forma corpórea sobre la tierra.

EL PATIO CONTINUO DEL CORSO SAN GOTTARDO

⑬

El barrio de los Furmaggiatt

Acceso libre por los dos portales, a ambos lados del patio, via Ascanio Sforza 15 (del lado del Naviglio) y Corso San Gottardo 18
Tranvía 18

A lo largo de la calle que se extiende desde Porta Ticinese hacia Pavía, una hilera de viviendas sociales de poca altura oculta uno de los pocos vestigios que quedan del Milán de antaño. Si cruzas el umbral del edificio en Corso San Gottardo, 18, entras en una larga y característica sucesión de patios interiores que atraviesan toda la manzana y terminan en el Naviglio Pavese cruzando la puerta de via Ascanio Sforza, 15. Es uno de los pocos ejemplos que quedan de estos *casére* que había antaño en este barrio y de los que hay otro, al que lamentablemente no se puede acceder, en el n.º 14. Los típicos *linghere*, largos pasillos que llevan a las viviendas recorren el patio y terminan en lo que era el único sanitario de la planta. Sin embargo, la sobrepoblación y la falta de aseos se veían compensadas por la intensa vida social del patio, que también beneficiaba a los delincuentes milaneses, que podían utilizar la salida de atrás para escapar.

Las casa de Corso San Gottardo conformaban el pintoresco barrio de Furmaggiatt. Cuando en 1819 terminaron el Naviglio Pavese, empezaron a llegar aquí los quesos que se elaboraban en el campo al sur de Milán. Las tierras de la región de la Baja Milán, especialmente fértiles desde que los monjes cistercienses de Chiaravalle introdujeron los campos irrigados por inundación, un cultivo típico de la llanura del Po, fueron testigos de un aumento de la cría de ganado y, en consecuencia, de la industria quesera que alimentaba el mercado milanés.

Las ruedas de queso se descargaban en las casas que daban al canal, a las que llamaban *casére* precisamente por estar impregnadas del penetrante olor de los productos lácteos. A medida que llegaban las nuevas ruedas de queso, se sustituían las antiguas, que, tras madurar tres meses, estaban listos para ser vendidos al por menor en las queserías que iban abriendo en el corso San Gottardo. Las ventas no decrecían gracias al intenso tráfico de esta calle que unía la ciudad con el campo y por la que también circulaba la *Gamba de Legn* (pierna de madera), una locomotora a vapor que recibió probablemente este apodo por su aspecto tosco. Para evitar que el queso fermentara y causara problemas digestivos, se raspaba la superficie: las damas de la Caridad de San Vicente de Paul lograban así unas finas lonchas blandas con las que daban sabor a la sopa que servían a los pobres de la zona.

MUSEO DEL CABALLO DE MADERA «LORENZO PIANOTTI»

(14)

El paraíso de los caballos de madera

Alzaia Naviglio Pavese 30
Visitas mediante reserva llamando al 02.8323225 o al 328 941 3716
Cada 13 de diciembre, con motivo de la festividad de Santa Lucía, la casa está abierta para visitas todo el día sin necesidad de reservar
Entrada gratuita
Tranvía 3

Esta es sin duda la mayor colección de caballos de madera del mundo. Más de mil ejemplares, de todas las formas, tamaños y épocas, están expuestos en el museo de Lorenzo Pianotti. Artista y coleccionista, Pianotti vive en la casa donde está el museo, y abre encantado al público, previa cita, encargándose él mismo de acompañar a sus huéspedes durante una visita guiada muy personalizada.

Tras haber creado la base de la colección con 500 caballos de madera, y diseñado la presentación original de lo que hoy es el Museo del Caballo de madera, a petición de la empresa Chicco de Grandate, cerca de Como (www.museodelcavallogiocattolo.it), Pianotti ha seguido coleccionando caballos de juguete, la pasión de su vida. Las piezas de su colección abarcan desde el siglo XVIII hasta nuestros días: minúsculos peones de juego de caballos pequeños a caballos de carrusel gigantescos, sin hablar de los caballos de balancín o de casetas de tiro, caballos con forma de botella o de lámpara, pintados o esculpidos, de yeso o de papel, para niños y para adultos. No hay rincón de este museo que no esté decorado con un caballo.

Única en su género, esta colección excepcional incluye por otra parte más de 200 sombreros en miniatura de la época napoleónica, antiguos libros de fábulas, tarjetas postales de época y 250 sujetalibros de finales del siglo XIX a los años 60, todos inspirados en el caballo. Los modelos más «antiguos», de hecho los únicos que Pianotti no ha cedido al Museo de Grandate, son los dos primeros de su colección, «Mario» y «Arturo» (todos los caballos de este museo tienen nombre), que el artista compró cuando era niño.

EN LOS ALREDEDORES ⑮

Los viernes del Rocky Horror Picture Show

En el cine Mexico (via Savona, 57), todos los viernes por la tarde, desde 1981, se proyecta la película *Rocky Horror Picture Show*, musical culto de Richard O'Brien. Como sucede en París, no se trata de una mera sesión de proyección: el público presente en la sala participa activamente en el espectáculo, algunos van incluso disfrazados y caracterizados como los protagonistas de la película, y todos cantan, bailan y declaman los diálogos aprendidos de memoria, interactuando a la vez con los demás fans, improvisados actores, que representan sobre el escenario esta extraña ópera rock paródica que se remonta a 1975.

UN PASEO EN BARCAZA POR LOS NAVIGLI ⑯

De canales en esclusas

Salida desde Alzaia Naviglio Grande, 4
Reserva en info@navigareinlombardia.it o por teléfono: 02 922 73118
Barcaza de 50 plazas
MM2/Porta Genova; Tranvía 2; Bus 47, 74

Cada año, en primavera y en verano, se puede dar un paseo de una hora a bordo de una barcaza por el Naviglio Grande y el Naviglio Pavese pasando por la Dársena.

La navegación por los Navigli se retomó en 2007 a título experimental, pero tuvo tanto éxito que esta iniciativa se ha convertido en una cita permanente.

Esta excursión a bordo de una barcaza de 50 plazas (gratis para los menores de 6 años acompañados) propone al visitante conocer el trayecto recorrido antaño por los barcos de mercancía que abastecían el viejo Milán. Una vez sueltas las amarras, se pasa primero por delante del Vicolo dei Lavandai (ver pág. 203) para desembocar en el embarcadero del camino de sirga (Alzaia), en el n.º 66 de Naviglio Grande, cerca del Palazzo Galloni, sede del Centro del Grabado (ver más abajo). Acto seguido, se pasa delante de uno de los complejos arquitectónicos más significativos del primer tramo del canal, formado por la iglesia, el puente y el lavadero público de San Cristoforo. Princesas, reyes y emperadores solían embarcar desde la iglesia mixta de San Cristoforo, obra maestra del siglo XIV, para entrar en Milán por vía acuática. Luego, la barcaza regresa hacia el Vicolo de Lavandai y, tras pasar bajo el puente llamado del Scodellino («de la Escudilla», llamado así por la presencia de antiguas tabernas donde comían los marineros), se entra en la Dársena, antaño verdadero puerto de intercambios comerciales con el lago Maggiore, que con sus mil metros de muelle equipados para amarrar barcazas, era uno de los puertos interiores más importantes del Mediterráneo. Después se remonta el Naviglio Pavese hasta la primera puerta hidráulica, la famosa esclusa de la Conchetta («pequeña esclusa»), recientemente restaurada, donde se puede ver una simulación de su funcionamiento. El paseo termina en el punto de partida (Alzaia, 4).

Para más información sobre los Navigli, ver siguiente doble página.

EN LOS ALREDEDORES

Centro del Grabado

⑰

Erigido en el siglo XVII, el Palazzo Galloni alberga desde 1975 el Centro del Grabado (Centro dell'Incisione), fundado por Gigi Pedroli, aguafuertista, y Gabriella Casarico, organizadora de exposiciones y eventos. De martes a sábado, de 16 a 19 h (y cada último domingo del mes), en el pintoresco patio de este palacio, se puede asistir a las actividades de una escuela de grabado.

Vestigios de los Navigli

Los Navigli pertenecen a una antigua red de canales de riego navegables que rodea y atraviesa Milán, conectando así el Lago Maggiore, el Lago de Como y el sur del río Tesino, y abriendo una vía de acceso al mar a través del río Po. Esta red se fue ampliando progresivamente desde la época romana hasta 1935, año en que finalizaron las obras acometidas para taparla definitivamente. Hoy solo quedan dos tramos cortos de canales descubiertos, así como algunos puentes, vías de paso, esclusas y lavaderos. Son tres los tramos descubiertos: al sur, el Naviglio Grande y el Naviglio Pavese se adentran en la ciudad hasta la altura de la piazza XXIV Maggio, donde también está la Dársena, el gran puerto de Milán, hoy en espera de ser restaurado; y al norte, el Naviglio Martesana se extiende hasta el Pueblo de los periodistas donde se vuelve subterráneo. Por otra parte, subsisten, solo como vestigios arqueológicos, algunas esclusas y sus respectivas cuencas (*chiuse* y *conche*), construidas para resolver el problema de desnivel entre los diferentes cursos de agua. Las más importantes son la Conca (esclusa) de Viarenna (ver pág. 207), la Conca delle Gabelle (ver pág. 175) y, a lo largo del Naviglio Pavese, la Conchetta («pequeña esclusa», a la altura de la via della Conchetta) y la Concha Fallata (en la via della Chiesa Rossa). El Naviglio Grande, construido antes de que existieran las esclusas, no tiene ninguna. Hay además en las orillas de los tres Navigli, unos 89 lavaderos de los cuales el más importante es el que está cerca de la iglesia de San Cristoforo, y el más famoso, el de «Brellin», en el Vico dei Lavandai (ver pág. 203).

También hay 187 vías de paso (puentes, pero también pasarelas) sobre los tres canales urbanos y sobre el de Bereguardo y el de Paderno.

En la ciudad, se cuentan 11 vías de paso sobre el Naviglio Grande, 12 sobre el Naviglio Pavese y 14 sobre el Naviglio della Martesana. Destacan en especial las pasarelas peatonales de cemento y hierro que cruzan el Naviglio Grande y el Naviglio Pavese; el Ponte delle Sirenette, que han trasladado al Parque Sempione; el Ponte dello Scodellino, donde el Naviglio Grande desemboca en la Dársena, llamado así porque los conductores de las barcazas atracaban cerca de la Osteria del Pallone para comer un plato de sopa (scodella di minestra); el Ponte del Trofeo, que une el Viale Gorizia con la via

Scoglio di Quarto y cuyo nombre viene de un «trofeo», colocado por el gobernador español Fuentes en el siglo XVII para celebrar las obras del Naviglio Pavese y retirado en 1865 (hoy, se puede ver la placa en el Museo del Castello).

Por los subterráneos de la ciudad sigue fluyendo una red de 250 kilómetros de cursos de agua, de los cuales 50 de gran tamaño y 200 de cauces menores, canales de riego o riachuelos. Un patrimonio acuífero casi intacto que despierta periódicamente el interés de los milaneses sobre la hipótesis de reabrir todos los Navigli tapados.

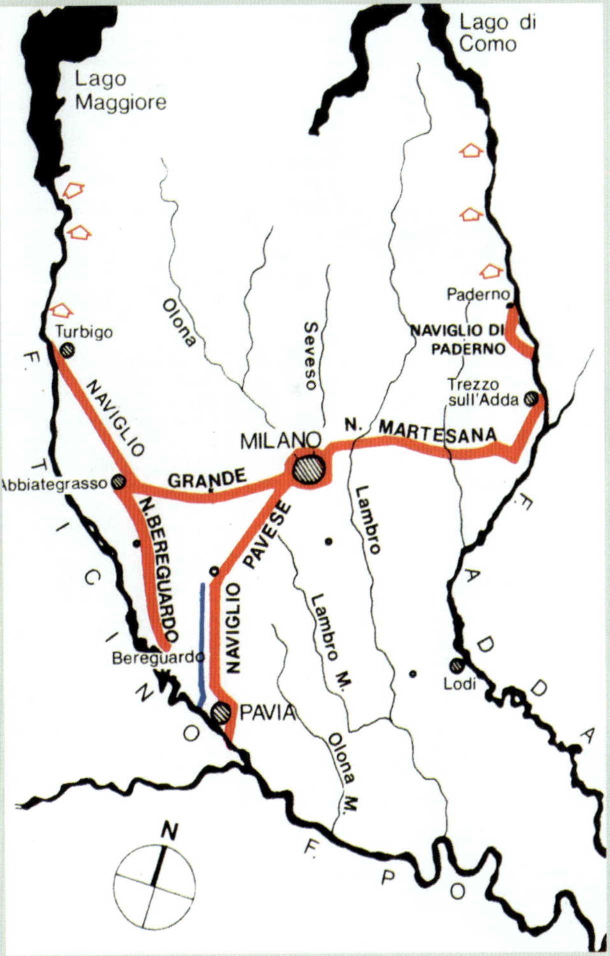

LAS RANURAS EN LAS BARANDILLAS DEL NAVIGLIO

(18)

Las marcas de los cables que amarraban las barcazas

Alzaia Naviglio Grande, esquina con Via Valenza
MM 2 Porta Genova

A lo largo del Naviglio, hay profundas ranuras que horadan los bolardos de hierro y las barandillas de piedra. Son las marcas de los cables que se usaron antaño para amarrar las barcazas. La mayoría de las veces, estas barcazas, que transportaban mercancías, tenían que ser remolcadas usando la fuerza de los brazos o con la ayuda de mulas, y, día tras día, el deslizamiento de las cuerdas fue dejando estas marcas imborrables. Los barcos llevaban a Milán alimentos y materiales de construcción como arena, ladrillos, piedras talladas, metales, madera, carbón, además de telas, productos manufacturados, vajilla, estiércol y cenizas. Entre 1830 y finales del siglo, solo la Darsena de Porta Ticinese registró un promedio de 8300 barcazas que entraban y salían al año, con un movimiento total de 350 000 toneladas al año. El tráfico no se interrumpió en el siglo XX a pesar de los bombardeos de la guerra e incluso prosperó: en 1953, la Darsena ocupaba el 13º lugar entre los puertos nacionales que recibían mercancías. Si embargo, con la llegada del transporte por carretera, más económico, los Navigli perdieron rápidamente relevancia. El 30 de marzo de 1979, la última barcaza descargó su cargamento de arena enrollando sus cuerdas alrededor de esas mismas barandillas que, desde entonces, solo sirven como parapeto para observar el agua pasar.

Las columnas de San Pablo Extramuros

La iglesia de Santa Maria dell Grazie al Naviglio (Alzaia Naviglio Grande, 34) tiene cuatro columnas de granito gris fabricadas originalmente para el cuadripórtico de la basílica de San Pablo Extramuros en Roma. Después de que un incendio en 1823 destruyera la antigua basílica romana, se encargaron 146 columnas en la cantera de granito de Montorfano, en el lago Mayor, para su reconstrucción. Transportadas en barcazas, llegaron a Roma por canales fluviales tras un viaje de cuatro meses, sin embargo, en el camino, cuatro de ellas fueron donadas al taller milanés de lo que también se conocía como la Gesa de la Riva.

LA ENTRADA AL LABERINTO DE ARNALDO POMODORO

(19)

Un laberinto en los subterráneos de la casa de moda Fendi

c/o Fendi
Via Solari 35
Visitas guiadas en función del calendario disponible en la web: fondazionearnaldopomodoro.it - MM2 Porta Genova; Tranvía 14

Los subterráneos de la casa de moda Fendi alberga una instalación del artista Arnaldo Pomodoro titulada *Ingresso nel labirinto* (Entrada en el laberinto) que ocupa un espacio de 170 metros cuadrados y que se puede visitar (visitas guiadas únicamente). Inspirada en *La epopeya de Gilgamesh*, primer poema épico de la historia de la humanidad, la obra se creó en 1995 y fue creciendo gradualmente durante los siguientes 16 años hasta alcanzar su tamaño actual, cuando la Fondazione Arnaldo Pomodoro compró el espacio de via Solari, donde antes estaban los talleres mecánicos de Riva Calzoni. Cuando la fundación se trasladó, el laberinto, inamovible, se quedó en su ubicación original y desde entonces abre periódicamente. El laberinto está compuesto por una serie de compartimentos, pasillos, puertas giratorias revestidas de fibra de vidrio patinada, de elementos de bronce y de un suelo de placas de cobre. Después de haber cruzado un portal oculto, llegas al vestíbulo, donde un imponente pergamino tiene códigos indescifrables grabados, un homenaje a la escritura cuneiforme que los sumerios usaron para escribir *La epopeya de Gilgamesh*. Por todas partes se aprecian referencias al lenguaje artístico de Pomodoro: en piedras de molino o huesos de sepia, entre jeroglíficos y referencias literarias. En el centro de la obra hay una especie de mausoleo dedicado a Cagliostro, el alquimista palermitano del siglo XVIII que murió encarcelado en la Rocca di San Leo, en la provincia de Rimini. Aquí, al igual que en la celda de Cagliostro, la luz procede de arriba y se ve una cama similar a la cama en la que murió el alquimista.

LAS LÁPIDAS DE LA ESCLUSA DE VIARENNA

20

Un regalo de Ludovico Sforza transformado en estanque para peces

Via Conca del Naviglio – Tranvía 3, 9

Cuando los Navigli* estaban aún en servicio, la esclusa de Viarenna permitía pasar del Naviglio Grande al Círculo (*Cerchia*) de los Navigli. Se encargó a la Venerable Fábrica del Duomo de Milán su construcción entre 1551 y 1558 para sustituir la esclusa anterior que databa de 1438 y que había sido demolida para dejar sitio a los baluartes: un entablado de maderas recientemente descubierto en la Dársena demuestra su existencia.

Diseñada por los ingenieros Filippo da Modena y Aristotele Fioravanti, esta esclusa del siglo XV había sido elevada a finales del mismo siglo por Leonardo da Vinci, como lo muestra un dibujo de su famoso *Códice Atlántico* (f. 148 v-a), que hoy conserva la Biblioteca Ambrosiana.

Aunque al tapar el Círculo de los Navigli y el Naviglio de Via Vallone (1933), la esclusa de Viarenna siguió conectada con la Dársena, terminaron por aislarla y dejarla inutilizada. Hoy, está vallada y no tiene compuertas. Sin embargo, han construido un edículo orientado hacia el estrecho estanque poblado de peces de agua dulce. El edículo conserva dos lápidas del siglo XV.

La más importante es la que tiene el epígrafe de Ludovico Sforza llamado el Moro: «Bajo el epitafio de la Virgen Salvadora, una esclusa construida en suave pendiente a causa del desnivel, para que los barcos puedan navegar cómodamente de una punta a otra de la ciudad, sujeta al fisco y al tributo, ha sido donada a la Fábrica del Duomo por Ludovico, duque de Milán, el año en que murió su esposa, Beatrice d'Este, 1497».

La otra, colocada en lo alto del edículo, es el emblema de la Venerable Fábrica del Duomo: una Virgen de la Misericordia que sostiene bajo su manto la fachada de la catedral.

Al principio, ambas lápidas estaban sobre la fachada de un edificio que daba al Naviglio, como se puede constatar en las fotos de principios del siglo XX. Anteriormente, estaban al lado de la esclusa de la Fábrica, cerca del embarcadero del Naviglio, en la Dársena.

* Canales artificiales construidos entre 1179 (Naviglio Grande) y el siglo XVI (Naviglio Martesana) para llegar a Milán desde el río Tesino o el río Adda, y para transportar mercancías.

TALLERES SCALA ANSALDO

㉑

La Scala entre bastidores

Via Bergognone 34
Visitas guiadas con reserva previa llamando al (+39) 02 43353521 o enviando un correo electrónico a servizi@civita.it
MM2 Porta Genova; Bus 68

Los talleres del Teatro de la Scala, agrupados en los antiguos locales industriales de las acererías Ansaldo, permiten conocer los bastidores de la célebre institución milanesa y, sobre todo, enterarse de cómo se hacen los decorados, el atrezo, las esculturas, la carpintería, pero también descubrir la parte mecánica de la puesta en escena y la confección del vestuario. Estos talleres ocupan una imponente estructura de 20 000 m^2, dividida en tres pabellones, dedicados respectivamente al cineasta Luchino Visconti, al decorador Nicola Benois y al diseñador de vestuario Luigi Sapelli (cuyo seudónimo es Caramba). La mayor parte de los trabajos artesanales necesarios para toda puesta en escena se realiza aquí. Por otra parte, el lugar sirve de guardarropa para más de 60 000 trajes escénicos y está dotado de salas de ensayo para el coro y, para los ensayos de puesta en escena, de un espacio cuyas características corresponden perfectamente al escenario del teatro.

Este patrimonio tiene el mérito de existir gracias al trabajo cotidiano de más de 150 artesanos: ebanistas, cerrajeros, carpinteros, decoradores, escultores, costureras, diseñadores de vestuario que se inspiran muy a menudo en un simple bosquejo para crear un decorado. Es precisamente con la intención de compartir aún más los valores de este microcosmos artesanal que el Teatro de la Scala ha decidido abrir al público los Talleres Scala Ansaldo, un proyecto que incluye visitas guiadas para poder asistir en persona al nacimiento de los espectáculos. Bajo la dirección de guías especializados, en colaboración con los responsables de los distintos talleres, la visita recorre los distintos pabellones y termina en el número 36 donde, de vez en cuando, se celebran conciertos, conferencias y exposiciones.

LA PEQUEÑA CAPILLA DEL FOPPONINO

22

Un recuerdo de la peste

Piazzale Aquileia/Viale San Michele del Carso
MM 2 Sant'Agostino

El antiguo cementerio olvidado del «Fopponino» de la Porta Vercellina (*foppa* significa «foso» en milanés) es un recuerdo macabro de la trágica epidemia que asoló Milán en el siglo XVII. Rematado por tres calaveras roídas por el tiempo, la severa advertencia grabada en la piedra del portal es aún legible: *Ciò che sarete voi noi siamo adesso/ chi si scorda di noi scorda se stesso* («Lo que seréis ya lo somos ahora/Aquel que nos olvida se olvida de sí mismo»). A través de la celosía de hierro, se pueden ver un pequeño altar y, en el suelo, bajo una losa de cristal, algunos cráneos y huesos de difuntos sepultados antaño en este cementerio.

Este fue construido en 1576, año de la primera gran epidemia de peste que golpeó Milán. Eran tantas las víctimas que hubo que construir muchos lazaretos a las afueras de las puertas de la ciudad, cada uno con cementerio propio. Cuando las grandes epidemias cesaron, la mayoría de los lazaretos cerraron, salvo el de la Porta Vercellina, en activo, por así decirlo, hasta 1895. No fue hasta 1912 cuando quitaron definitivamente el cementerio. Hoy, el gran portal de la entrada, rematado por copias de estatuas de los santos Juan Bautista y Carlos Borromeo (los originales están conservados en la iglesia adyacente de San Francisco de Asís, obra de Gio Ponti), está camuflado por una gruesa puerta de hierro marcada con grafitis. Estando la parroquia abierta (de 7.30 a 12 h y de 15.30 a 19 h), se puede acceder al jardín – último vestigio del antiguo cementerio – y ver algunas lápidas funerarias que han sobrevivido. Recuerdan a los milaneses que fueron enterrados aquí, como el patriota Amatore Sciesa, el decorador de teatro Alessandro Sanquirico, y también Melchiorre Gioia, Carlo Salerio, Barnaba Oriani y Gaetano Monti.

Una lápida, colocada por la fundación Verdi, recuerda a Margherita Barezzi, la primera esposa del célebre compositor, fallecida a los 36 años de encefalitis. Quienes lo deseen pueden pedir en la parroquia que les permitan visitar la pequeña capilla construida en 1663, utilizada hoy por la comunidad ortodoxa etíope de Milán.

EN LOS ALREDEDORES

Los vestigios del mausoleo imperial ㉓

Cuando Milán era capital del Imperio Romano, tenía un mausoleo que albergaba los restos de los emperadores difuntos. Construido sobre una planta octogonal, en la Edad Media se convirtió en una capilla dedicada a San Gregorio. En 1595 lo demolieron para reconstruir la iglesia de San Vittore al Corpo. Hoy en día, se puede admirar lo poco que queda del edificio bajo el atrio (entrada por via degli Olivetani, 1): algunos escalones de piedra, un nicho semicircular y partes de los nichos rectangulares contiguos.

CASA MONETA

24

Una obra de arte modernista escondida

Via Ausonio 3
MM 2 Sant'Ambrogio; Tranvía 2, 14; Bus 94

Cuando la imponente puerta de madera de la Casa Moneta – diseñada en 1904 por el ingeniero Moneta y construida por el arquitecto Giuseppe Borioli –, se cierra, el edificio parece uno de los palacios nobiliarios que abundan en este barrio tranquilo situado entre Sant'Ambrogio y Porta Genova. Casi podría pasar desapercibido, con su estructura sobria de tres plantas de piedra y ladrillo, si no fuera porque los frisos de flores de los balcones y de las ventanas delatan que se construyó en la época dorada del estilo Liberty, a principios del siglo XX.

Así pues, al igual que otros edificios milaneses contemporáneos, la Casa Moneta podría esconder algunas sorpresas.

¡Y así es! Cuando abres la puerta descubres una entrada totalmente decorada con frisos, un fresco azul en el techo y lámparas de araña elaboradas, pero la primera sorpresa de verdad es el portal con dos grandes mariposas de hierro forjado, una auténtica obra maestra del modernismo italiano revisitada a la italiana por Alessandro Mazzucotelli, el artesano de hierro forjado con más talento de Italia.

Sus mariposas, que, como lo exige el estilo Liberty, no se reproducen de manera naturalista, sino que se reinventan y transforman en ornamentos gracias al dominio de las líneas, logran parecer ligeras a pesar de la pesadez del material utilizado: el hierro.

Con el permiso del portero, también se puede cruzar la puerta para admirar las dos magníficas entradas con escaleras que flanquean el vestíbulo y que están adornadas con dos puertas de vidrio enmarcadas por una figura circular y decoraciones florales de hierro forjado.

LA COLUMNA DE LA SERPIENTE

(25)

¿Una serpiente forjada por Moisés en persona?

Basilica de Sant'Ambrogio
Piazza Sant'Ambrogio 15
MM2 Sant'Ambrogio

Dentro de la basílica de San Ambrosio, en el lado izquierdo de la nave central, se alza una columna de granito que se remonta a la Roma antigua, cuyo capitel está coronado por una curiosa serpiente de bronce negro.

Según la tradición, esta serpiente fue forjada por Moisés en persona durante el Éxodo con el fin de curar a todos aquellos que, dentro de su pueblo, habrían sido mordidos por serpientes venenosas: bastaba con mirar la serpiente de bronce para curarse.

Más tarde, el rey Ezequías, harto de lo que se había convertido en un verdadero culto, habría mandado destruir todas las estatuas de serpientes. Pero la que se atribuye a Moisés logró mal que bien escapar de la cólera iconoclasta del rey antes de caer en manos del emperador bizantino Basilio II. Este, a través del arzobispo Arnulfo, de regreso a Constantinopla, la donó a Milán en 1007. No hace tanto, los milaneses rezaban aún a la serpiente para conjurar ciertos tipos de desgracias, en particular, la solitaria y las enfermedades intestinales. Según una última leyenda, esta serpiente silbará el día del Juicio Final antes de bajar de la columna para regresar al valle de Josafat, en Jerusalén, donde fue creada.

EN LOS ALREDEDORES

El patio secreto de la basílica (26)

Recorriendo la basílica hasta el fondo, a lo largo de la nave izquierda, se llega a una pequeña puerta por la que se accede al patio del presbiterio, donde antaño estaba el cementerio. Reconstruido después de la Segunda Guerra Mundial sobre las ruinas del que Bramante nunca logró terminar, este presbiterio alberga un patio silencioso y tranquilo.

Cabe destacar, bajo el pórtico, las columnas con forma de tronco de árbol del gran arco central. Desde ahí, se puede acceder al museo de la basílica que conserva valiosas reliquias de la historia de la iglesia. En el centro del patio se alza una pequeña iglesia de estilo románico: es el oratorio de San Segismundo. Poco se sabe de esta iglesia, salvo que fue construida sin duda en torno al siglo XI. Los arcos del nártex descansan sobre columnas procedentes, quizás, de la basílica ambrosiana primitiva del siglo IV. El oratorio, gravemente dañado durante los bombardeos, fue reconstruido en los años 60.

LOS AGUJEROS DE LA COLUMNA DEL DIABLO ㉗

¿Dos agujeros hechos por los cuernos del diablo?

Piazza Sant'Ambrogio 15
MM2 Sant'Ambrogio

Fuera de la basílica de San Ambrosio, en la plaza, en el lado izquierdo del edificio, se alza una columna de época romana conocida como la «columna del diablo».

En uno de los lados de esta columna, se distinguen dos agujeros que, según la tradición popular, habrían sido hechos por los cuernos del diablo. Tras haberse esforzado durante mucho tiempo para que san Ambrosio sucumbiera a la tentación, el demonio, ya desesperado, habría intentado en efecto traspasar al santo con sus cuernos. Al no lograrlo, los habría clavado en la columna, y luego, tras haber intentando en vano liberarse, el maligno se habría transformado en azufre y habría desaparecido.

La tradición cuenta también que los agujeros desprenden aún un olor a azufre y que, con pegar la oreja, se oye no el mar, sino el chapoteo del Estigia, río de los infiernos.

En realidad, esta columna se usaba para el coronamiento de los emperadores romanos. Estas conversiones al cristianismo de los reyes paganos, quienes, al abrazar la columna, abrazaban simbólicamente la religión y se convertían definitivamente a la Iglesia romana, se explicaban por pactos políticos de la época que el pueblo, supersticioso e ignorante, no podía comprender y atribuía a un poder diabólico: así nació la leyenda de la relación de la columna con el diablo.

Los soberanos prestaban juramento sobre el misal, recibían la corona de hierro y abrazaban la columna. Galvano Fiamma (1283-1344), cronista dominico de Milán, describe así este ritual: «Si el rey de los Romanos quiere recibir la corona del reino italiano en la basílica Ambrosiana, el emperador tendrá primero que acercarse a la columna de mármol que se alza cerca de esta misma basílica Ambrosiana, mientras uno de los condes de Angera le presentará un misal. El emperador jurará obedecer al Papa y a la Iglesia romana en los asuntos temporales y espirituales… Entonces el arzobispo, o el abad de San Ambrosio, lo coronará con la corona de hierro como rey de Italia. Hecho esto, el emperador tendrá que abrazar esta columna de mármol para significar que, en él, la justicia será recta.»

LOS SECRETOS DE SAN AMBROSIO ㉘

Historias y símbolos olvidados, enigmas sin respuesta...

Basilica de Sant'Ambrogio
Piazza Sant'Ambrogio 15
MM2 Sant'Ambrogio

Referencia fundamental para la historia de la ciudad, la basílica dedicada a san Ambrosio, una de las iglesias más antiguas de Milán, abunda en leyendas y hechos desconocidos.

Observándola desde fuera, se distingue enseguida la presencia, más bien rara en Italia aunque característica del estilo transalpino, de dos campanarios.

El de la derecha, más antiguo, erigido en el siglo VIII en el estilo austero de las torres de defensa, ha sido apodado «campanario de los monjes», y el de la izquierda, que data de 1124, «campanario de los canónigos».

Los monjes y los canónigos se disputaban sin cesar las diversas atribuciones relativas al culto, a la pertenencia y a la custodia de la basílica, razón por la que tanto unos como otros quisieron tener su propio campanario.

Para el de los canónigos, el arquitecto, Gaetano Landriani, había previsto construir dos plantas más (con respecto al campanario de los monjes) que albergaran las campanas.

Durante mucho tiempo, se creyó que ambas plantas habían sido suprimidas en 1552 por orden del gobernador de Milán, Don Ferrante Gonzaga, que no quería que se construyeran dos campanarios o dos

torres desde cuyas terrazas se habría podido observar todo lo que pasaba dentro del castillo.

En realidad, documentos hallados más tarde demuestran que se privó a este campanario de sus dos plantas desde su construcción. No fue hasta 1891 cuando se decidió terminar la torre según el proyecto original.

El atrio que precede a la basílica, es de estilo medieval y tiene un pórtico en los cuatro lados, alberga una colección única de piezas arqueológicas: lápidas funerarias, bajorrelieves, sarcófagos, grabados en latín.

Destacan en particular los capiteles que rematan las dieciocho columnas del pórtico: sobre cada uno figuran animales domésticos y criaturas fantásticas y monstruosas, caballos alados, quimeras, grifos, dragones, sirenas y centauros.

Consideradas durante mucho tiempo un simple capricho de los escultores, estas esculturas encierran en realidad un significado alegórico profundo. En general, el exterior de la iglesia representa el mundo y la vida terrestre con todas sus adulaciones, peligros y tentaciones: esta es la explicación de las imágenes de las fuerzas del mal, monstruos diabólicos que devoran a los hombres o a los animales, personificaciones de los vicios y de los pecados que amenazan a la Iglesia terrestre y mantienen al cristiano alejado de la Jerusalén celeste.

Sin embargo, aparece varias veces una cruz, símbolo salvador de la protección contra el mal.

También aparece un cordero, el animal más frecuentemente asociado con la cruz, simbolizando el bien, mientras que las cabras y los bovinos representan el rebaño del Señor.

Se trata, en suma, de una gran alegoría del Bien contra el Mal, que precede la entrada a la iglesia, morada de los elegidos y símbolo del Paraíso.

La fachada de la iglesia encierra un enigma sin respuesta exacta por el momento.

En el lado derecho de la entrada, bajo el campanario de los monjes, se distingue un tablero de ajedrez a modo de decoración. Para algunos, podría tratarse de una referencia bíblica, un símbolo mágico para mantener alejados a los espíritus malignos; otros ven en este tablero una representación simbólica de Milán.

Sin embargo, existe una hipótesis más sugerente según la cual se trataría de una señal del paso de los caballeros de la Orden del Temple por la ciudad.

En 1135, de regreso de las cruzadas, los Templarios pasaron efectivamente por Milán y se alojaron en el claustro de San Ambrosio. Como el ajedrez es un juego de origen probablemente indio, se piensa que fue importado de Tierra Santa a Europa por los Templarios. De hecho, hay otros dos tableros entrando la basílica, del lado izquierdo.

¿El verdadero rostro de san Ambrosio?

El sacellum de San Vittore in Ciel d'Oro, la pequeña cripta del siglo IV, construida por el obispo Materno para depositar los restos mortales del mártir Víctor, hoy anexionada a la basílica, está adornada con una preciosa decoración de mosaicos dorados, en los muros y en el techo. Su singularidad reside en el hecho de que se distingue, entre los mosaicos, el retrato más antiguo y más verosímil de san Ambrosio. Si en los retratos más recientes está representado como un anciano imponente de barba blanca, en este se ve débil y más bien feo, con un rostro asimétrico, un ojo más bajo y cerrado que el otro, un escaso cabello rizado, la barba cortada y las orejas de soplillo. El análisis de su esqueleto, conservado en la cripta de la basílica, ha permitido confirmar que este santo no era un hombre imponente: medía metro sesenta y tres y le costaba caminar a causa de una grave forma de artritis que le había dejado rígidas las articulaciones, desde las caderas hasta la cabeza.

Origen y simbolismo iniciático del ajedrez

La palabra ajedrez proviene del término persa *shah* (rey o real), y los persas afirmaban haberla recibido de la India, de donde la habrían importado en el siglo VI de nuestra era bajo el reinado de Cosroes I. El juego de ajedrez es en realidad una invención sagrada de los tibetanos para reproducir los movimientos cósmicos de los dioses celestes e infernales sobre la Tierra. Más tarde, el juego llegó a la India, a China y a Persia, luego a Arabia y finalmente a Oriente Medio, desde donde los Cruzados lo llevaron a Europa en el siglo XIII. El número 16 (el número de piezas de cada jugador y el número de columnas horizontales y verticales) indica la manifestación del espíritu sobre la materia: originalmente, el juego consiste en realidad en triunfar sobre la materia, para alcanzar la iluminación que permitirá al espíritu conquistar una conciencia más amplia. El número de casillas en el tablero de ajedrez también tiene su significado esotérico: el número 64 representa el cubo de 4 (4x4x4) y el cuadrado de 8 (8x8), expresa el mundo cuaternario formal, compuesto por cuatro elementos (aire, fuego, agua, tierra) en armonía entre sí. El número 64 representa así el presente elevado a la potencia 3, el máximo, es decir, la plenitud de su expansión. En la geometría sagrada de los antiguos cabalistas, el 8, que es el doble de 4, está relacionado con la cuadratura del círculo, en la cual el octágono es un intermediario entre el cuadrado y el círculo, es decir, entre la Tierra (lo finito – cuadrado) y el Cielo (lo infinito – círculo). En cuanto a las piezas del ajedrez, los persas llamaban a la reina *pharz* o *ferz* (general). Los alfiles se llamaban *fil* (elefante), nombre que en español permaneció como alfil, derivado del latín vulgar *arphillus*, y que aparece en francés arcaico con *auphin* o *dauphin*. Es en el *Roman de la Rose* (siglo XIII) donde por primera vez se ven estas dos piezas con su nombre actual. La posición de los alfiles, junto al rey y a la reina, fue la razón por la que los árabes de la España de Alfonso X el Sabio los llamaron alférez (ayudantes de campo), palabra que los italianos transformaron en *alfiere* (y en portugués: *alferes*). Por último, en Inglaterra, llamaron *bishops* (obispos) a los alfiles, y en Alemania, *Lauferns* (corredores). Los caballos se llamaron igual en todos los idiomas, excepto en alemán, donde se les llama *Springers* (saltadores). En Persia, la torre era representada por un elefante que llevaba sobre

su lomo a hombres armados, pero los árabes la reemplazaron por un ave (el *rokh*), y de esta palabra proviene el verbo francés *roquer*, que designa una maniobra en el juego para intercambiar la posición de la torre y el rey. Finalmente, en Persia el término *piyadeh* significaba valet o soldado de infantería. El italiano *pedone* deriva de ahí, así como el español *peón* y el portugués *peão*. Los alemanes llamaban a esta pieza *Bauer* (campesino) y los ingleses, *man* o *soldier* (hombre o soldado). En el ajedrez, cada pieza se mueve de manera diferente. El rey se mueve en todas direcciones, pero a una sola casilla a la vez: incluso siendo el «señor del Universo», solo se puede conquistar la materia casilla a casilla, grado a grado. La reina se mueve en todas direcciones, y como señora de la materia, se puede desplazar, si nada lo impide, de un extremo al otro del tablero. Los alfiles (*bishops* en inglés) solo pueden moverse por las diagonales, que representan la perpendicular entre la tierra y el cielo: son los intermediarios entre ambos mundos. Las torres se mueven en sentido vertical y horizontal, expresión de la iluminación celestial y de la iniciación terrestre. Los caballos se mueven, por decirlo de alguna manera, en cuadrado, expresando la iniciación dinámica dentro de la cuadratura de la materia. Los peones solo pueden pasar sobre las casillas contiguas a la suya, lo que indica que han superado una etapa del juego de la iniciación. El rey, la pieza principal, no puede ser capturado: cuando está en jaque, debe cambiar de lugar. Esto indica la crisis de la iniciación que al principio invade al neófito. Pero cuando el rey ya no puede moverse sin exponerse a un nuevo peligro, lo que indica un fracaso moral o intelectual del neófito en la iniciación, se dice que está mate (del árabe *math*, muerte) y la partida termina.

La Orden del Temple en Milán

La Orden del Temple (1118-1312) tuvo una presencia destacada en Milán. Según diversos autores, los templarios llegaron a Milán entre 1132 y 1135 y dejaron su huella desde la basílica de San Ambrosio – a donde, se dice, llevaron el antiguo crucifijo de Jerusalén – hasta la abadía cisterciense de Chiaravalle, fundada el 22 de enero de 1135. Este edificio religioso conserva aún las líneas y la planta originales de aquella época, en la que los monjes constructores, protegidos por la Orden, edificaban en base a la arquitectura sagrada. Esta protección temporal y espiritual está representada en el claustro de la abadía por un nudo de piedra que entrelaza cuatro pequeñas columnas, en cuyos capiteles se alzan águilas con las alas desplegadas, orientadas hacia los cuatro puntos cardinales: representan la espiritualidad suprema de san Juan Evangelista, de quien el águila es símbolo iconográfico. El primer documento milanés atribuido a la milicia del Temple data del 29 de abril de 1142. Describe la donación hecha por Ugo y Guglielmo Girindelli, ciudadanos milaneses, de un terreno en los alrededores de Chiaravalle a un cisterciense del monasterio, Bacone, para ampliar el edificio. El pergamino indica que esta donación se hizo en octubre de 1135. El documento lleva la cruz templaria y está autentificado por el juez y notario templario Martino, así como por las firmas de varios testigos y de los donadores. Otra carta, del 25 de mayo de 1149, escrita por el maestre templario Bonifacio, describe que «la iglesia y la casa del Temple están edificadas extramuros de la ciudad de Milán». Por tanto, la encomienda templaria estaría ubicada fuera de la antigua Porta Romana, cerca de la iglesia dedicada a Santa María Latina, hoy desaparecida, al igual que su convento, y del hospital dedicado a San Juan Bautista, perteneciente a la orden de los Hermanos Hospitalarios, quienes también tenían allí su encomienda. Según el mismo documento, los templarios vivían en el «huerto de san Ambrosio», llamado brolium (brolio, espacio rodeado de bosque, parecido a un parque). Ese brolio o brolo es hoy la piazza Mercato di Porta Ticinese. En la ciudad, los templarios también recibieron como donación pequeños terrenos llamados broletum, como el *Broletto Vecchio* (Palacio Real), el Broletto Nuovo (plaza del Mercado) y el *Broletto Nuovissimo* (via Rovello, S. Tommaso, Broletto). Hoy aún existen la via Brolo y la piazzetta di San Nazaro in Brolo, con su iglesia cercana. *El Liber notitiae Sanctorum Mediolani – Manoscritto della Biblioteca capitolare di Milano*, de Goffredo da Bussero, probablemente sacerdote templario, se habría publicado hacia 1289. Fue reeditado en 1917 por Marco Magistretti y Ugo Monneret de Villard, quienes lo incorporaron al patrimonio de la pinacoteca Ambrosiana. Este libro relata que la primera construcción templaria en Milán comenzó como una casa modesta, pero se fue ampliando y enriqueciendo con el tiempo hasta convertirse en un palacio y en una verdadera encomienda militar que incluía una capilla llamada Santa María del Temple, ubicada entre las actuales via Santa Barnaba y Commenda. La construcción de la encomienda extramuros, entre la Porta Romana y la Porta Tosa, se explica principalmente por su posición estratégica, a lo largo de la principal vía de acceso a la ciudad, para que la caballería pudiera intervenir rápidamente en un amplio radio de acción. Según Goffredo da Bussero, el signo distintivo principal de la encomienda templaria milanesa era la «doble cruz patriarcal», es decir, la que tiene dos travesaños horizontales y está atribuida a los Patriarcas de Jerusalén; sin embargo en la segunda mitad del siglo XII se transformó en la «cruz patada», con brazos triangulares y curvados desde el centro hacia afuera, como parece confirmar el reciente hallazgo de una tumba del siglo XII en la iglesia de San Juan Bautista de Cesano, al oeste de Milán con la cruz patada roja de los templarios. En los alrededores de la ciudad, la Orden del Temple arrendaba tierras para cultivar y organizaba un mercado o feria en días festivos fijos. Según algunos, este mercado se encontraba en la actual via Larga, que entonces se llamaba Contrada del Brolio. La encomienda milanesa de los templarios estaba formada por un maestre y varios hermanos, todos de noble linaje. Dalmazio de Verzario, miembro de la encomienda, donó sus bienes al diácono Adelardo Comino, y su poderosísima familia dio nombre a la zona del Verziere. Además del maestre y el sacerdote, reconocido por el primero como superioridad espiritual, la jerarquía incluía caballeros, escuderos y hermanos laicos o sirvientes. Federico I Barbarroja, educado durante su juventud por la Orden del Temple, decidió no castigar a Milán en 1154 durante su primera invasión de la ciudad, probablemente a petición de los templarios. Sin embargo, durante su segunda invasión, el 6 de agosto de 1158, según las crónicas, estableció su cuartel general en el «Castillo templario de Brolo», lo que demuestra que la encomienda templaria ya estaba activa en aquella época. Con la llegada del siglo XIV y las persecuciones contra los bienes materiales y espirituales de los templarios por parte del rey de Francia Felipe IV y el papa Clemente V, la Orden del Temple redujo sus actividades y fue despareciendo poco a poco, hasta no ser más que un vago recuerdo en Milán. Sus vestigios se eliminaron rápidamente hasta caer en el olvido general.

EL JARDÍN DE LAS VÍRGENES

(29)

Un parque que no admite hombres

Università Cattolica del Sacro Cuore
Largo A. Gemelli 1
MM2 Sant'Ambrogio; Bus 50, 58

Aunque los milaneses conocen bien la Universidad Católica del Sagrado Corazón, esta alberga algunos lugares desconocidos por el público a pesar de que pueden visitarse durante la semana.

Destacan en particular, en el lateral derecho del anfiteatro de la universidad (*Aula Magna*), al final de la arcada central que separa los dos claustros, un amplio ventanal que da al «Jardín de las vírgenes» (*Giardino delle vergini*), un parque reservado exclusivamente para las estudiantes y donde no se admiten hombres. Abundante en plantas exuberantes y dedicado a santa Catalina de Alejandría, este jardín conserva algunos sarcófagos, pertenecientes a la antigua necrópolis romana (siglos I-III), que fueron hallados aquí durante las obras de ampliación llevadas a cabo en los años 80. El parque está realmente reservado para las personas de sexo femenino: los guardias del complejo universitario no dudarán en hacer respetar el reglamento si un hombre se atreve a entrar.

Este mismo anfiteatro, diseñado en su origen como refectorio del antiguo monasterio cisterciense de Sant'Ambrogio, conserva algunas maravillas escondidas: una bóveda pintada al fresco con trazado geométrico así como gigantescos cuadros ilustrando las *Bodas de Caná*, de Callisto Piazza, de 1545. Esta obra es considerada la obra maestra de Piazza, principal representante de una dinastía de pintores del siglo XVI. Durante su estancia en Milán, pintó también *Ocho ángeles, frisos y guirnaldas*, que se puede contemplar en la *Saletta Negra* del Castillo Sforzesco (ver pág. 87).

Debajo del anfiteatro, en la «cripta del refectorio», hay otros vestigios del antiguo complejo, así como unos epígrafes funerarios de los siglos II y IV d.C., con inscripciones en griego antiguo.

Pero los principales tesoros de la Universidad Católica, de los que al parecer solo los estudiantes disfrutan, son sus dos espaciosos claustros. El primero, al que se accede desde la entrada, es el más reciente (1620-1630) y lo llaman «claustro dórico» por el orden de los capiteles de las columnas. El segundo es más antiguo, pero también más bonito, por su cornisa superior, más sofisticada que la otra. Fue construido a partir de 1497 sobre un diseño de Bramante. Para diferenciarlo del otro, lo llaman «claustro iónico».

CLAUSTRO DE LAS HUMILLADAS

30

Una deliciosa muestra de poesía medieval

Via Cappuccio 7
MM1/2 Cadorna

Erigido hacia finales del siglo XV, el monasterio femenino de las Humilladas de Santa Maria Maddalena al Cerchio debía su nombre a su emplazamiento, sobre las ruinas del circo romano, en la zona del podio imperial (*cerchio*, «círculo» en italiano, deriva del latín *ad circulum*). El nombre de la calle en la que se encuentra el claustro parece derivar de la capucha del hábito de las religiosas.

Suprimido por Napoleón, el monasterio fue vendido en 1811 a la Sociedad de los Clásicos Italianos. Se demolió la iglesia y se tapió la galería superior del claustro principal, transformando sus ventanas, para unirla al edificio adyacente, el Palazzo Lita Biumi, del siglo XVIII.

Comprado en 1915 por el ingeniero Guido Ucelli, el claustro fue al fin restaurado y declarado monumento nacional en 1923. Hoy, se accede por el pórtico interior de la Casa Ucelli, pidiendo permiso en portería o cuando se celebra la Jornada de «Patios Abiertos».

La vista se abre sobre uno de los lugares más armoniosos y poéticos de Milán, el claustro ha conservado ese estilo austero y sobrio característico de la tradición medieval de la arquitectura de las Humilladas.

Analizando la estructura arquitectónica del lugar, se observa una evolución: los arcos del soportal medieval delatan la influencia de Bramante (1444-1514), mientras que la galería de la planta superior debió de ser añadida en el siglo XVI.

A lo largo de los muros, hay dispuestas ocho columnas de *serizzo* (granito gris italiano) procedente del desaparecido convento del Vettabia (cerca de la piazza Vetra), pero se desconoce la procedencia de algunos vestigios, entre otros una cabeza radiante de mármol de origen romano. Se encuentran también una enorme ancla marina y el pinzote de un timón, copias de los que fueron hallados en 1930 en el fondo del lago de Nemi, en los restos de dos navíos imperiales romanos.

EN LOS ALREDEDORES

Iglesia de San Bernardino alle Monache (31)

En el número 13 de la via Lanzone, se pueden ver los vestigios del monasterio de la Orden de Santa Maria di Cantalupo (siglo XIV): una pequeña iglesia de ladrillo, erigida en 1450 y reabierta al culto hace unos años. Destacan en particular la decoración de la fachada con escudillas de mayólica y la suntuosa cornisa con pequeños arcos bajo el alero.

TORRE DEL CARROBBIO

32

La torre de los horrores

Largo Carrobbio/Angolo Via Medici
Tranvía 2, 3, 14

En el Carrobbio, donde antiguamente se alzaba la Porta Ticinese de época romana, ya no queda gran cosa de las antiguas murallas, aunque aún sobrevive una torre de siniestra fama.

En la época romana, los *carrobbi* (había varios) eran lugares donde se celebraba el ritual de liberación de los esclavos. Luego se convirtieron en zonas comerciales y, finalmente, se instalaron las taquillas de la Gabelle, donde se pagaban los impuestos. El *carrobbio* de Porta Ticinese era también la sede de la Santa Inquisición y el lugar de las sesiones de tortura.

La Porta Ticinese se abría en dirección a Pavia (*Ticinum*) y estaba flanqueada por dos torres. Una de ellas, llamada «torre de los Arqueros», «torre mala» (*torraccia*), o incluso «torre malsana» por estar cerca de una leprosería (la de San Materno, demolida cuando construyeron el Ospedale Maggiore), sigue existiendo. Está, en parte, encajada entre algunos edificios privados. Se accede desde el número 4 de Largo Carrobbio cruzando un bistró cuya parte trasera da a un pequeño jardín que da a su vez a las ruinas. También es visible desde un pequeño patio que sirve de aparcamiento a un hotel, en la entrada de la via Medici.

La torre de seis metros de altura solo tiene una ventana pequeña y una aspillera. En el siglo XIX, los milaneses decían que las torturas de la Inquisición tenían lugar aquí, que en ciertos momentos todavía se podían oír los lamentos de las víctimas de la lepra, y que había sido incluso el escenario de sacrificios humanos.

No muy lejos de ahí, en la via Torino, se alzaba un edificio, destruido por los bombardeos de 1943, en cuyos escombros se decía que se había descubierto un templo mitraico. El dios Mitra, divinidad de origen oriental, reclamaba en efecto el sacrificio de animales. No hizo falta mucho más para que la fértil imaginación milanesa transformara la vieja torre, testigo de casi 2000 años de historia, en un verdadero museo de los horrores.

Parece que el nombre del barrio, Carrobbio, deriva de «quadrivium», cruce de cuatro calles (o más) que convergen en la misma puerta, o bien de «carrivium», a saber, una carretera por la que podían circular las carretas. En los *Promessi Sposi* (Los novios), Manzoni lo describe como «una de las partes más desoladas de Milán». Se trataba en efecto de una zona de paso donde se refugiaban criminales, bandidos, prostitutas y estafadores.

UNA ESCULTURA DEDICADA A GIAN GIACOMO MORA

En memoria de un inocente acusado de haber propagado la peste

En la esquina del Corso di Porta Ticinese y la Via Gian Giacomo Mora
MM3 Missori; Tranvía 3

El desafortunado barbero, injustamente acusado de ser un «*untore*» (propagador de peste) y cruelmente ejecutado por sus verdugos, no fue exculpado hasta varios siglos después de su muerte (ver «La columna infame» pág. 89). En 1868, le dedicaron la calle donde estaba su negocio, en la esquina del Corso di Porta Ticinese. El edificio que hoy se alza en ese lugar sigue decorado con una escultura y una placa en su honor. Están ocultas bajo un porche angular, hay que fijarse bien.

La escultura, obra de Ruggero Menegon, fue colocada ahí en 2005: representa, con un juego de vacíos y de llenos, el espacio que antaño ocupaba la triste columna. La placa colocada justo enfrente contiene una cita de Manzoni: «Aquí se alzaba antaño la casa de Giangiacomo Mora injustamente torturado y condenado a muerte por *untore* durante la gran peste de 1630. Es reconfortante pensar que si [los verdugos] no sabían lo que hacían, fue porque no quisieron saber, por esa ignorancia que el hombre asume y pierde a su antojo, y eso, más que una excusa, es un delito.»

Piazza Vetra: la plaza de las ejecuciones

Este amplio espacio verde, también llamado Parco delle Basiliche («Parque de las Basílicas»), porque se extiende entre las iglesias de San Lorenzo y de Sant'Eustorgio, fue el lugar de las ejecuciones capitales hasta 1840.Antaño tenía que haber en esta zona un campamento de soldados romanos que defendía el palacio imperial: de ahí el nombre romano de «castra vetera». Este nombre hacía referencia por otra parte a un canal cuyas aguas lamían en aquel entonces el lado norte de la plaza, el canal de la Vetera. Era ahí precisamente donde ahorcaban a los plebeyos condenados a muerte, mientras que los nobles eran decapitados delante del Broletto. También en la Piazza Vetra se celebraban las ejecuciones ordenadas por el Tribunal de la Inquisición, que estaba en el Corso di Porta Ticinese y donde brujas y herejes eran quemados vivos en la hoguera. Las últimas «brujas» ejecutadas en esta plaza fueron Anna Maria Pamolea y su criada Margarita Martignona, condenadas por la Inquisición el 12 de noviembre de 1641.

FONDAZIONE ALESSANDRO DURINI

(34)

Espacio para las artes en un palacio histórico

Via Santa Maria Valle 2
Abierto cuando se celebran exposiciones y encuentros
fondazionedurini.com
MM1, MM3/Duomo

Este palacio de origen medieval, que pertenecía antaño a la familia Visconti, alberga desde 1939 la Fundación Alessandro Durini, un centro que propone no solo ayudar a pintores, escultores, historiadores y críticos de arte, sino también organizar exposiciones, encuentros y eventos culturales. Toda la historia de este palacio, declarado «bien de interés histórico y artístico» por la Región de Lombardía, está, de hecho, vinculado al mundo del arte. Aquí estaba en el siglo XVIII el taller del escultor Antonio Canova, que creó una colección de yesos y de esculturas antiguas conservadas hoy en la Academia de Brera. Entre 1809 y 1815, fue la residencia del pintor, teórico de arte y también coleccionista, Giuseppe Bossi. Este palacio conservó, entre otros, apuntes de Leonardo da Vinci (hoy en las Galerías de la Academia de Venecia y en la Biblioteca Ambrosiana), monedas, medallas y cuadros famosos, como *El Cristo muerto* de Andrea Mantegna, hoy en la Pinacoteca de Brera.

La planta baja, lugar de encuentros culturales, está decorada con cuadros de los siglos XVI y XVIII y con muebles históricos, como la famosa mesa Durini, obra del escultor Giuseppe Rusanti que la fabricó a mediados del siglo XVII para Gian Giacomo Durini.

EN LOS ALREDEDORES (35)

El patio del Palazzo Stampa di Soncino

En el número 2 de la via Soncino se alza uno de los edificios más emblemáticos de la ciudad: el Palazzo Stampa di Soncino fue construido en el siglo XVI por deseo de Massimiliano Stampa, comandante del castillo de los Sforza, que se convirtió en marqués bajo el emperador Carlos V. En el patio (que se visita en la Jornada de «Patios Abiertos»), se pueden ver los establos del siglo XIX y la arcada que conserva distintos vestigios, mármoles y fragmentos de piedra, así como uno de los pozos del siglo XVI, decorado con el blasón de los marqueses de Stampa.

LA CASA DEL MONSTRUO DE LA VIA BAGNERA

36

La calle más estrecha y más inquietante de Milán

Acceso desde la Via Torino
Tranvía 2, 3, 14

La via Bagnera, uno de los lugares más característicos del siglo XIX, es tal vez la única callejuela que sobrevivió a las demoliciones que transformaron las demás en calles privadas. No es fácil de encontrar: oculta en pleno centro de la ciudad, entre la via Santa Marta y la via Nerino, la callecita es corta y estrecha. De hecho, es la calle más angosta de Milán, un pequeño tramo en forma de L donde apenas pasa un coche. Aunque no es casualidad que antaño fuera conocida precisamente como «Estrecha», su actual nombre, Bagnera, se debería a que en la época romana había baños públicos cerca.

Esta es la calle donde, en un pequeño local que usaba como vivienda y despacho a la vez, vivió el tristemente célebre «Monstruo de Milán» durante la primera mitad del siglo XIX: Antonio Boggia mataba a hachazos a las pobres gentes que tenían la desgracia de conocerlo y que iban a visitarlo en la via Bagnera.

El móvil de sus crímenes era esencialmente el dinero. Cuando Boggia descubría que sus conocidos tenían casas o bienes, los mataba y luego, con la ayuda de un calígrafo, elaboraba cartas en las que los difuntos (quienes, afirmaba, hacían un largo viaje pero que, en realidad, yacían bajo su casa) le otorgaban poderes para cobrar su dinero. La elección de la via Bagnera como escondite no fue fruto del azar: por su forma y tamaño, las carretas no podían pasar y los transeúntes eran escasos. Así, el riesgo de que hubiera testigos involuntarios o de que pasaran guardas era mínimo.

Además, Boggia tenía un sótano en su casa al que se accedía solo por una escalera interna y donde enterraba a sus víctimas. El asesino fue ahorcado al lado de la Porta Ludovica y su cabeza, hoy desaparecida, fue donada al Gabinete Anatómico del Ospedale Maggiore (o Gran Hospital). El hacha que usaba para sus crímenes reapareció misteriosamente en octubre de 2009 en el mercado de coleccionistas.

CASA ISIMBARDI POZZOBONELLI ㊲

Un patio de Bramante oculto en el corazón de un edificio anónimo

Via dei Piatti 4
Abierto en la Jornada de «Patios Abiertos» (Cortili aperti) o solicitándolo amablemente en portería
MM1, MM3/Duomo; Tranvía 2, 3, 14

Al entrar en la via dei Piatti, cuesta imaginar lo que uno de sus numerosos edificios anónimos de la posguerra esconde: nada menos que un sorprendente patio de delicada arquitectura renacentista, que algunos atribuyen a Donato Bramante (1444-1514).

Aunque ha sido reformado a lo largo de los siglos, este patio conserva sus elementos originales: es incluso uno de los escasos testimonios de la elegancia armoniosa característica de los edificios milaneses de los siglos XV y XVI.

Distribuidos alrededor de un espacio cuadrangular, todas las fachadas del edificio tienen un pórtico con arcos de medio punto en la planta baja. Sostenidas por capiteles corintios, las columnas de granito están decoradas con placas en las que figuran blasones. Pequeñas ménsulas, rastros de frescos murales representando grotescos, bandas verticales, cartelas y una serie de medallones decorados con perfiles de emperadores romanos completan este elegante ciclo decorativo.

Reformado en el siglo XVIII para convertirse en la residencia del cardenal Giuseppe Pozzobonelli, arzobispo de Milán, el palacio original perteneció a los Pozzobonelli antes de pasar a manos de los Isimbardi, otra familia milanesa importante. Hasta 1943, aún se podía admirar la restructuración del siglo XVIII, pero tras los deterioros causados por los bombardeos de la Segunda Guerra Mundial, el edificio fue restaurado en un estilo menos rebuscado, conservando en la medida de lo posible su prestigioso patio interior.

EL PATIO DEL PALAZZO ARCHINTO

Una torre «medieval», blasones y antiguas lápidas patricias (38)

Via Olmetto 6
Este patio se puede visitar excepcionalmente en la Jornada de «Patios Abiertos» (Cortili aperti) a finales de mayo, o solicitando permiso a los «Servicios de caridad» (Luoghi Pii Elemosinieri) que tienen aquí su sede desde hace un siglo: www.golgiredaelli.it
MM1/Duomo; Tranvía 2, 3, 14

La entrada a los patios, normalmente cerrados al público, del Palazzo Archinto, edificado en el siglo XV, remodelado en el siglo XVIII y restaurado de nuevo después de los bombardeos de 1943, permite admirar un jardín de estilo romántico en el que destaca una exuberante glicinia y una torre medieval. En realidad, la torrecilla no es de época: fue erigida en 1830 para satisfacer los gustos neogóticos de las familias patricias de entonces.

A pesar de estar deteriorado por los bombardeos, el palacio sigue siendo una de las fastuosas residencias milanesas que mejor han conservado su encanto y su morfología originales. En el primer patio, se distingue un pórtico con columnas toscanas, mientras que el segundo (donde se alza la torre) tiene una arcada rematada por una terraza con balaustrada barroca de piedra. También hay una verja diseñada por Giuseppe Bagatti Valsecchi en 1910 y, fijados al muro, dos blasones de la familia Visconti Aicardi procedentes del feudo de Riozzo, así como una lápida de piedra realizada por Adolfo Wildt en 1923 en memoria de los empleados de los Luoghi Pii Elemosinieri caídos en guerra. Desde hace un siglo y medio, el palacio pertenece a este organismo de caridad, uno de los más antiguos de Milán. El ciclo de frescos de Gian Battista Tiepolo y de Vittorio Maria Bigari, que decoraba las suntuosas salas de representación del palacio, quedó sin embargo destruido durante la guerra.

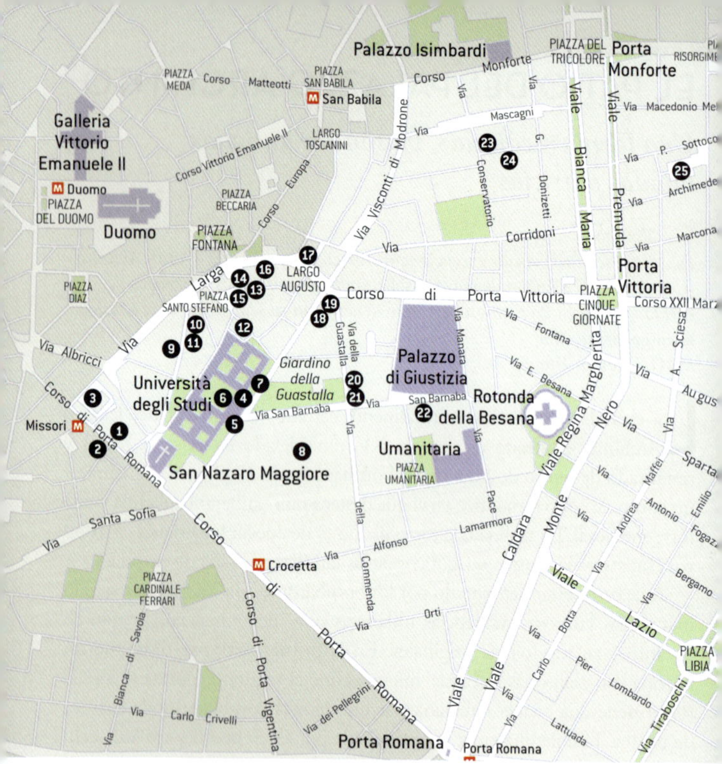

Sureste

---

① PALAZZO ACERBI 270

② LA CASA DE LOS BERSAGLIERI 271

③ CRIPTA DE SAN GIOVANNI IN CONCA 272

④ CONFALÓN DE HONOR 274

⑤ LA ESCULTURA DEL BUEN GOBIERNO DEL HOSPITAL 274

⑥ SALAS CAPITULARES DEL OSPEDALE MAGGIORE 275

⑦ CRIPTA DE LA IGLESIA DE LA VIRGEN DE LA ANUNCIACIÓN DE L'OSPEDALE MAGGIORE 276

⑧ REPRODUCCIÓN DE LA GRUTA DE LOURDES 278

⑨ LA SALA NAPOLEÓNICA DEL PALAZZO GREPPI 280

⑩ CHIOSTRO TRIVULZIANO 281

⑪ EL ÓRGANO DE LA IGLESIA DE SANT'ANTONIO ABATE 282

⑫ EL EXVOTO DE LOS CARBONEROS 284

⑬ LA PIEDRA DE LOS INOCENTES 286

⑭ EL OSARIO DE LA IGLESIA DE SAN BERNARDINO ALLE OSSA 288

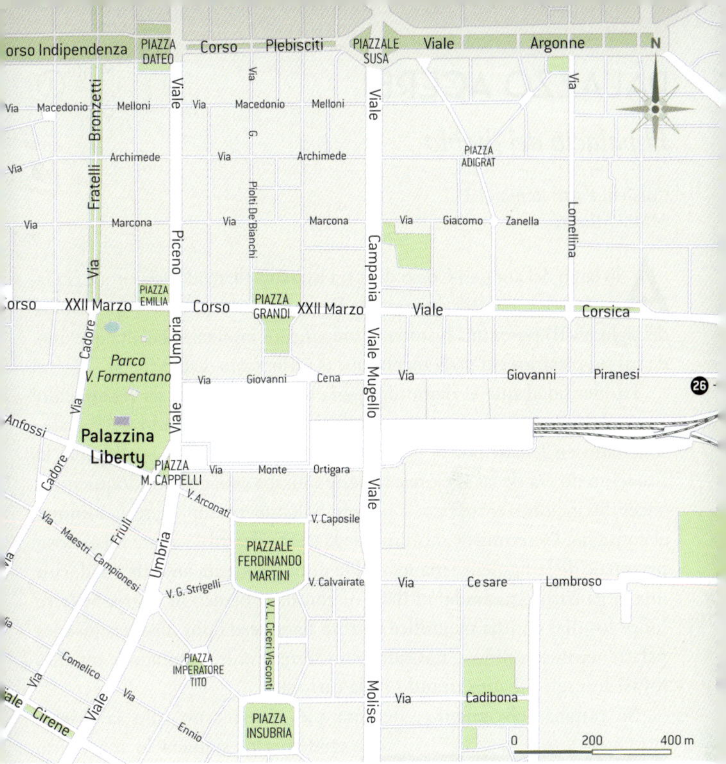

⑮ EL ÚNICO SUPERVIVIENTE DEL INCENDIO 289

⑯ LA ESTATUA DE CARLO PORTA 289

⑰ EL ORIGEN DESCONOCIDO DE LA COLUMNA DEL VERZIERE 290

⑱ SALA DEL GRECHETTO 292

⑲ EL PROYECTIL DE LOS CINCO DÍAS DE MILÁN 293

⑳ LOS FAUNOS DEL N.º 15 DE LA VIA DELLA GUASTALLA 294

㉑ VISITA DE LA SINAGOGA DEL N.º 19 DE LA VIA DELLA GUASTALLA 295

㉒ VISITA MENSUAL DE LA IGLESIA DE SANTA MARIA DELLA PACE 296

㉓ FUNDACIÓN VICO MAGISTRETTI 298

㉔ SALA CAPITULAR DE LA BASÍLICA DE SANTA MARIA DELLA PASSIONE 300

㉕ VIA LINCOLN 302

㉖ IGLESIA DE SAN NICOLAO DELLA FLUE 304

PALAZZO ACERBI

①

El palacio del diablo

Corso di Porta Romana 3
MM 3 Missori

A lo largo del antiguo Corso di Porta Romana (llamado así porque era la entrada a la ciudad viniendo de Roma), el Palazzo Acerbi (principios del siglo XVII) posee una historia cuando menos insólita: se cuenta que uno de sus propietarios era nada menos que el mismísimo diablo.

La identidad que el demonio había tomado para no ser reconocido era la del marqués de Cisterna, Ludovico Acerbi. Oriundo de Ferrare, solicitado en Milán por el gobierno español en 1615. A su llegada, la situación no era de las mejores: la peste causaba estragos por doquier, sin hacer distinciones entre ricos y pobres. Solo una persona parecía inmune al contagio. Un cronista anónimo de la época describió a este misterioso personaje de la siguiente manera: «De unos cincuenta años de edad, con una larga barba cuadrada, ni flaco ni gordo, ni blanco ni negro. Se le ve todos los días en una magnífica carroza flanqueada por dieciséis jóvenes palafreneros, lampiños, ataviados con librea verde y dorada y muchas joyas, con seis caballos tirando de la carroza.»

Se trataba, obviamente, del marqués Acerbi: no solo la trágica epidemia ni siquiera lo rozó, sino que además decidió quedarse en Milán en vez de abandonar la ciudad como ya lo habían hecho otras personalidades de su rango. Compró el edificio del número 3 del Corso di Porta Romana a Pietro Maria Rossi, conde de San Secondo, y echó mano de su inmensa fortuna para reformarlo entero. Le dio un estilo barroco, decoró las grandes salas cubiertas de mármol con estatuas y pinturas de un raro esplendor y embelleció la fachada con tres grandes cabezas monstruosas y diabólicas.

Lejos de inquietarse por las epidemias, el marqués Acerbi organizó fiestas y bailes fastuosos sin cesar y, de hecho, ninguno de sus invitados cayó enfermo…

EN LOS ALREDEDORES ②

La casa de los Bersaglieri

A pocos metros del palacio, en el número 20, dos Bersaglieri (soldados de la infantería ligera italiana) hacen guardia desde 1865 a ambos lados de la entrada, gracias a los cuales la Casa Bettoni también es conocida como «casa de los Bersaglieri». Erigida por Giuseppe Palazzi, su fachada está decorada con motivos en relieve que conmemoran algunos episodios del Risorgimento y que atestiguan el entusiasmo de la burguesía milanesa por la Unidad de Italia.

CRIPTA DE SAN GIOVANNI IN CONCA

③

La iglesia desaparecida que sobrevivió en su cripta escondida

Piazza Missori, en la esquina de la via Albricci
Entrada gratuita en primavera y verano
MM 3 Missori

En la isleta central de la piazza Missori sobreviven los vestigios del muro absidal de la iglesia de San Giovanni in Conca, fundada en el siglo IV y reedificada en el siglo XI. En 1162, Federico Barbarroja destruyó esta iglesia, pero Bernabò Visconti la mandó reconstruir en el siglo XIII: quería tener su propia capilla, al haber construido junto a la iglesia su residencia personal. Dentro, justo al lado del altar, Bernabò mandó también erigir un majestuoso monumento fúnebre dedicado a sí mismo: hoy, este monumento se conserva en el Museo de Arte Antiguo del Castillo Sforzesco. En 1531, Francesco II Sforza donó la iglesia a la Orden de los Carmelitas. Fue desacralizada por los austriacos en el siglo XIX y después transformada en almacén por los franceses. En 1879, hubo que truncarla para poder construir la via Mazzini. La fachada fue

vendida a los Vaudois, quienes la reutilizaron para su templo de la via Francesco Sforza, donde hoy permanece.

En 1949, decidieron demoler definitivamente la iglesia para poder construir una calle que comunicaba la piazza Missori con la via Albricci. El director general de Bellas Artes de la época interrumpió las obras para evitar que se destruyera por completo el edificio, salvando así el ábside, pero sobre todo la cripta subterránea, una de las escasas criptas románicas que han sobrevivido a los cambios históricos: hoy, se puede visitar gratis bajando la escalera junto a las ruinas.

De la cripta, se conservan no solo los capiteles, sino también los restos de una tina, una ménsula y sarcófagos romanos. Hay además una serie de paneles fotográficos que muestran la iglesia antes de ser demolida y otros elementos que han sido trasladados a otros sitios. Algunos de ellos –las tumbas de Bernabò Visconti y de su esposa Regina della Scala, un fresco paleocristiano, un epígrafe lombardo y fragmentos de un magnífico suelo de mosaico del siglo III que encontraron bajo la iglesia– se conservan ahora en el Museo Arqueológico del Castillo Sforzesco.

Dos paneles representando la Anunciación están en la pinacoteca del castillo y el Patio Ducal, bajo el Pórtico del Elefante, alberga una escultura: para algunos representa a Eva, para otros es el busto de san Juan en el caldero de agua hirviendo en el que intentaron torturarlo.

CONFALÓN DE HONOR ④

Una obra maestra de bordado en seda y oro

Ospedale Maggiore
Via Francesco Sforza 28
Tranvía 12, 23, 27; Bus 60, 73, 77, 94

Nada más entrar en las oficinas de la dirección del Ospedale Maggiore (gran hospital), se aprecia una vitrina que contiene un magnífico estandarte (confalón), emblema del hospital. Diseñada por el arquitecto Gio Ponti en 1935, es una de las piezas más valiosas de las colecciones del hospital e indudablemente una obra maestra del arte italiano del siglo XX. La parte anterior representa la Anunciación, a la que está dedicado el hospital, mientras que en la posterior está bordada la paloma, símbolo de esta institución, rodeada de insignias heráldicas de los principales benefactores y de las obras de caridad realizadas.

El bordado en oro y plata fue realizado, con el mayor refinamiento, por la empresa Fratelli Bertarelli. Las partes metálicas y los elementos de joyería fueron obra del orfebre Alfredo Ravasco, que donó todas las piedras preciosas que empleó para esta obra: topacios, granates, rubíes, cristales de roca tallados, perlas de río.

El estandarte fue inaugurado en el Duomo (catedral) el 24 de marzo de 1935 durante un oficio solemne celebrado por el cardenal Ildefonso Schuster.

EN LOS ALREDEDORES

La escultura del buen gobierno del hospital ⑤

En el jardín que se extiende delante de la entrada del hospital, en la via Sforza, hay una gran escultura, realizada por Angelo Biancini en 1964. Esta obra de arte representa varios aspectos de la institución hospitalaria: las labores que debe llevar a cabo, su buena administración y su función de ayuda y de asistencia. Diseñada como un *continuum* narrativo, se compone de una secuencia de cinco imágenes. A lo largo de los muros externos se exponen también algunos vestigios arqueológicos procedentes de la antigua Cà Granda.

SALAS CAPITULARES DEL OSPEDALE MAGGIORE

⑥

Los archivos del antiguo hospital

Ospedale Maggiore - Via Francesco Sforza 28
Solicitándolo amablemente, el portero tal vez le permita echar un vistazo dentro – Tranvía 12, 23, 27; Bus 60, 73, 77, 94

En el lado de la Cà Granda que da a la via Francesco Sforza, están los archivos del Ospedale Maggiore, donde se conservan más de 10 000 expedientes y registros y 16 000 pergaminos, entre los cuales hay un papiro egipcio de 1700 a.C., todos ellos heredados de otros hospitales municipales según se fueron integrando en el Ospedale Maggiore. Nada más entrar en el edificio, se distingue, a lo largo de los pasillos, una serie de vitrinas que contienen toda una colección de objetos e instrumentos médicos de todas las épocas. Destacan algunos utensilios ginecológicos que, para los más sensibles, sin duda se asemejan a instrumentos de tortura. Un busto conmemora a Luigi Mangiagalli, primer rector de la Universidad de Milán, que también fue alcalde de la ciudad y director del departamento de ginecología del Ospedale Maggiore (una de las clínicas de partos más prestigiosas de la ciudad, dentro de este mismo hospital, lleva su nombre). Nada más cruzar el pequeño patio, se accede a las salas capitulares donde antaño se celebraba el Consejo de Administración del hospital. Estas salas suntuosas, construidas en 1637, solo pueden visitarse durante la Jornada del FAI (*Fondo per l'Ambiente Italiano*: Fondo para la protección del patrimonio artístico y natural italiano), a principios de abril, pero la visita merece realmente un desvío. La sala del Capítulo de verano, cuya bóveda fue pintada al fresco por Volpino, era una de las salas más grandes de uso profano de Milán en el siglo XVII. Las estanterías son de 1808, cuando la abundante documentación hizo necesaria la creación de la biblioteca, que hoy sigue existiendo. Justo al lado, la sala del Capítulo de invierno, llamada también «Sala di Noce» («Sala de Nogal»), es famosa por sus preciosas boiseries, realizadas en 1767. Todas estas salas, aunque dañadas, sobrevivieron a los bombardeos de 1943. La antigua farmacia que databa del siglo XVIII quedó sin embargo destruida, precisamente cuando pensaban transformarla en un museo médico-hospitalario. Aunque estas salas están cerradas al público, en la antesala se puede echar un vistazo a un misterioso e imponente armario tachonado que quizás antaño se usaba de caja fuerte.

CRIPTA DE LA IGLESIA DE LA VIRGEN DE LA ANUNCIACIÓN DE L'OSPEDALE MAGGIORE

⑦

Una cripta que se convirtió en el mausoleo de las víctimas de los cinco días de Milán

Via Francesco Sforza 32
Lunes a jueves de 9 a 17 h; MM 3 Crocetta; Bus 77, 94

Cuando se accede al Ospedale Maggiore por via Sforza o por el patio de la Universidad Estatal, llegas a una pequeña puerta que da a una escalera que baja al sótano. Ahí accedes a la cripta situada bajo la iglesia de la Anunciación (Beata Vergine Annunciata), construida en 1637. Esta edificación está construida alrededor de bóvedas de cañón bajas y bóvedas de crucería anchas. Bajo la cripta estaba la necrópolis del Ospedale Maggiore. Se estima que entre 1473, año en que el hospital inauguró sus obras de asistencia, y 1695, año en que se prohibieron los entierros dentro de las

murallas, unos 500 000 milaneses fueron sepultados aquí. Sin embargo, más recientemente, también se han recuperado las cámaras funerarias. Concretamente en 1848, durante los cinco días de Milán*, cuando la ciudad estaba sitiada por las tropas austriacas, y era imposible acceder a los cementerios. Por aquel entonces se enterraron en esta cripta 141 víctimas de los combates. Sus nombres aún se pueden ver en las paredes, así como algunas de las inscripciones conmemorativas pronunciadas por Andrea Verga, apodado *il Volpino* (el pequeño zorro), que datan de 1638 (los principales vestigios están en la pared del fondo, cerca del patio). Desde entonces, la cripta se ha convertido en un lugar de celebración de los patriotas milaneses, al punto que, en 1860, se transformó en el mausoleo de la ciudad. Pero cuando, en 1895, los restos de las víctimas fueron trasladados al monumento dedicado a los cinco días de Milán, en la plaza del mismo nombre, el sepulcro de la Anunciación quedó abandonado. Gracias a los voluntarios del Touring Club italiano, ahora se puede visitar esta cripta, que alberga un museo lapidario de epígrafes y fragmentos de monumentos funerarios, entre ellos la estatua especialmente evocadora de una niña pequeña.

*Del 18 al 22 de marzo de 1848, la insurrección popular de los milaneses contra la ocupación austriaca fue uno de los eventos más gloriosos del *Risorgimento*.

REPRODUCCIÓN DE LA GRUTA DE LOURDES

8

Lourdes en miniatura

Ospedale Maggiore Policlinico
Neonatología Mangiagalli
Via della Commenda 12
24 h/24
MM3 Crocetta; Tranvía 12, 23, 27; Bus 60, 73, 77, 94

Además de la reproducción de la gruta de Lourdes en la basílica de Santa María (ver pág. 332), Milán tiene una segunda reproducción del lugar santo, más pequeña, dentro del hospital de Neonatología Mangiagalli.

Se accede por el pasillo que va de la entrada a la pequeña iglesia neorrománica de San Giuseppe. Una vez dentro de la iglesia, hay que cruzar la pequeña puerta de la derecha para llegar a un espacio rodeado de edificios hospitalarios y de la cafetería que funciona como área recreativa del hospital. En medio de la plaza está la pequeña reconstrucción de la gruta, con una estatua de la Virgen, otra de una figura femenina rezando (posiblemente una de las videntes) y numerosos exvotos de madres agradecidas porque su parto fue exitoso.

Una antigua proclamación del arzobispo Schuster, grabada en piedra, anuncia que, si se rezan tres avemarías, se obtiene una indulgencia de 200 días.

El portal que llevaba al cementerio

Al salir del hospital por la salida que da a via Sforza, tras cruzar la calle, en el número 34, se pueden ver las ruinas de una puerta de piedra de estilo barroco. Construidas hacia finales del siglo XVII, representaban el acceso a un puente de metal que cruzaba el Naviglio. La actual via Sforza formaba parte del tramo conocido como foso interno (*Fossa Interna*). Este puente daba a la via San Barnaba, desde donde se podía acceder fácilmente al cementerio de la época, conocido como Foppone di San Michele, que hoy corresponde a la rotonda de la Besana. La construcción del puente y de la puerta se debió al hecho de que el antiguo Ospedale Maggiore contaba con una vía rápida para transportar diariamente a los difuntos fuera del sanatorio y directamente al cementerio. De ahí proviene la lúgubre fama (hoy olvidada) de este puente, que fue demolido a principios del siglo XX cuando rellenaron los Navigli, y de la puerta que se ha quedado en su sitio y que ahora ya no tiene razón de ser.

LA SALA NAPOLEÓNICA DEL PALAZZO GREPPI

⑨

Un rincón escondido del siglo XVIII milanés

Palazzo Greppi - Via Sant'Antonio 12
La gran escalera puede ser usada por el público cuando las oficinas están abiertas, pero las salas solo se pueden visitar durante los congresos, conferencias o cursos de la Università Statale
MM 1 Duomo, MM 3 Missori

A pocos pasos de la Universidad Estatal (Università Statale), las salas desconocidas del Palazzo Greppi ofrecen uno de los ejemplos más encantadores del siglo XVIII milanés. Construido entre 1772 y 1778 bajo la ocupación austriaca, este palacio es obra de Giuseppe Piermarini, el arquitecto más relevante de la época en Milán, autor, entre otros, del Teatro de la Scala, del Palazzo Reale y de los jardines del Corso Venezia. Nada más cruzar el portal principal, a mano derecha, se sube la imponente escalera de honor totalmente pintada al fresco. En la primera planta, se accede a las salas que ahora forman parte de los espacios de congresos que utiliza la Università Statale. En la entrada se suceden dos pequeñas salas de recibimiento: sobre la bóveda de la sala más larga, un fresco de Andrea Appiani representa a Júpiter y a Ganímedes. Más adelante, se encuentran una pequeña sala, también pintada al fresco, y el «salón de baile» (al que llaman también «sala napoleónica»), diseñado también por Piermarini. Los estucos son obra de Giocondo Albertolli y de Giuseppe Levati, pero el autor de los frescos es Martin Knoller. Fue el conde Antonio Greppi, «recaudador general de la Lombardía austriaca», quien encargó a Piermarini la construcción de este palacio. En 1751, Luca Pallavicini, gobernador de Milán, mandó llamar a este conde de origen véneto para ocupar el cargo de recaudador general, responsable de cobrar los impuestos indirectos, como el impuesto sobre la sal y el tabaco. Este hábil emprendedor supo hacer fortuna y, unos veinte años después, pudo construir, para él y su familia, un palacio patricio en pleno centro de Milán.

CHIOSTRO TRIVULZIANO ⑩

El claustro del antiguo hospital medieval de los monjes

Via Sant'Antonio 5
Visita en el marco de eventos públicos
MM 3 Missori

La iglesia actual de Sant'Antonio Abate (San Antonio Abad) se alza sobre el emplazamiento del antiguo claustro del convento de los Antoninos, que se establecieron antes de 1272 en esta zona, donde tenían el hospicio y el pequeño hospital en el que curaban a los enfermos del llamado «fuego sagrado» (herpes).

Fue ampliado en la época de Barnabò Visconti y estaba bajo la protección de Gian Galeazzo. En 1442, Filippo Maria Visconti concedió a los monjes cierto número de privilegios, pero la reforma sanitaria promovida por Francesco Sforza conllevó la construcción de la vecina Cà Granda y, por ende, la supresión del hospital por lo que el edificio fue en parte demolido y transformado.

Hoy, de los edificios construidos en 1456, solo queda el campanario cuadrado: el claustro fue reformado en el siglo XVI. A lo largo del friso que decora el cornisamento se suceden grifos alados y blasones; sobre los muros situados al este y al oeste de los grifos están representadas cabezas de hombres mayores con barba y bigote, mientras que los muros del lado norte muestran cabezas de hombres jóvenes. El edificio, antaño vivienda del cardenal Ildefonso Schuster, es ahora utilizado por las asociaciones laicas de la diócesis y alberga una de las sedes de la Universidad de Milán.

EL ÓRGANO DE LA IGLESIA DE SANT'ANTONIO ABATE

⑪

El último órgano de Mozart

Via Sant'Antonio 5
MM 3 Missori; Tranvía 12, 15, 23, 27; Bus 54

La iglesia de Sant'Antonio Abate (San Antonio Abad) no solo alberga una galería de arte que expone a los mejores artistas del siglo XVII lombardo (Bernardino Campi, Camillo y Giulio Cesare Procaccini, Ludovico Carracci, Tanzio da Varallo y Cerano), sino que además conserva un órgano, extraordinaria obra de arte de artesanía y pieza histórica de raro valor.

Fabricado probablemente en el siglo XVIII por la familia de organistas Brunelli, este instrumento fue más tarde incorporado a una reconstrucción realizada en 1864 por Livio Tornaghi, célebre constructor de órganos de Monza. El proyecto de ampliación, conservado en los archivos históricos del Santuario, es de sumo interés ya que demuestra con claridad que todas las piezas en buen estado fueron reutilizadas para el nuevo órgano. Cabe destacar el teclado, cuyos colores están invertidos con respecto a la tradición: las teclas diatónicas son negras, mientras que las cromáticas son blancas.

Sin embargo, la singularidad de este órgano viene de que fue precisamente para esta iglesia que el joven Wolfgang Amadeus Mozart compuso, durante su última estancia en Milán en el invierno de 1772, el jovial *Exsultate, jubilate* para soprano y orquesta (K165), dedicado a Venanzio Rauzzini. Este último era el virtuoso que había interpretado el papel principal en *Lucio Silla*, estrenado en diciembre de 1772, en el hoy desaparecido Teatro Regio Ducale de Milán, donde se alza ahora el Palazzo Reale (Palacio Real). Fue pues Rauzzini quien cantó también en el estreno del *Exsultate*, en la iglesia de S. Antonio, el 17 de enero de 1773.

Tras permanecer inutilizado cerca de cincuenta años bajo una gruesa capa de polvo, el órgano fue restaurado en 2006 con motivo del 250 aniversario del nacimiento de Mozart. Mozart pasó, en total, casi un año de su corta vida en Milán y sin duda tocó varios órganos milaneses, pero el de S. Antonio es el único que se ha conservado, al menos en parte, hasta el día de hoy.

El Museo Municipal de instrumentos de música del Castillo Sforzesco conserva también el clavicordio que Mozart tocó cuando fue huésped del gobernador austriaco Charles Joseph Firmian en el Palazzo Melzi.

EL EXVOTO DE LOS CARBONEROS

La casa de la bruja del Verziere

⑫

Cà di Tencitt
Via Laghetto 2
MM 1 y MM 3 Duomo

Según algunas leyendas del siglo XVII, que describen el barrio popular del Verziere (literalmente: el vergel) como uno de los lugares más siniestros y con peor fama de Milán, en la casa del número 2 de la via Laghetto habitaba una poderosa bruja, cabecilla de todas las cartománticas y hechiceras de la zona. El origen de esta creencia es simple: este barrio se había salvado del último brote de peste y el mérito de un hecho tan excepcional solo se podía atribuir a un misterioso acto de brujería.

La verdad es mucho más prosaica. En el Verziere había una laguna artificial (de ahí derivaría el nombre de la calle: *laghetto* = estanque) con un pequeño puerto donde atracaban los barcos que transportaban materiales, como el carbón de leña, necesarios para la Venerable Fábrica del Duomo de Milán (Veneranda Fabbrica del Duomo). De este modo, el barrio estaba totalmente cubierto de polvo de carbón que, gracias a su extraordinaria capacidad de absorción, evitó sin duda que la infección se estabilizara y se propagara.

Los estibadores encargados del carbón eran llamados *tencitt* (sucios, negros). Muchos de ellos vivían con sus familias en el edificio del número 2, de ahí el nombre de "Cà di tencitt" (la casa de los *tencitt*) que ha conservado hasta hoy, aunque los encargados del carbón ya no existan y el edificio sea hoy muy refinado.

Sobre uno de los muros del edificio, figura una pintura de unos dos metros de altura desde hace casi cuatro siglos. Representa a la *Madonna de' tencitt*, protectora de los carboneros milaneses. Fue Bernardo Catone, abad de la corporación de los carboneros, quien la mandó pintar como exvoto a la Virgen María por haber protegido a la corporación de la peste. La Madona está rodeada de los santos Roque (con su perro), Carlos Borromeo y Sebastián: a sus pies, apenas se distingue la silueta del antiguo lazareto.

Antes de 1989 nadie cuidaba este lienzo, oculto tras dos contraventanas de madera que lo protegían del sol y de las intemperies. No se exponía al público más que cada 15 de agosto, fiesta de la Asunción de la Virgen, hasta que un abogado milanés residente en el barrio decidió restaurar el cuadro a expensas suyas para agradecer a la Madona por haberle salvado de un grave accidente de coche. Desde 1993 el lienzo, protegido por un simple cristal, está visible, aunque bastante deteriorado.

LA PIEDRA DE LOS INOCENTES (13)

Una piedra que fue testigo de martirios y de un asesinato

Basilica de Santo Stefano Maggiore
Piazza Santo Stefano
MM 1 y MM 3 Duomo; Tranvía 12, 23, 27; Bus 54, 60, 65

Cruzando el umbral de la basílica de Santo Stefano Maggiore, hay una rejilla de hierro forjado en el suelo que esconde la llamada «piedra de los inocentes» sobre la que, según la leyenda, el emperador Valentiniano I habría mandado ejecutar a cuatro mártires cristianos en el año 367. Fue también cerca de esta piedra donde, mil cien años más tarde, el 26 de diciembre de 1476, el duque de Milán, Galeazzo Maria Sforza, que había ido a la iglesia para asistir a la ceremonia de la fiesta patronal, fue apuñalado a muerte por tres patricios conjurados. Orfeo Cenni da Ricavo, consejero y amigo del duque, que lo acompañaba aquella mañana, describió el asesinato. Según cuenta, un traidor llamado Giovanni Andrea Lampugnani, que estaba en medio de la iglesia, se arrodilló ante el duque antes de apuñalarlo súbitamente en la ingle y en el pecho. El duque exclamó enseguida *Sono morto!* («¡Estoy muerto!») y el asesino le asestó otra puñalada. Otros dos esbirros lo apuñalaron a su vez en la garganta, en la cabeza, en la muñeca y en un costado. Este drama sucedió en un abrir y cerrar de ojos: Galeazzo se tambaleó hacia atrás y estuvo a punto de derrumbarse sobre su amigo, que intentó sujetarlo en vano. El duque cayó de rodillas y se desplomó en el suelo. Dos de los asesinos comprobaron que estuviera realmente muerto antes de emprender la fuga.

A pocos pasos de la «piedra de los inocentes», una placa conmemora el asesinato del duque de Milán.

La iglesia donde Caravaggio fue bautizado

El 30 de septiembre de 1571, el pintor Michelangelo Merisini, más conocido como Caravaggio, fue bautizado en la iglesia de Santo Stefano Maggiore. En 2007, el hallazgo de su partida de bautismo entre los archivos de la basílica conservados en el museo de la Diócesis puso definitivamente fin al largo debate que dividía a los eruditos sobre la ciudad natal del pintor: para algunos, había nacido en Caravaggio, provincia de Bérgamo.

EL OSARIO DE LA IGLESIA DE SAN BERNARDINO ALLE OSSA

(14)

El lugar más macabro de la ciudad

Via Verziere 2 (acceso por la Piazza Santo Stefano)
MM 1 y MM 3 Duomo; Tranvía 12, 23, 27; Bus 54, 60, 65

En la iglesia medieval de San Bernardino alle Ossa, se puede acceder, nada más entrar a la derecha, a un estrecho pasadizo, excavado en 1705, que conduce a la pequeña capilla del osario. Erigidos en 1210 y reconstruidos en 1695, los muros de la capilla están totalmente cubiertos de huesos y de cráneos humanos. Muchos de ellos están colocados de tal manera que forman enormes cruces y la letra "M" de María.

Según algunas leyendas, estos huesos pertenecerían a los cristianos que, guiados por san Ambrosio, murieron en la batalla contra los arios, aunque, según otras, en este osario descansan los restos de los milaneses muertos durante la invasión de los Godos en el siglo VI o los huesos de las víctimas de la peste.

En realidad, el terreno donde se alza la iglesia estaba ocupado en la Edad Media por un cementerio donde enterraban a todos los muertos procedentes de un hospital vecino, el Ospedale del Brolo.

Cuando, en el siglo XIII, el cementerio se quedó pequeño para acoger a todos los difuntos, los cadáveres fueron exhumados y colocados en un espacio de la iglesia dedicado a la Pasión de la Virgen María en la época. La iglesia actual de San Bernardino, que se remonta al siglo XV, fue construida por encargo de los Disciplini, un movimiento laico creado en el siglo XII consagrado al culto de los muertos y a la expiación de los pecados mediante la autoflagelación.

En contraste con la austeridad de los muros y con la tenue luz que se filtra por las pequeñas ventanas de arriba, el fresco de la bóveda, donde Sebastiano Ricci representó el *Triunfo de las almas entre los ángeles*, destaca por su prodigiosa explosión de colores.

EN LOS ALREDEDORES

El único superviviente del incendio (15)

El pilar que se alza en el atrio de la basílica de Santo Stefano Maggiore, al lado de la iglesia de San Bernardino, es el único vestigio del *quadriportico* (claustro monumental) que estaba frente a la basílica original, construida en la Edad Media y destruida en un incendio en 1070.

La estatua de Carlo Porta (16)

Detrás del osario, a lo largo de la via Verziere donde, en la Antigüedad, estaba el mercado popular, destaca una estatua de Ivo Soli, erigida en 1966 y dedicada al poeta Carlo Porta que, más de una vez, elogió este barrio en sus poesías en dialecto milanés.

EL ORIGEN DESCONOCIDO DE LA COLUMNA DEL VERZIERE

17

¡Un monumento para santificar un barrio con mala fama!

Largo Augusto
Tranvía 12, 23, 27; Bus 54, 60

Aunque el Verziere, nombre que deriva del hecho de que albergaba el mercado de las frutas y las verduras hasta 1783 (*Verziere*: vergel en italiano), es hoy día uno de los principales barrios del centro de Milán, antaño era considerado uno de los barrios más peligrosos y con peor fama. Habitado por obreros, estibadores y prostitutas, se decía incluso que era el punto de reunión de brujas y hechiceras. Un lugar, en suma, donde reinaba el pecado a ojos de los biempensantes, y del que era mejor mantenerse alejado. El poeta Carlo Porta (del que hay una estatua en un jardín cercano a la columna) dedicó algunos de sus poemas más famosos en milanés a los habitantes de este barrio.

La Cofradía de Porta Rosa, en cambio, no le veía nada de poético al Verziere y más bien le asustaba un poco, razón por la que decidió erigir un monumento dedicado al Redentor. La idea era simple: si las autoridades no hacían nada para erradicar el mal del barrio, el Altísimo se encargaría de hacerlo a través de la estatua. El proyecto preveía una columna alta sobre la que se habría fijado luego una estatua del Redentor. Las obras se iniciaron en 1583, pero fueron enseguida interrumpidas: en su celo de redención, la Cofradía había olvidado pedir al ayuntamiento la autorización para ocupar el suelo público. Y no fue hasta noventa años más tarde, en 1673, cuando colocaron la estatua en la cima.

Otras fuentes afirman que esta columna fue erigida como exvoto para conmemorar el fin de la epidemia de la peste de 1577. Mientras la peste causaba estragos, las ménsulas del zócalo de la columna sirvieron de altar para celebrar misas al aire libre a las que los enfermos podían acudir.

> En 1860, unos años después de los Cinco días*, esta columna –una de las pocas columnas votivas que han sobrevivido hasta hoy, cuando en Milán abundaban en la época de la Contrarreforma– fue transformada en el primer monumento conmemorativo de los acontecimientos y rebautizada como «Columna de la Victoria». Sobre el zócalo se pueden leer los nombres de los 354 milaneses caídos en la batalla.

* *DDel 18 al 22 de marzo de 1848, la insurrección popular de los milaneses contra la ocupación austriaca es uno de los acontecimientos más gloriosos del Risorgimento..*

¿Por qué Cristo mira hacia la via Durini?

Según la leyenda, el Cristo, que hoy mira hacia la via Durini, miraba antaño hacia la iglesia de San Bernardino alle Ossa. Cuentan que la bella Barbarinetta, una muchacha que vivía en un palacio que daba a la plaza, fue agredida una noche cuando volvía a casa con su padre. Él fue asesinado y ella, secuestrada. Un noble, al que también buscaba la policía, acudió a su auxilio y la salvó. Ella quedó prendada de él, pero cuando finalmente fue arrestado y condenado a muerte, Barbarinetta, en su soledad, prefirió tirarse por la ventana de su palacio. Testigo del suicidio, la estatua compungida se giró del otro lado.

SALA DEL GRECHETTO

(18)

Una maravilla escondida

Palazzo Sormani
Via Francesco Sforza 7
Visitas en el marco de eventos culturales (información en Internet en comune.milano.it)
MM 1 San Babila, MM 3 Missori; Tranvía 12, 23, 27; Bus 54, 60, 73, 84, 94

La sala Grechetto, que solo se puede visitar durante eventos culturales, es una verdadera joya oculta en el corazón del palacio que ocupa la biblioteca Sormani. Los muros de esta sala de conferencias están totalmente cubiertos de un ciclo de veintitrés lienzos de gran tamaño que ilustra el mito de Orfeo, el que encanta a los animales con su música (falta un lienzo, expuesto en las colecciones municipales del Castillo Sforzesco). Durante largo tiempo estas magníficas pinturas fueron atribuidas a Giovan Benedetto Castiglione, llamado *Il Grechetto* («el pequeño griego»), pintor de la corte de los Gonzaga, célebre por sus cuadros llenos de animales, hasta que los críticos de arte reconocieron recientemente la mano de un artista anónimo oriundo del norte de Europa, al que llaman Pintor del Lonati-Verri. El nombre de Verri deriva del lugar donde estos lienzos estaban originariamente, la residencia de los hermanos Verri, partidarios del reformismo ilustrado milanés. Las pinturas fueron adquiridas hacia 1880 y expuestas en el Palazzo Sormani desde principios del siglo XX a fin de reconstruir el ciclo narrativo original, confirmado en un lienzo de Francesco Colombi Borde que se conserva en un despacho de la biblioteca y en el que el pintor representó la sala del Palazzo Verri que albergaba dichas pinturas.

EN LOS ALREDEDORES

El proyectil de los Cinco días de Milán (19)

El Palazzo Sormani también posee una reliquia de los Cinco días de Milán (del 18 al 22 de marzo de 1848). En la planta baja, hay una esfera metálica encastrada en el alféizar de una ventana de una pequeña sala (cruzando el portal principal, a la izquierda) que hoy sirve de depósito para la biblioteca. Esta esfera es en realidad un proyectil de artillería que data de la insurrección popular de los milaneses contra la ocupación austriaca, uno de los acontecimientos más gloriosos del *Risorgimento*. También se puede ver este proyectil desde fuera del palacio: mirando de frente el portal, la ventana en cuestión es la segunda a la izquierda, y la esfera está dentro, arriba a la derecha.

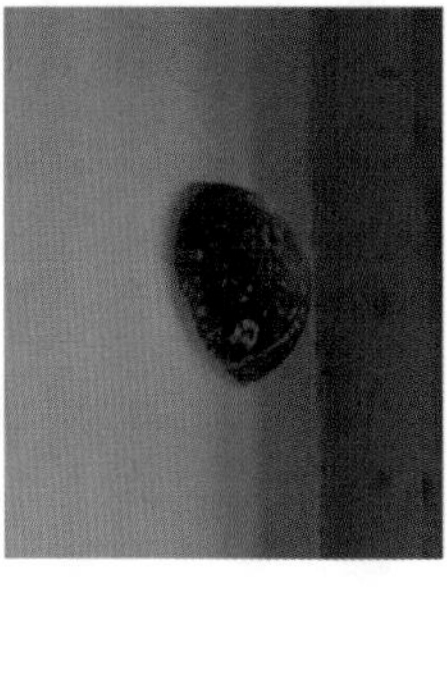

LOS FAUNOS DEL N.º 15 DE LA VIA DELLA GUASTALLA ⑳

Un ninfeo en la entrada del palacio

Via della Guastalla 15
MM 1 San Babila, MM 3 Missori

El edificio moderno del n.º 15 de la via della Guastalla tiene una entrada cuando menos original: un portal rococó con dos faunos a modo de columna que sujetan el arquitrabe.

A su lado, hay un hombre y una mujer cubriendo sus partes íntimas con una hoja de higuera (quizás, Adán y Eva) y dos niños a caballo sobre criaturas singulares: en la cima del arquitrabe, dos *putti* semi acostados sostienen dos cuernos de la abundancia. Por último, se distinguen dos inscripciones en latín que evocan el tema del agua y dejan, por ende, suponer que se trata de un antiguo ninfeo procedente sin duda de una fuente del siglo XVII.

En la Antigüedad, tanto en Grecia como en Roma, los ninfeos, santuarios dedicados a las ninfas, tenían fuentes y otros espacios con agua, adornados con estatuas, mosaicos y plantas. Se pusieron de moda entre el Renacimiento y el siglo XVIII, con forma de «teatros acuáticos», decorados con cascadas y chorros de agua. En los alrededores de Milán, uno de los ninfeos más bellos, apreciado especialmente por Stendhal, se encuentra en el parque de la Villa Borromeo Visconti Litta en Lainate.

EN LOS ALREDEDORES

Visita de la sinagoga del n.º 19 de la via della Guastalla (21)

Cada primer domingo de septiembre, con motivo de la Jornada Europea de la Cultura Judía, las puertas de la sinagoga del n.º 19 de la via della Guastalla abren al público. Fue Luca Beltrami quien erigió este importante lugar de culto judío en 1892 dándole la estructura de una basílica de tres naves. La sinagoga quedó sin embargo destruida durante los bombardeos de 1943: solo la fachada monumental, bellamente decorada con mosaicos azules y dorados, escapó del desastre.

Reconstruida en 1953, es desde entonces el punto de reunión de la comunidad judía milanesa. Adentro, la estructura, hoy con forma de prisma, está rematada por una cúpula y destaca por las vidrieras multicolores de sus veintitrés ventanas, obra del artista americano Roger Seldon, que forman un *collage* de símbolos israelitas y de letras del alfabeto hebreo.

VISITA MENSUAL DE LA IGLESIA DE SANTA MARIA DELLA PACE

(22)

La sede de los descendientes de los cruzados

Via San Barnaba 40
Cada primer jueves del mes 10–12 h
MM 3 Crocetta, Porta Romana

La iglesia de Santa Maria della Pace es una de las iglesias milanesas más difíciles de visitar: solo abre al público el primer jueves de cada mes, durante dos horas. Fundada en el siglo XV gracias a la donación de Bianca Maria Sforza y de su hijo Galeazzo, fue erigida en un estilo gótico característico del Renacimiento y anexionada al monasterio de los amadeístas (comunidad fundada por el Beato Amadeo de Silva, un noble portugués que se hizo franciscano).

En 1805, la iglesia fue desacralizada y su interior, despojado de sus numerosos frescos para destinarla a varios usos: almacén militar, hospital, caballeriza, pista de equitación.

En 1900, los Bagatti Valsecchi la adquirieron, restauraron y transformaron en sala de conciertos: el famoso «Salone Perosi». Seis años más tarde, los propietarios tuvieron sin embargo que venderla por razones fiscales.

Pasó entonces a manos de las hermanas de Santa Maria Riparatrice, quienes la mandaron restaurar antes de consagrarla de nuevo.

Por último, en 1967 la Orden Ecuestre del Santo Sepulcro de Jerusalén la compró, y hoy la sigue usando para sus actividades. Tanto sobre el ventanal circular visible desde fuera, como en muchos sitios de dentro, se ve la cruz roja rodeada de cuatro pequeñas cruces, símbolo de la Orden Ecuestre.

Símbolos de la cruz de la Orden del Santo Sepulcro

El emblema de la orden es una cruz potenzada roja, de brazos iguales, rodeada de cuatros cruces pequeñas. Las cinco cruces evocan las cinco heridas de Cristo crucificado. Se eligió el color rojo, símbolo de vida, de fuerza y de sangre en honor a las heridas infligidas a Cristo. En Oriente, la cruz es dorada, símbolo del valor inconmensurable de la Pasión de Cristo.

¿Qué es la Orden Ecuestre del Santo Sepulcro?

Contrariamente a una creencia bastante extendida, la Orden Ecuestre del Santo Sepulcro de Jerusalén no está en absoluto vinculada a la antigua orden religiosa y militar de los Templarios. Esta orden de caballería católica es una asociación pública fundada por la Sede apostólica. Originaria de la Orden de los canónigos del Santo Sepulcro, remite al santuario edificado en el supuesto lugar de la crucifixión, pero también a la tumba de Cristo y al lugar de la Resurrección. Se atribuye la fundación de esta orden a Godofredo de Bouillon, durante la primera cruzada, tras la conquista de Jerusalén en 1099. Los historiadores consideran que es la orden hospitalaria, caritativa, ecuestre y religiosa más antigua de la era cristiana aún en activo.

Su sede está en el convento de Sant'Onofrio al Gianicolo, en Roma, y cuenta con 52 lugartenencias en el mundo entero. Los caballeros y las damas del Santo Sepulcro, unas 10 000 personas, tienen como objetivo principal promover y difundir la fe en Tierra Santa bajo la autoridad del Papa. Hoy la orden gestiona, en la región de Jerusalén, 44 escuelas católicas que congregan a casi 15 000 estudiantes cristianos y musulmanes.

En Francia, esta orden es la guardiana de las reliquias de la corona de espinas de Cristo (ver la guía *París insólita y secreta* del mismo editor).

FUNDACIÓN VICO MAGISTRETTI ㉓

El estudio de un gran diseñador transformado en museo

Via Conservatorio 20 – Visita previa cita
(+39) 02 76002964 – fondazione@vicomagistretti.it
Horario de apertura según temporada, consulte vicomagistretti.it.
Último domingo del mes, de 11:00 a 15:00 h, entrada gratuita sin cita previa
MM 1 San Babila; Tranvía 12, 23, 27; Bus 54, 60, 61, 73

Me gusta el diseño de concepto, una estética moderna, funcional y tan clara que ni siquiera hace falta dibujarla: yo, de hecho, he transmitido muchos de mis proyectos por teléfono." Este comentario del gran diseñador Vico Magistretti sirve de hilo conductor a la fundación-museo que le está dedicada en el mismo lugar donde tenía su estudio de arquitectura de 1946 a 2006, año de su muerte.

Aquí nacieron la mayoría de sus grandes proyectos de edificios pero también de objetos y muebles que se han convertido desde entonces en símbolos del diseño italiano, como la lámpara de mesa «Eclisse» o el diván «Marelunga», la silla «Selene» o la mesa «Vidun», cuyos diseños se descubren aquí a través de los bosquejos, dibujos y prototipos originales.

En 2010, Susanna Magistretti quiso abrir el taller de su padre al público transformándolo en museo y en espacio para exposiciones temporales. La sala de reuniones se ha quedado tal cual, con maquetas de edificios enteros colgadas en las paredes: como mucho, se han añadido algunas sillas aquí y allá. El lugar de trabajo de Magistretti se conserva como estaba, con su pátina original. Una gran pantalla táctil presenta cronológica y exhaustivamente la amplia producción de Magistretti a través de sus fotografías, fichas y proyectos.

Un museo al aire libre

Aparte de la visita del museo, la mejor manera de comprender el trabajo de Magistretti es hacer el recorrido «a cielo abierto» que propone la fundación. Se trata de una guía que permite al lector viajar por la herencia conceptual del arquitecto, seleccionando catorce edificios diseñados por él: de las torres del Gallaratese hasta la iglesia de Santa Maria Nascente, del departamento de biología de la Università Statale hasta el almacén MM de Famagosta, sin olvidar todos los edificios de viviendas y de oficinas. El único criterio de selección es la proximidad de cada edificio a una estación de metro.

SALA CAPITULAR DE LA BASÍLICA DE SANTA MARIA DELLA PASSIONE

(24)

La impresión de presenciar un simposio de santos y apóstoles

Via Conservatorio 14
MM 1 San Babila

Cruzando la nave de esta iglesia del siglo XVI que se considera la segunda más grande de Milán después del Duomo, y pasando el órgano, se llega a la cripta, que no se puede visitar. Sin embargo, preguntando en secretaría, es posible entrar en uno de los lugares más valiosos y mejor escondidos de la ciudad: la Sala Capitular.

La sala presenta una planta rectangular, típica del siglo XV, que formaba parte del antiguo convento donde se reunían los canónigos. Su particularidad reside en su espléndida decoración, compuesta de un monumental ciclo de pinturas que cubre muros y techo, realizado por Ambrogio di Stefano da Fossano, llamado Bergognone.

Sobre la figura de Cristo, que domina el centro del muro frente a la entrada, convergen todas las líneas de perspectiva, incluso las de los paneles que flanquean esta figura. Este sistema de convergencia, presente en cada pared de la sala, busca crear en el visitante la ilusión de presenciar un verdadero simposio de apóstoles, papas, santos y doctores de la Iglesia.

En los nueve cuadros pintados en torno al año 1514, Cristo está rodeado de apóstoles. En la pared opuesta están los frescos de santos y doctores de la Iglesia latina, mientras que el muro de la izquierda presenta también dos frescos de san Agustín y de San Miguel Arcángel. Los cuadros y los frescos están rematados por 24 lunetos que contienen figuras de medio cuerpo de santos y canónigos de san Juan de Letrán. Por último, la bóveda está decorada con un cielo estrellado, mientras que las trompas presentan grotescos con ángeles músicos, según un estilo comúnmente extendido en Lombardía entre los siglos XV y XVI. Es un lugar mágico, digno de la magnífica iglesia que lo alberga y que destaca por otra particularidad casi única en Milán y en toda Lombardía: la presencia de dos órganos, enfrentados, que antaño eran indispensables para los deslumbrantes conciertos a dos voces y que permitían jugar con ecos y efectos estereofónicos.

Cabe destacar también, en esta iglesia rica en cuadros, frescos y esculturas, las dos pilas bautismales de mármol de estilo barroco, situadas cerca de la entrada, decoradas con serpientes amenazadoras, símbolos de la lucha entre el bien –el agua bendita– y el mal, encarnado precisamente por este animal.

VIA LINCOLN

㉕

Una verdadera «ciudad obrera»

Tranvía 9, 23

Cerca de la piazza Cinque Giornate, la via Lincoln es una pequeña calle insólita bordeada de casitas unifamiliares adosadas, teñidas de azul, verde, amarillo o rojo, con exuberantes y aromáticos jardines privados. Construidas en 1886 para alojar a obreros, artesanos y empleados de la administración pública, estas casas contribuyen manifiestamente al ambiente de pequeña ciudad balneario que reina en la calle.

El proyecto original preveía incluso una «ciudad jardín» que iba a extenderse por toda la zona de la Porta Vittoria.

En la época, se habían construido también espacios de trabajo y dos hoteles reservados para los obreros, hoy demolidos. La dificultad para encontrar financiación y las dos guerras mundiales interrumpieron el proyecto: solo las casas de dos plantas de la via Lincoln fueron terminadas. Aunque fueron entregadas en usufructo vitalicio, las casas se vendieron más tarde, pero los propietarios actuales no parecen estar interesados en desprenderse de su pequeño paraíso.

IGLESIA DE SAN NICOLAO DELLA FLUE

(26)

Una iglesia de forma única que recuerda la quilla invertida de un barco

Piazza Piero Carnelli; Bus 45, 175

En la piazza Piero Carnelli se alza una iglesia con una forma absolutamente única que recuerda el casco invertido de un barco. Se trata de la obra del arquitecto Ignazio Gardella, realizada en 1963 por encargo del arzobispo de Milán, Giovanni Battista Montini, quien poco después se convertiría en el papa Pablo VI. Ideada con el fin de que el barrio de Forlani tuviera una iglesia, se construyó a principios de la década de 1960 cerca del aeropuerto y se terminó en 1970.

Situada sobre un zócalo que alberga la parroquia y las dependencias de servicio, la iglesia está rematada con un singular techo curvado cubierto de *vercuivre*, un material especial que se obtiene mezclando cobre asfaltado y láminas de caucho, actualmente revestido de cobre. La estructura interior, de hormigón visto, contrasta con los muros de color antracita.

Entre las decoraciones de la iglesia destaca un tríptico de bronce del escultor Lello Scorzelli, compuesto por tres grandes paneles rectangulares. Uno de estos paneles explica la elección de una iglesia en forma de barco: muestra al papa Pablo VI ofreciendo a Cristo la iglesia en forma de velero. Una referencia, quizás, al milagro de la tormenta que amaina, donde Jesús, subido en una barca con sus discípulos en el mar de Galilea (en realidad un lago, aunque se le llama mar), calma las aguas embravecidas de la tormenta.

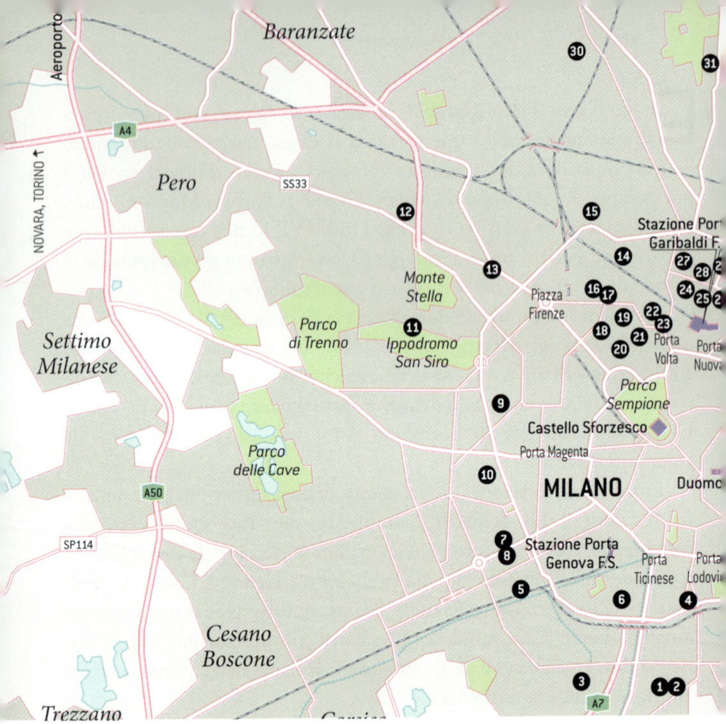

Alrededores

① EL NEÓN DE LA IGLESIA DE SANTA MARIA ANNUNCIATA IN CHIESA ROSSA *308*
② EL TALLER DE MARIONETAS DE LOS HERMANOS COLLA *309*
③ IGLESIA DE SAN GIOVANNI BONO *310*
④ PEQUEÑAS VILLAS TUDOR *312*
⑤ IGLESIA DE SAN CRISTOFORO *314*
⑥ UN HORNO DEL SIGLO XV AÚN EN FUNCIONAMIENTO *315*
⑦ ORATORIO DE SAN PROTASO AL LORENTEGGIO *316*
⑧ EL ANTIGUO MONUMENTO CONMEMORATIVO DEL LORENTEGGIO *317*
⑨ LA IGLESIA DE SAN SIRO ALLA VEPRA *318*
⑩ EL MUSEO POPOLI E CULTURE *319*
⑪ EL CABALLO DE LEONARDO *320*
⑫ CARTUJA DE GAREGNANO *322*
⑬ UNA ESTACIÓN DE SERVICIO ESPACIAL *324*
⑭ COLECCIÓN BRANCA *326*
⑮ RICOVERO 87 *328*
⑯ FESTIVAL «SALTIMBANCHI DOC» *330*
⑰ VILLA SIMONETTA, LA CASA DE LOS 56 ECOS *331*
⑱ BASÍLICA DE SANTA MARIA DE LOURDES *332*
⑲ MUSEO HISTÓRICO DE LOS BOMBEROS DE MILÁN *334*
⑳ ACCADEMIA DEL GIOCO DIMENTICATO *336*
㉑ DEPÓSITO ATM *338*
㉒ MONUMENTO FUNERARIO DE LA FAMILIA BERNOCCHI *340*
㉓ ESTATUA DE FEDELE SALA *344*

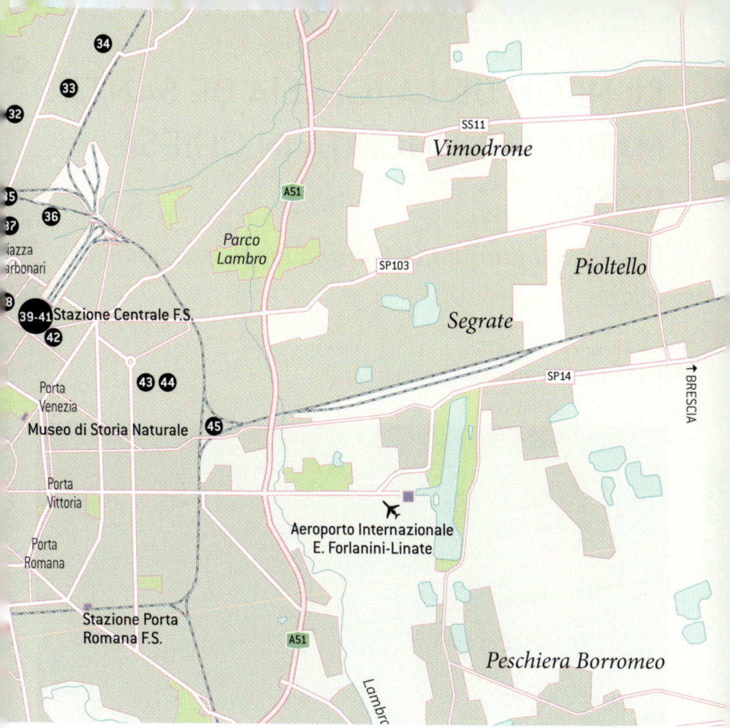

㉔ SANTUARIO DE SANTA MARIA ALLA FONTANA *348*
㉕ MUSEO DE LA FUNDICIÓN NAPOLEÓNICA EUGENIA *350*
㉖ EL CEMENTERIO DE LA MOJAZZA *352*
㉗ ASOCIACIÓN CULTURAL UMBERTO DI DONATO *354*
㉘ UNA ANTIGUA GASOLINERA *356*
㉙ VILLA BICOCCA: UNA ENCANTADORA Y PEQUEÑA VILLA DE LA ÉPOCA DE LOS SFORZA *357*
㉚ MAPP - MUSEO DE ARTE PLÁSTICO PAOLO PINI *358*
㉛ VILLA CLERICI – GALERÍA DE ARTE SACRO DE ARTISTAS CONTEMPORÁNEOS *360*
㉜ LA FORMA HUMANA DE LOS PABELLONES DE NIGUARDA *362*
㉝ LA FUNDACIÓN PIRELLI *364*
㉞ MUSEO DE LA ÓPTICA CHIERICHETTI *366*
㉟ LAS CASAS EN FORMA DE IGLÚ DE LA MAGGIOLINA *368*
㊱ VILLA FIGINI *370*
㊲ VILLA MIRABELLO *372*
㊳ EL MIRADOR DEL PALAZZO LOMBARDIA *374*
㊴ CURIOSIDADES DESCONOCIDAS DE LA ESTACIÓN CENTRAL *376*
㊵ EL PABELLÓN REAL DE LA ESTACIÓN CENTRAL *378*
㊶ EL BINARIO 21 *382*
㊷ VESTIGIOS DE LA CASCINA POZZOBONELLI *384*
㊸ EL ESQUELETO DEL CABALLO DE NAPOLEÓN *386*
㊹ LAS FRUTAS ARTIFICIALES DE GARNIER VALLETTI *388*
㊺ EL GRAFITO DE LA IGLESIA DE SANTI FAUSTINO E GIOVITA *392*

EL NEÓN DE LA IGLESIA DE SANTA MARIA ANNUNCIATA IN CHIESA ROSSA ①

Una iglesia iluminada por una luz fluorescente de colores

Via Neera 24 - smacr.com
MM 2 Abbiategrasso; Tranvía 3, 15; Bus 79

Santa Maria Annunciata in Chiesa Rossa es una iglesia del siglo XX que tiene la particularidad de estar iluminada por una curiosa instalación permanente que emite una luz fluorescente de colores. Esta instalación sin título (*Untitled*), obra del artista americano Dan Flavin, fue donada a la parroquia por la Fundación Prada en 1997.

Los grandes neones rojos, azules, amarillos, rosas, verdes o ultravioleta crean una atmósfera muy especial, casi reconfortante en la iglesia, sobre todo si se visita de noche.

EN LOS ALREDEDORES

El taller de marionetas de los hermanos Colla ②

Al lado de la iglesia, en la via Montegani 35/1, una pequeña puerta lleva al taller Carlo Colla e Hijo, una familia de artesanos que, desde hace más de 200 años, producen espectáculos con marionetas. Las marionetas de los Colla salen incluso en *Los cuatro mosqueteros* (1936), el primer y único largometraje de títeres jamás realizado en Italia: participaron 3573 marionetas, manipuladas por treinta titiriteros, y la película fue considerada «la respuesta autárquica a los dibujos animados americanos». A veces, es posible visitar el taller y ver de cerca cómo se realizan los espectáculos: desde la creación de los decorados hasta la fabricación de las marionetas. Para más información, llamar al 02-89531301 o consultar la web www.marionettecolla.org.

IGLESIA DE SAN GIOVANNI BONO ③

Una catedral gótica con aire de ciencia ficción

Via San Vigilio 1
Bus 71, 74

Si la miras de frente, puede parecer una pirámide, estrecha y alta, que culmina en una cúspide. Pero, por los juegos de formas de su arquitectura en general, su silueta resulta aún más singular y recuerda más bien a una gran tienda de campaña.

La iglesia de San Giovanni Bono es una de las iglesias contemporáneas menos conocidas, pero a la vez más originales de la ciudad. Construida en los años 1960 para dotar al nuevo barrio de Sant'Ambrogio alla Barona (una serie de largos edificios apodados serpentoni, a saber, grandes serpientes) de un edificio sagrado, la iglesia (como el propio barrio) es obra del arquitecto Arrigo Arrighetti. Fue él quien tuvo la idea de darle a la iglesia, cuya construcción comenzó en 1966, una forma que evocara una tienda de campaña plantada en medio del vecindario. Pero como el barrio tenía una estructura horizontal particular, la iglesia debía destacarse proyectándose hacia arriba. Los muros de hormigón visto están perforados por numerosas ranuras verticales de vitrocerámica de colores, que, desde el exterior, le dan el aspecto de una fortaleza. En el interior, sin embargo, el efecto es impresionante: parece una catedral gótica versión ciencia ficción.

Las iglesias del boom

Inmediatamente después de la Segunda Guerra Mundial, con la reconstrucción y el crecimiento de las zonas urbanas, relacionado también con las grandes migraciones procedentes del sur de Italia, la Iglesia, y en especial la diócesis de Milán, se preocupó de acompañar el crecimiento de la ciudad construyendo nuevas iglesias. Una comisión especial animó a los arquitectos a experimentar en los edificios que les encargaban, lo que dio como resultado unas 300 iglesias, construidas entre 1945 y 1993, cuyas formas insólitas y a menudo únicas recordaban lo que la gente imaginaba que sería el futuro en el siglo XX... Un futuro que nunca se hizo realidad.

PEQUEÑAS VILLAS TUDOR

④

Un rincón británico en el barrio de la Bocconi

En la esquina de la Via Ottolini y la Via Caimi, 5
Tranvía 15; Bus 90, 91

Las curiosas casas con entramado que hay en la via Giambologna parecen haber salido directamente de un pueblo de la campiña inglesa. Con sus tejados a dos aguas, sus chimeneas altas y sobre todo sus fachadas de obra y entramados de madera, estas casitas se construyeron en el más puro estilo Tudor.

Al parecer fueron dos importadores de pianos alemanes o ingleses quienes mandaron construir estas curiosas villas en un barrio donde se alzan otras muchas, de época y con jardín.

Arquitectura inglesa en Milán

En Milán existen otros ejemplos de construcciones de arquitectura británica, como las de Spirito Maria Chiappetta (1868-1948), un sacerdote arquitecto gran admirador de la estética gótica. En Milán construyó, entre otros, dos edificios de estilo gótico transalpino: el Instituto Vittoria Colonna (via Conservatorio), un colegio privado cuyas almenas y ventanales recuerdan a los famosos colegios de Oxford y Cambridge; y la iglesia de San Camillo De Lellis (en la esquina de la via Boscovich con la via Lepetit). En la clínica de la via della Commenda, el pabellón Litta de ladrillos oscuros, construido en 1895, sigue los preceptos de la arquitectura nórdica.

«Le voy a dar hasta en el apellido»

Antaño, en el mundo eclesiástico, se contaba una anécdota sobre Mons. Spirito Maria Chiappetta: este, que vivía encima del cardenal Domenico Tardini, secretario de Estado del Vaticano, tenía la curiosa costumbre de mover los muebles durante la noche. Harto de tanto trajín, Tardini se acercó un día a una religiosa y le dijo al oído: «Vaya y dígale que si no para, le voy a dar hasta en el apellido» (chiapetta significa «pequeñas nalgas» en italiano). La religiosa, aunque ruborizada, cumplió la orden ya que no se oyó ningún ruido la noche siguiente. La anécdota llegó a oídos del papa Pío XII, quien preguntó al cardenal, reprimiendo una sonrisa: «¿Dice que le iba a dar hasta en el apellido?» A lo que Tardini contestó: «En efecto Su Santidad, no iba a darle en el nombre se llama Spirito Maria.»

IGLESIA DE SAN CRISTOFORO ⑤

Una pequeña joya descuidada y rica en leyendas

Alzaia Naviglio Grande
Abierto: todos los días 8:30–19 h
Tranvía 2; Bus 90, 91

Aunque los turistas no la visitan por su ubicación poco céntrica, esta «doble» iglesia del siglo XIV conserva obras de arte de un valor inusual. Su originalidad reside ante todo en que se trata, en realidad, de dos pequeñas iglesias unidas. En 1398 y con la esperanza de obtener la protección de san Cristóbal contra una epidemia de peste, Gian Galeazzo Visconti mandó añadir una capilla ducal a la ya existente iglesia medieval, erigida en el emplazamiento de una iglesia románica que, a su vez, había sido construida sobre los cimientos de un templo pagano dedicado a Hércules. El duque sucumbió a la enfermedad y el edificio se terminó bajo la dirección de su hijo. Destacan el magnífico portal de ladrillos románicos, su florón gótico de doce rayos entrelazados y los blasones de los Visconti, de la Ciudad de Milán y del cardenal Pedro Filargo de Candia, arzobispo de Milán y futuro papa Alejandro V. Dentro, a la izquierda, en los suntuosos frescos de la escuela de Ambrogio Borgognone figura una «Virgen entre los santos Sebastián, Antonio y Roque y un obispo» mientras que en el ábside se conservan frescos de la escuela de Bernardino Luini representando «al Padre eterno rodeado de angelotes y de los santos Juan Evangelista, Juan Bautista y Cristina». Por último, cabe destacar, en la pared derecha, una estatua de madera del siglo XIV: san Cristóbal con el Niño Jesús. La capilla ducal está decorada con numerosas pinturas del siglo XV, prácticamente amontonadas las unas sobre las otras.

Esta pequeña iglesia ha sido objeto de muchas leyendas. Fue testigo del cortejo nupcial de Ludovico el Moro y de Beatriz de Este, pero también de los numerosos desbordamientos del Naviglio que llevaron a los milaneses a elevar la calzada. Cabe mencionar la leyenda según la cual, al grito de «Ultreia!»1, una patrulla considerable de lombardos partió de aquí hacia la primera cruzada en Tierra Santa. Se cuenta también que unos mensajeros, tras descender el curso del río Olona, habrían anunciado aquí la victoria de la Liga Lombarda sobre Federico Barbarroja en Legnano el 29 de mayo de 1176. Lo que es un hecho es que en 1192 existía, al lado de la iglesia, un hospicio llamado «de la Porta Genovese» que acogía a inválidos y vagabundos.

EN LOS ALREDEDORES (6)

Un horno del siglo XV aún en funcionamiento

La fornace Curti (via Tobagi, 8), líder en terracota, opera en Milán desde el siglo XV: comenzó su actividad cocinando baldosas y ladrillos moldeados para el Ospedale Maggiore. La visita (02 8135049) conduce a un conjunto pintoresco y fantasioso de escaleras y patios, pórticos y logias donde, sobre las tejas de los tejados, entre las chimeneas, se posan pájaros y otros animales de terracota, mientras que en las paredes exteriores no hay ni un solo centímetro sin escudo, friso u otro elemento decorativo.

ORATORIO DE SAN PROTASO AL LORENTEGGIO

⑦

Una pequeña iglesia en medio de la carretera

Mediana central que separa los carriles de la vía Lorenteggio (a la altura del n.º 31)
Abierto solo dos veces al año, con motivo de las dos fiestas del barrio:
Festa di primavera (fiesta de la primavera, primer domingo de mayo)
e Il Natale del Lorenteggio (la Navidad del Lorenteggio, último domingo de noviembre)
MM1 Gambara

Parece increíble que una iglesia esté ubicada en la mediana central de una calle tan caótica como la via Lorenteggio, y sin embargo el oratorio de San Protaso está ahí desde, al menos, el siglo IX. Ni siquiera Barbarroja se atrevió a tocarlo; por algo será. Quizás se deba al cariño especial de los milaneses por este pequeño lugar de culto, en el que en su momento se oficiaba la misa dominical de los campesinos, quienes también la llamaban Cà o Gesétta di Lusern (casa o pequeña iglesia de los lagartos), cuando esta zona era puro campo. Cuando, a finales de los años 1950, se proyectó demolerla para construir la nueva via Lorenteggio, los vecinos del barrio protestaron tanto que consiguieron salvarla. Su interior alberga frescos de distintas épocas, muchos de ellos están superpuestos: el más antiguo es un friso en el ábside que data alrededor del año 1000 y que representa escenas de caza; el más reciente es una Virgen del Divino Auxilio pintada en el siglo XIX. En el muro izquierdo, un fresco de santa Catalina de Siena (el más antiguo de Milán) está precedido por un boceto con la inscripción Fra de Porta Vercellina Michele de Zeni Grando y la fecha 14 de julio de 1428. Cuenta la leyenda que, en 1162, Federico I Barbarroja encontró en esta zona de Milán la mayor resistencia a su asedio y, tal vez en un acto de devoción, entró en esta pequeña iglesia para invocar la victoria. En la época napoleónica, la iglesia desacralizada se utilizó como granero, mientras que hacia 1820 Federico Confalonieri, uno de los partidarios de la independencia italiana, habría organizado aquí sus conspiraciones contra el opresor austríaco.

EN LOS ALREDEDORES

(8)

El antiguo monumento conmemorativo del Lorenteggio

El atrio empedrado de la iglesia tiene un mojón hallado durante unas excavaciones realizadas en el siglo XIX, que en su momento delimitaba el territorio de la antigua Comune di Lorenteggio e Uniti. A un lado del mojón puede leerse la inscripción Corpi Santi, nombre del municipio que se encontraba más allá de las murallas y que debía su nombre al hecho de que, en la época romana, las sepulturas de cristianos y paganos debían excavarse fuera del recinto amurallado. Corpi Santi fue anexionado al municipio de Milán en 1873.

LA IGLESIA DE SAN SIRO ALLA VEPRA

9

Una pequeña joya escondida en una villa

Via Masaccio 20 - Es preciso pedir permiso a las hermanas para visitarla
MM 1 Lotto-Fiera; Bus 48, 68, 78, 90, 91

La iglesia de San Siro alla Vepra es una pequeña joya de pinturas del siglo XV, escondida en un edificio más reciente. La idea de integrarla en una vivienda (sustituida posteriormente por la idea de convertirse en la famosa Villa Triste) se remonta al siglo XVII, cuando los entonces propietarios, los Pecchio, decidieron demoler la parte delantera del edificio y conservar solo el ábside.

Pero la iglesia original es mucho más antigua: los primeros registros que se tienen de ella datan del año 885 d. C., cuando dio nombre al antiguo burgo de San Siro, entonces dependiente de Sant'Ambrogio, y adoptó el nombre de la antigua denominación del río Olona, que en aquella época se llamaba Vepra.

Hoy en día, esta pequeña iglesia, que desde 1911 forma parte de los monumentos nacionales, pertenece a las Misioneras de la Inmaculada, quienes la utilizan para celebraciones, aunque la abren a los visitantes previa petición. En su interior se conservan frescos de artistas lombardos de la segunda mitad del siglo XV, así como una pila bautismal hecha con la tapa invertida de un sarcófago paleocristiano.

EN LOS ALREDEDORES

El Museo Popoli e Culture ⑩

El Museo Popoli e Culture (via Mosè Bianchi 94) es el primer museo etnográfico de Lombardía. Fundado en 1910 y ubicado en la sede del Instituto Pontificio Misiones Extranjeras, tiene entre sus colecciones numerosos objetos procedentes de Asia, en particular de China, relacionados con el mundo religioso. Fueron precisamente los misioneros de esas zonas quienes, al regresar de sus expediciones, trajeron a Italia objetos de arte y de la vida cotidiana capaces de enriquecer el conocimiento de pueblos y países lejanos, tanto geográfica como culturalmente.

Entre los objetos expuestos en las dos salas de este pequeño y elegante museo se encuentran un espléndido panteón taoísta tallado en madera, un altar pintado y dorado del siglo XVII, también taoísta, estatuas de Buda y de la diosa Kali, jarrones chinos, objetos y máscaras rituales, esculturas hindúes, abrigos de boda bordados japoneses, un «tambor de lluvia» birmano y diversos objetos de la dinastía imperial china Qing, entre ellos un precioso panel de seda con dedicatoria, un vestido de novia bordado y el sombrero de un funcionario.

EL CABALLO DE LEONARDO

11

Un recuerdo de la obra perdida de Leonardo da Vinci

Ippodromo di San Siro
Piazzale dello Sport 6
MM1 Lotto Fiera; Tranvía 13; Bus 49

El enorme caballo de bronce del hipódromo de San Siro (7,20 metros de alto, 8 metros de largo y un peso de 15 toneladas) fue diseñado por Leonardo da Vinci, pero tardó exactamente quinientos años en terminarse.

La historia comienza en 1482, cuando Ludovico el Moro encargó a Leonardo la construcción de «la estatua ecuestre más grande del mundo» como homenaje a su padre, Francesco Sforza. Leonardo se concentró en el proyecto, estudiando a los caballos en vivo y realizando bocetos preparatorios. Aunque inicialmente quiso que el caballo estuviera encabritado, como si atacara al enemigo, las dimensiones colosales y la complejidad de la obra, que le llevaría varios años de trabajo, hicieron que el maestro cambiara de idea.

Al final, esculpió el caballo en la pose del paso. En 1491, Leonardo da Vinci terminó un modelo de arcilla de 7 metros de alto. Todo estaba listo para la fundición en metal, pero las 100 toneladas de bronce necesarias habían desaparecido: se usaron para fabricar cañones con los que defenderse de la invasión de las tropas francesas de Luis XII. Cuando, finalmente, las tropas invadieron Milán, los soldados incluso usaron el caballo como blanco de práctica de tiro y lo destruyeron.

En 1506, Leonardo regresó a Milán y aceptó realizar una nueva estatua ecuestre para la tumba monumental de Giacomo Trivulzio, al mando de las tropas francesas que entraron en la ciudad, pero esta obra tampoco llegó a hacerse.

Quinientos años después, en 1977, Charles Dent, un expiloto estadounidense apasionado por el arte se entusiasmó al conocer esta historia y decidió hacer realidad el sueño de Leonardo da Vinci. Tardó quince años en reunir el dinero necesario para el proyecto (unos 2,5 millones de dólares), pero murió antes de que se estuviera terminado. En 1999, el caballo de bronce vio por fin la luz gracias a la escultora Nina Akamu. Donado a la ciudad de Milán, tal como lo había deseado el artista toscano y como lo había previsto Dent, lo colocaron en la entrada del hipódromo, considerado el lugar más adecuado (a pesar de las numerosas polémicas).

Si bien no es realmente «el caballo de Leonardo», sin duda se asemeja a los dibujos del maestro y, más allá de su valor artístico, constituye pues un auténtico homenaje al gran genio del Renacimiento.

CARTUJA DE GAREGNANO

⑫

La «Capilla Sixtina» desconocida de Milán

Via Garegnano 28
Apertura según temporada (información en certosadimilano.it)
Visitas guiadas a cambio de un donativo voluntario
MM 1 Uruguay; Tranvía 14; Bus 80; Ferrocarril subterráneo Milano Certosa

¿Será que la mayoría de los milaneses no conocen, o no han visitado nunca, la antigua cartuja que el arzobispo Juan Visconti mandó construir en 1349 porque está a las afueras de la ciudad? El interior de la iglesia es tan asombroso que recuerda a la obra maestra que Miguel Ángel pintó en el techo de la Capilla Sixtina. El conjunto de frescos de la cartuja representa de hecho la cumbre de la carrera artística del pintor Daniele Crespi, virtuoso del manierismo, que quiso representar aquí la historia de la Orden de los Cartujos. En estas pinturas, dominan los tonos blancos y violetas; evocan los principios fundamentales de la orden: la pureza y la humildad (el blanco) y la penitencia (el violeta).

Destaca asimismo una crucifixión en el ábside, obra de Simone Peterzano, maestro de Caravaggio, autor también, en la cartuja, de una Natividad y de una *Adoración de los Reyes Magos*. Por último, la Sala Capitular merece igualmente una visita, aunque solo sea por los frescos del canónigo Biagio Bellotti: durante las últimas obras de restauración, se descubrió un fresco en la bóveda, atribuido a Bernardo Zenale, que representa al Arcángel San Miguel.

Petrarca en Garegnano: «Estoy, pues, en el paraíso»

Petrarca, que visitó varias veces la cartuja en 1357, contribuyó con su presencia al clima de esplendor y de santidad que reina en torno a la comunidad monástica. «He estado, pues, en el paraíso»; escribió el poeta toscano, «He visto a los ángeles del Señor sobre la tierra; he visto vivos, en cuerpos terrestres, a aquellos cuya morada estará en el cielo.» Lord Byron también visitó la cartuja a principios del siglo XIX: en una carta describe los frescos que le impresionaron especialmente.

Cartujas y cartujos

La Orden Monástica de los Cartujos fue fundada por san Bruno en 1084 en la región del Dauphiné, al norte de Grenoble, Francia. Fue en el macizo de la Chartreuse («cartuja» en francés), cuyo nombre adoptó la orden, donde se construyó la Gran Cartuja, convertida pronto en el monasterio principal de los cartujos. Las reglas impuestas por san Bruno eran estrictas: dieta a base de pan y agua, cogulla de lana blanca como única vestimenta, uso del cilicio y flagelaciones a ultranza.
Una de las cartujas italianas más famosas se encuentra en los alrededores de Pavia. Erigida a petición de otro Visconti, Gian Galeazzo, estaba destinada a ser el mausoleo dinástico de los duques de Milán.

Las carreteras de los bandidos

Los milaneses siempre le han tenido miedo a la Strada Comasina, carretera que iba de Milán a Como y, de ahí, hacia Suiza y Alemania (hoy conocida como «carretera nacional de los "Giovi"»).
El peligro residía en que esta carretera, recorrido obligatorio para quien venía del otro lado de los Alpes, atravesaba un espeso bosque –el Bosco della Merlata– que se extendía desde las puertas de Milán hasta Novare, Varese y Como, e incluso más allá, y donde se reunían bandidos de todo tipo.
Existía incluso, no hace mucho, una taberna donde se perpetuaba el recuerdo de ese periodo oscuro de la historia milanesa: la Cascina Malgasciada, que estaba en el antiguo municipio de Musocco (hoy via Mantegazza). Según algunos, esta granja sirvió de refugio a la banda conocida como «Legorino», cuyos cabecillas eran dos famosos bandidos que aterrorizaban los alrededores del bosque de la Merlata.
La granja fue tranformada primero en fonda (locanda), luego en taberna (osteria) y por último en restaurante (trattoria): sobre la fachada, había un fresco del siglo XVII en el que figuraban precisamente dos bandidos prestando juramento. Junto a ellos, se distinguía una mula, que usaban para transportar su botín, y esta inscripción: "La cabeza de la mula de los famosos bandidos Giacomo Legorino y Battista Scorlino, ejecutados en mayo de 1566, está emparedada en esta taberna." El edifico fue demolido en los años 60 para construir un garaje.
Una granja con mala fama que ha sobrevivido, aunque lleve mucho tiempo abandonada, es la Cascina Merlata ("granja almenada"), llamada así por las almenas (merli en italiano) que antaño decoraban su fachada. Este lugar también sirvió de refugio a bandidos y delincuentes.
No fue una casualidad que la última banda de delincuentes "de la vieja escuela", la de Renato Vallanzasca en los años 70, se llamara "Banda della Comasina", aunque ninguno de sus componentes fuese oriundo de la zona.

UNA ESTACIÓN DE SERVICIO ESPACIAL ⑬

Una gasolinera «espacial» de los años 1950

Piazzale Accursio 22; garageitaliamilano.it
Tranvía 1, 14; Bus 69

En la esquina de viale Certosa y viale Espinasse se alza un extraordinario edificio de aspecto futurista, construido en 1953 y sujeto a las restricciones arquitectónicas impuestas por la Superintendencia de Patrimonio.

Un tratamiento poco habitual para lo que fue, hasta mediados de los años 1980, una «simple» gasolinera.

A petición del fundador de ENI, Enrico Mattei, que encargó su diseño al arquitecto Mario Bacciocchi, la construcción de esta gasolinera fue desde el inicio todo un desafío. La convergencia de las dos avenidas en la plaza creaba una forma en V que limitaba las posibilidades arquitectónicas.

Bacciocchi resolvió el problema imaginando un edificio de hormigón armado capaz de expresar una imagen dinámica del mundo del transporte motorizado, que en aquella época inspiraba confianza. La redondez del frontal, los voladizos de los aleros y la ausencia de ángulos contribuyen a hacer de esta un edificio único que, por un lado, recuerda la cubierta de un barco, y por otro, posee marquesinas que evocan las alas de un avión o una nave espacial.

El edificio era una gasolinera de Agip Supercortemaggiore, el último al norte de Milán antes de tomar la Autopista de los Lagos. También tenía un lavadero de automóviles, una sala de espera con bar y el taller de un electricista, además de una vivienda y oficinas en la planta superior.

Tras su cierre como gasolinera, el edificio pasó a ser una tienda de neumáticos antes de quedar abandonado y en ruinas. En 2017, restaurado por el arquitecto Michele De Lucchi, se transformó en un restaurante-taller, sede de Garage Italia, el hub creativo de Lapo Elkann, dedicado a la personalización de coches, motos, barcos y aviones.

Aunque el exterior del edificio no ha cambiado, salvo por la pintura especial que reduce la presencia de contaminantes en el aire, las dos plantas interiores se han rediseñado por completo.

En la entrada, una nube de más de 1000 modelos a escala de automóviles que cuelgan sobre la barra del bar. A continuación, están las oficinas, un showroom y una sala donde se pueden tocar y elegir los materiales para personalizar cualquier vehículo.

En la planta superior, hay un restaurante para 60 comensales dirigido por el chef Carlo Cracco y decorado con multitud de objetos relacionados con el mundo del motor. Por último, una terraza con un jardín tropical y un salón privado íntegramente revestido de caoba, arce y materiales náuticos, como guiño a la famosa lancha Aquarama.

COLECCIÓN BRANCA

⑭

Una gran destilería desvela sus secretos al público

Via Resegone 2
Para reservar, escribir a collezione@branca.it o llamar al 02 8513970
MM 3 Maciachini; Tram 3; Bus 90, 91, 92

Dentro del complejo original de la destilería Fratelli Branca (Hermanos Branca), edificio de principios del siglo XX donde hoy se sigue fabricando el famoso licor de plantas amargas, la colección Branca invita a viajar entre aromas de hierbas y especias naturales que remiten a la cultura de especiero del fundador, Bernardino Branca. Con una superficie de más de 1000 m^2, este museo permite recorrer la historia de una realidad industrial, pero también de una época, a través de numerosos documentos. Además de un fondo de artes gráficas, la colección cuenta con una rica y curiosa vitrina dedicada a la venta de productos: desde ceniceros hasta vasos de degustación, desde maletas miniatura que sirven de paquete regalo para las botellas históricas hasta calendarios, carteles y otras publicidades. Pero el complejo de la via Resegone también atesora maravillas que merecen ser mostradas al público, como los instrumentos originales de los inicios de la empresa y las más de 500 cubas (toneles equivalentes a varias barricas) en las que se envejece el Fernet-Branca y el coñac Stravecchio y que se conservan, contra todo pronóstico, «bajo» uno de los bulevares exteriores con más tráfico de Italia. Un siglo y medio de historia de una empresa que se consolidó como líder del mercado mundial con un solo producto, el Fernet-Branca, cuya famosa etiqueta muestra un águila sujetando una botella con sus garras encima de un globo terráqueo: un dibujo de 1893, firmado Leopoldo Metlicovitz, uno de los maestros del arte de la cartelería y la publicidad de principios del siglo XX.

La familia Branca ha mostrado siempre su gran interés por la comunicación, mediante eventos o experiencias personales, participando sobre todo en las grandes exposiciones del siglo XX. De hecho, ha promovido varias iniciativas culturales ligadas al territorio, como la conservación de la torre del Parque Sempione, rebautizada como Torre Branca, la transformación del establecimiento de Saint-Louis (Francia) en un espacio de exposiciones permanentes de arte moderno, así como el Museo Carpano de Turín.

RICOVERO 87

⑮

Un refugio antibomba

Viale Luigi Bodio 22 (en los sótanos de la escuela primaria Leopardi)
Abierto cada mes para visitas guiadas organizadas por la asociación Neiade
neiade.com
Enlace ferroviario Lancetti; Bus 90, 91

Cuando sonaban las sirenas durante la Segunda Guerra Mundial, los milaneses corrían a esconderse bajo tierra, en sótanos o en alguno de los 135 refugios antiaéreos repartidos por la ciudad, ya que ese sonido anunciaba el comienzo de los bombardeos. De entre los refugios que han sobrevivido, el número 87 sigue abierto y se puede visitar.

Inaugurado en 1940, justo después de que Italia entrara en guerra, este refugio fue uno de los primeros y de los más grandes de Milán, con capacidad para albergar hasta 450 personas. Como solía suceder, se construyó adaptando los sótanos subterráneos de una escuela primaria, para proporcionar protección inmediata a los alumnos, profesores y a habitantes de los alrededores. El refugio, que ocupa 220 metros cuadrados, tiene forma de herradura y consta de 10 habitaciones, dos baños turcos y un grifo con agua corriente. En estas habitaciones, los niños podían seguir con sus clases incluso después de que sonaran las sirenas, en un intento de fingir una tranquilidad que nadie sentía realmente. En 2010 lo limpiaron, en el marco de la campaña de Legambiente Puliamo il Mondo (Limpiemos el mundo), y conserva la señalética y carteles originales: las flechas que indican los aseos o el agua potable, las salidas, la prohibición de fumar e incluso han recuperado el suelo original.

El director de cine Ermanno Olmi, que estudió en esta escuela, relata un ejercicio que hicieron en el refugio en su autobiografía *Chico de barrio (Il ragazzo della Bovisa).*

Ironía del destino, la escuela estaba dedicada a la madre del Duce, Rosa Maltoni Mussolini, que había sido maestra de escuela.

El refugio bajo la fuente

Hay otro gran refugio antiaéreo en la piazza Grandi, oculto bajo la fuente monumental dedicada al escultor Giuseppe Grandi (autor del monumento en la piazza V Giornate). Construido en 1936 y con una superficie de 250 metros cuadrados y con una capacidad para 400 personas, el refugio fue restaurado y abre periódicamente al público.

FESTIVAL «SALTIMBANCHI DOC» ⑯

Una pequeña escuela de saltimbanquis

Piccola Scuola di Circo
Via Messina 48
Abierto todos los días entre mayo y junio - Gratis
MM 2 Garibaldi

La «Pequeña escuela de circo» es un centro permanente asociativo de carácter voluntario dedicado a actividades deportivas, recreativas y culturales. Creada en 1994, y única en Italia, ha formado a centenares de alumnos a lo largo de los años.

Cada año, entre mayo y junio, la escuela organiza el festival «Saltimbanchi DOC» (literalmente: «Saltimbanquis con Denominación de Origen Controlada»), de acceso público y gratuito. Es un verdadero *happening* bajo una carpa durante el cual los alumnos de la escuela ofrecen espectáculos en encuentros sobre teatro de calle, acrobacia, música, baile y números de payaso, en los que participan otras compañías procedentes de Italia, Francia y Perú.

El resto del tiempo, la escuela ofrece cursos de actividades circenses en función de la edad, el nivel de formación y los años de permanencia en la escuela. La enseñanza de los oficios del circo nunca ha sido objeto de programas específicos de formación profesional. En el mundo del espectáculo y del circo en particular, los conocimientos profesionales se suelen obtener de la familia o desarrollando un interés personal. La "Pequeña escuela de circo" es el primer intento de colaboración entre profesores de educación física y profesionales del espectáculo en Italia.

EN LOS ALREDEDORES

(17)

Villa Simonetta, la casa de los 56 ecos

Via Stilicone 36

Siguiendo la via Messina, se encuentra la Villa Simonetta (via Stillicone, 36), construida a finales del siglo XV con el nombre de «La Gualtiera». En el siglo XVI, se convirtió en la casa de recreo – o «folie» como llamaron en Francia más tarde a este tipo de villa – del gobernador español Ferrante Gonzaga y su corte. Es el único ejemplo de villa patricia suburbana del Renacimiento en Lombardía. Hace unos años, era aún famosa por ciertas leyendas y por el extraordinario eco que se producía en la columnata de la planta baja. Una leyenda cuenta que Clelia Simonetta, cuya familia dio su nombre a la villa, mandaba estrangular aquí a sus amantes. En cuanto a los famosos ecos de la columnata, se decía que si se gritaba en milanés: *Ma come se fa a avegh inscì tanta bella ròbba?* («¿Pero cómo se puede tener cosas tan bellas?»), el eco contestaba: *Ròbba, ròbba, ròbba…* («Roba, roba, roba…»). Después de los bombardeos de la Segunda Guerra Mundial y de las restauraciones de 1962, la acústica ya no fue la misma. Pero la música sigue encantando esta villa, ya que desde 1973 es la sede de la Escuela Municipal de Música de Milán.

BASÍLICA DE SANTA MARIA DE LOURDES

⑱

La cueva de Lourdes reproducida en Milán

Via Induno 12
Cada año, el 11 de febrero, se bendice a los enfermos
Tranvía 12, 14, 33; Bus 43, 57, 78

Cuando se erigió, en 1894, la cueva dedicada a la Virgen María estaba en medio del campo, en la extrema periferia de Milán. Dos sacerdotes, los hermanos don Antonio y don Giuseppe Videmari, la mandaron construir en señal de agradecimiento por haberse recuperado don Giuseppe de una terrible enfermedad. Durante años, ambos sacerdotes se dedicaron a recolectar fondos para la edificación de esta iglesia vendiendo ladrillos a diez céntimos la unidad. Hasta el futuro soberano pontificio, Pablo VI, entonces aún niño, llegó a comprar uno. En 1893, los dos sacerdotes lograron hacerse con un terreno en el actual barrio Sempione y se pudo empezar la construcción.

La cueva en sí fue construida según el modelo de la de Massabielle, en Lourdes, donde Bernadette Soubirous, una sencilla campesina de 14 años, presenció dieciocho apariciones de la Virgen en 1858. Cada año, son millones de fieles los que acuden a Lourdes. A su modo, la réplica milanesa de la cueva, realizada en menos de dos años y flanqueada por la pequeña iglesia de Sant'Anna y por una residencia para enfermos, se convirtió también en lugar de peregrinación para creyentes que a veces venían de muy lejos para depositar flores, recitar su rosario y escuchar las homilías de los dos sacerdotes.

Chiappetta, el arquitecto, tenía la intención de unir la cueva a la fachada del nuevo santuario, que podría haber servido de basamento a la torre del campanario. Pero el proyecto se modifició después y se eligió el emplazamiento actual.

La iglesia que querían los fieles, un santuario donde honrar a la Virgen de Lourdes, se encargó a otro arquitecto, Campanini, y fue consagrada al culto en 1902. El edificio de estilo bizantino, de ladrillo visto, se compone en su interior de tres naves, tres ábsides y tres transeptos y está decorado con frescos del pintor Lazzaro Pasini. Este santuario se transformó pronto en una parroquia urbana debido a la constante expansión de la ciudad.

En 1958, con motivo del centenario de las visiones de santa Bernadette, el papa Pío XII elevó la iglesia a rango de basílica menor romana.

Cada año, el 11 de febrero, con motivo del aniversario de la aparición de la Virgen en Lourdes, se celebra una ceremonia en la que se bendice a los enfermos.

MUSEO HISTÓRICO DE LOS BOMBEROS DE MILÁN

(19)

Bomberos ciclistas

Dentro del Comando Prov. VV.F. de Milán, Via Messina 35/37
museovvfmilano.it
Visita previa reserva llamando al 02 3190261 o escribiendo a museopvvf-mi@libero.it
Abierto cada 4 de diciembre, día de la festividad de Santa Bárbara, santa patrona de los bomberos
MM 2 Garibaldi; Tranvía 33

Dentro del Consorcio Provincial de Bomberos, el Museo Histórico de los Bomberos de Milán propone un itinerario apasionante para conocer la evolución del 52º Cuerpo de los VV.F. (*Vigili del Fuoco*), creado en 1812, por orden de Napoleón Bonaparte, con el nombre de *Zappatori pompieri* (zapadores-bomberos).

Concebido en 1912, con motivo del centenario de la fundación del Cuerpo Municipal, este museo ocupaba al principio una de las salas del Castillo Sforzesco. Mostraba fotografías de los incendios más graves y documentos sobre las causas de dichos incendios, así como distintos objetos recuperados después de los desastres: la idea era empezar a sensibilizar al público de la necesidad de tomar medidas preventivas. El museo se trasladó luego a una escuela del cuartel de la via Ansperto, sede principal del Consorcio, y se volvieron a usar algunas de las máquinas históricas que estaban expuestas, como las bombas de vapor transportadas antaño sobre carros tirados por caballos, para resarcir la falta de autobombas a motor durante los bombardeos de 1945.

No fue hasta 1960 cuando instalaron definitivamente el museo en el gran complejo arquitectónico de la via Messina. Hoy ocupa el amplio sótano del cuartel. Alberga una de las colecciones más importantes de este tipo en Italia: desde los antiguos barriles llenos de agua y de arena hasta las primeras bombas de agua; desde las bombas de vapor hasta los extractores de humo manuales; y además, las autobombas de incendio «Isotta Fraschini» de principios del siglo XX, los coches de bomberos de la entreguerra y las bicicletas con sistema de riego con las que los bomberos ciclistas podían anticiparse a la llegada de las bombas de vapor y los vehículos de emergencia.

El museo expone asimismo cascos de todas las formas, extintores de todo tipo, uniformes de todas las épocas y hasta indumentaria que perteneció a la sección de los hombres rana: desde la antigua escafandra autónoma hasta los trajes de submarinismo modernos.

Una de las piezas notorias de esta colección es la reproducción de la centralita original que estaba en los locales de la via Beato Marcello: el telefonista se encargaba de recibir las llamadas de socorro mediante las alarmas de incendio repartidas por la ciudad y de enviar rápidamente los equipos de intervención.

ACCADEMIA DEL GIOCO DIMENTICATO

⑳

Un espacio para conservar y recuperar los juguetes de antaño

Via Palmanova 133
giocodimenticato.it
Únicamente con reserva llamando al (+39) 328 9065684
MM 2 Cimiano; Bus 44

Desde 2008, en la Fabbrica del Vapore («Fábrica del vapor», antiguas unidades de producción que cedieron su lugar a asociaciones y talleres de todo tipo), la Academia del juguete olvidado (*Accademia del gioco dimenticato*) reúne, archiva, conserva y utiliza juguetes tradicionales fabricados con material reciclado.

Ideada por Giorgio Realli, esta verdadera «Academia», como se autodenomina, abre sus locales, previa petición, para mostrar sus estanterías llenas de juguetes fabricados con materiales reciclados tales como tapones (bicicletas, futbolines, billares), madera (zancos, diábolos, peonzas, bolos, bobinas), elásticos (fusiles, tirachinas, lanzapiedras), papel (cometas, aviones, pajaritas, marionetas), cuerdas (combas, juego de la soga), hierro (aros, tirolinas, anillos), canicas (*pinballs*, cerbatanas, laberintos), pero también piedras, monedas, conchas, judías, trapos, hilos de lana, pastas, botellas de plástico, latas, vasos de papel, etc.

En resumen, todos esos juguetes que nuestros padres y abuelos fabricaban antaño en la calle y en los patios de sus casas: juguetes rústicos, insólitos, históricos y olvidados por la mayoría de nosotros.

La Academia admite juguetes siguiendo dos criterios principales: un precio muy bajo, o nulo (puede tratarse sencillamente de un juego para el que solo basta un grupo de niños) y un alto componente creativo. La imaginación –materia prima de cualquier juego y recurso potencialmente infinito de todos los niños– y la participación de los padres en la creación del juguete, según la filosofía de la Academia, bastan para satisfacer una de las necesidades primarias del ser humano: la diversión.

La asociación, además de poner sus locales al servicio de los juguetes tres tardes por semana, organiza animaciones y fiestas privadas en distintos lugares públicos de Milán: escuelas, bibliotecas, parques, residencias de ancianos, centros comerciales y sorprendentemente, también en la base aérea de hidroaviones (*Idroscalo*).

DEPÓSITO ATM

(21)

Una joya de arquitectura industrial

Via Messina 14
atm-mi.it
Abierto una vez al año con motivo de la jornada de puertas abiertas de los depósitos (normalmente en octubre)
MM 2 Garibaldi; Tranvía 33

Una vez al año, los amantes de los transportes públicos pueden visitar y explorar tranvías nuevos y antiguos, trenes de época o ecológicos, así como autobuses y trolebuses en sus respectivos depósitos. La ATM, *Azienda Trasporti Milanesi* («Empresa de transportes milanesess»), suele abrir, durante dos únicos días en otoño, cuatro de sus depósitos: el de via Messina y los ubicados en via Teodosio 89, via Molise 60 y via Impastato 27. El depósito de la via Messina es una verdadera joya de la arquitectura industrial de los años 30. Objeto de estudio para arquitectos y estudiantes, ha sido reestructurado conservando su antigua morfología. Además de los tranvías en servicio, se pueden ver vehículos especiales como la *sabbiera* (arenero), un viejo tranvía modificado en los años 1946-1947 para realizar, aún hoy, una importante labor de prevención: «enarenar» las vías férreas cuando están resbaladizas a causa de la lluvia o de la nieve. El Taller General de reparaciones Teodosio, que data de 1929, expone algunos de los vagones más simbólicos de Milán: de los históricos «Carrelli» a los flamantes y muy sofisticados «Sirietto». Durante la visita, generalmente se puede subir a bordo de uno de estos vehículos y tomar una foto de recuerdo, sentado en la locomotora y vestido de conductor de tranvía. Los más de 200 empleados que trabajan en este taller se encargan de mantener unos 400 vagones de tranvía y unos 700 vagones de metro.

En la via Molise, los protagonistas son los autobuses y los trolebuses de todos los tamaños: una amplia gama de vehículos sobre neumáticos, desde modelos de época hasta prototipos más tecnológicos y ecológicos que llevan un sello verde (*bollino verde*).

El depósito más moderno de los cuatro está en la via Impastato: allí se pueden descubrir todas las características de los trenes metropolitanos actualmente en servicio en Milán: un desfile de vehículos donde el ultrasofisticado «Menghino» es la estrella indiscutible.

Cenar a bordo de un tranvía

Podrías pensar que estás a bordo del Orient-Express, pero en realidad cenas en un tranvía de la ATM que va recorriendo la ciudad. Este tranvía-restaurante sale todas las noches a las 20 h —excepto los lunes— desde la piazza Castello, a la que regresa tras recorrer durante dos horas y media los lugares más fascinantes de la ciudad. Hay dos menús, uno con pescado y otro con carne (ambos cuestan unos 50 euros). Es obligatorio reservar llamando al número gratuito de ATM: 800 808 181.

MONUMENTO FUNERARIO DE LA FAMILIA BERNOCCHI

(22)

El mensaje oculto del Via Crucis de Bernocchi

Cimitero Monumentale
MM 5 Monumentale; Tranvía 2, 4, 7, 12, 14

En el Cementerio Monumental de Milán, el monumento funerario de la familia Bernocchi destaca tanto por la altura de su espiral como por los personajes que lo decoran. Proyectada por el arquitecto Alessandro Milani y el escultor Giannino Castiglioni, la tumba se construyó por etapas entre 1931 y 1936 para albergar a Antonio Bernocchi (Castellanza, 17 de enero de 1859 - Milán, 8 de diciembre de 1930), un empresario de la industria textil que descansaba desde 1930 en una tumba más modesta.

El conjunto escultórico representa, según los deseos de Antonio Bernocchi, que era profundamente religioso, el recorrido en espiral del *Via Crucis*, un modelo iconográfico tradicionalmente transmitido por los franciscanos que tiene su equivalente en la torre de Babel. Haciendo una analogía entre el Nuevo y el Antiguo Testamento, se observa que ambos expresan un sentido trágico, ya sea de la muerte de Cristo por culpa de hombres que no habían entendido su mensaje, ya sea de la maldición de Dios que sembró la confusión entre los hombres que habían osado desafiarlo y comparar el orgullo humano con la grandeza divina.

De un modo menos evidente, este monumento funerario expresa asimismo la *Scala Coeli* (la «Escalera del Cielo») a través de la cual se pasa del estado profano (representado por el hombre, en la base, postrado bajo el peso del conjunto escultórico) al estado de iniciado (representado, en la cima, por un caballero alado que impide que un hombre tendido en el suelo avance, símbolo del despojo definitivo de las ropas viejas y de la condición profana). La espiral, que acaba en forma abrupta, también invita a creer que se prolonga invisiblemente en el más allá, en total afinidad con la finalidad del monumento: una escultura fúnebre donde yacen cuerpos mortales y sobre los que las almas eternas se elevan en espiral, en busca de la resurrección espiritual, tras haber pasado por el camino de la cruz, es decir, por las vicisitudes de la vida mortal que nos aflige a todos.

Así, al igual que la torre de Babel (ver siguiente doble página), el *Via Crucis* evoca también las etapas de la iniciación espiritual del ser humano para quien queda una última esperanza: la ascensión al Cielo, hacia la Jerusalén Celeste.

De los zigurats a la torre de Babel y a Pentecostés

Babel es un término fenicio que provendría de la palabra Baal, que significa «Señor» o «Dios». Según la tradición iniciática e histórica, la torre de Babel se vincula con el culto a Baal, dios principal de los antiguos pueblos de Asia menor.

En honor a esta divinidad se erigían los zigurats (torres en espiral), evocando claramente el recorrido de iniciación progresiva del hombre en su acercamiento a Dios.

Cuando los hombres sustituyeron el culto monoteísta a Baal por un culto a otros dioses, episodio equivalente al que la Biblia describe como un desafío a Dios, este respondió con cólera derrumbando el zigurat (torre de Babel), término que proviene también de la raíz fenicia bil que significa «confundir» o «confusión».

Así, la destrucción de la torre de Babel es, más que una condena del orgullo humano, una condena del hombre, inmaduro espiritualmente pero presuntuoso, que siempre quiere elevarse más hacia Dios, cuando en realidad no puede superar su condición humana. Confundiendo el plano terrestre con el espiritual, los hombres

empezaron a no pensar más que en sí mismos, dejaron de entenderse y terminaron hablando un idioma diferente: no existía ya el mínimo consenso entre ellos.

El relato bíblico de la torre de Babel está al final de los capítulos que tratan de los orígenes de la humanidad.

También precede a la historia más detallada, menos mitológica y más cronológica, de los patriarcas.

Constituye así una especie de conclusión de esa primera fase de la historia de la humanidad, caracterizada por la formación progresiva de los grandes imperios y de las grandes ciudades.

Es singular que el final de este periodo esté marcado por una catástrofe social como la caída de la torre de Babel (Génesis, 11, 1-9): la confusión babélica es también el castigo de la colectividad que, a fuerza de oprimir al individuo, provoca la creación de varios grupos, hostiles entre ellos, simbolizados por la diversidad de idiomas que Dios les impone y que crea confusión, imposibilitando la comunicación.

El mensaje es claro: una sociedad humana sin alma y sin entendimiento está condenada a la división y al fracaso; la unión solo llegará con una renovación espiritual y un nuevo entendimiento. Según las Actas de los Apóstoles (2, 5-12), esta unión ha de restablecerse en el nombre de Cristo; así, resulta coherente que sea el don de las lenguas lo que se concede a los apóstoles de Pentecostés, como antítesis de la confusión lingüística en la torre de Babel.

ESTATUA DE FEDELE SALA

(23)

Un crematorio masónico

Crematorio - Cementerio Monumental de Milán
Piazzale Cimitero Monumentale 2
MM 5 Monumentale

El crematorio del Cementerio Monumental de Milán es un testimonio relevante del positivismo del siglo XIX y de su fe en la ciencia. Su construcción, iniciativa del comerciante, industrial, masón y filántropo de origen protestante Alberto Keller (Roma, 1800 – Milán, 23 de enero de 1874), hizo de Milán la primera ciudad de Italia y de Europa en practicar la cremación.

La adopción de esta práctica afirma simbólicamente la oposición al dogma católico de la «resurrección de los cuerpos hasta el final de los tiempos»: hasta 1963, la iglesia condenaba la cremación. También marca un retorno a la tradición clásica griega del rito antiguo de la purificación corporal que transformaba en cenizas el cuerpo del difunto a través del fuego. La dignidad del cuerpo estaba asegurada, evitándole una posible degradación, y su memoria póstuma quedaba intacta. Fueron precisamente los restos de Alberto Keller, fallecido dos años antes, quienes inauguraron este crematorio en 1876. El crematorio fue construido lógicamente al estilo dórico de la Grecia antigua, aunque

fue modificado más tarde. La parte original (1875) es del arquitecto Carlo Maciachini (1818-1899) y del ingeniero Celeste Clericetti, mientras que el sistema crematorio fue perfeccionado por el médico y científico Paolo Gorini. El crematorio fue donado a la ciudad de Milán por la Sociedad de Cremación, presidida en 1876 por Malachia De Cristoforis (Milán, 9 de noviembre de 1832 – Milán, 1915), médico y Gran Maestre del Gran Oriente Italiano. Puede que fuera el propio Malachia De Cristoforis quien ordenara erigir, en el crematorio, un monumento a Fedele Sala (personaje quizás imaginario o simbólico del que no hay rastro alguno) a la derecha del «templo» central de forma cuadrada, repleto de referencias masónicas explícitas para mostrar el contraste entre el orden masónico liberal y la autoridad eclesiástica conservadora y secular.

La estatua de Fedele Sala representa a un hombre a tamaño natural, con la mano derecha sobre el pecho y un pergamino en la izquierda. Está en el centro del nicho de estilo dórico, exactamente igual a un templo de logia masónica, flanqueada por columnas tradicionales *Jakin y Boaz* (Sabiduría y Rigor) del templo de Salomón de Jerusalén, que la masonería adoptó. Sobre el tímpano del nicho está el ojo del Gran Arquitecto del Universo en el centro del delta luminoso y, bajo el arquitrabe del arco, el compás abierto entrelazado con la escuadra, símbolo del segundo grado del compañero: las posiciones del compás y de la escuadra indican los tres grados fundamentales de la masonería. La escuadra colocada sobre el compás simboliza al aprendiz masón; la escuadra y el compás entrelazados, al compañero masón; y la escuadra colocada debajo del compás, al maestro masón.

En la columna situada a la izquierda del nicho, el caduceo que emerge de las hojas representa el alma que se eleva hacia lo Eterno y el

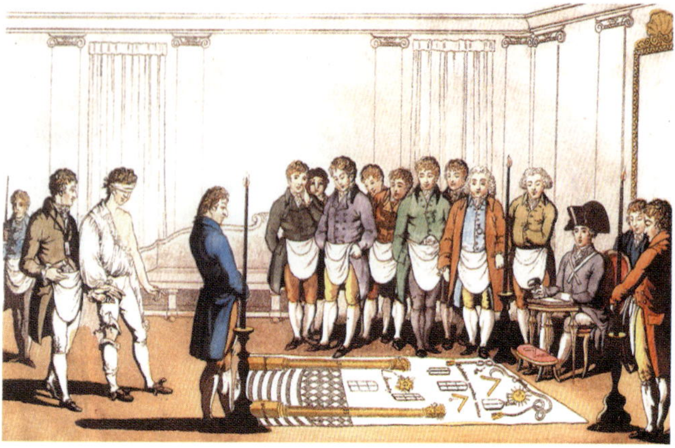

cuerpo quemado que se reduce a cenizas, el fuego físico (que permite una primera purificación y evita pasar por el purgatorio) y el fuego espiritual y la purificación de la carne y del alma. La rueda del timón que emerge de entre las hojas de la columna derecha recuerda también la idea de movimiento y de progresión.

A los pies de la estatua hay un ancla con la palabra *Rosario* y una cuerda. Tanto para la masonería como para el cristianismo, el ancla simboliza la esperanza de la salvación del alma gracias a la cuerda que representa el camino de la iluminación.

Aunque la palabra *Rosario* parezca el nombre de un escultor desconocido, podría también aludir a *Rosario Philosophorum*, nombre dado a los tratados herméticos y alquímicos de los antiguos filósofos del fuego que buscaban transformar el plomo en oro y la condición profana y mortal en su estado iniciático e inmortal.

La estatua de Fedele Sala está colocada sobre una base cuadrada que alude tal vez a la Piedra Cúbica de la Perfección con la que se construye el templo humano y espiritual, según la masonería.

El simbolismo masónico de la escuadra y el compás

La escuadra, que sirve para verificar los ángulos de una construcción, enseña también a «actuar con rectitud, conforme a la regla masónica y a armonizar la propia conducta según los principios de la moral y la virtud».

Símbolo del masón que trabaja sobre sí mismo para pasar de la piedra bruta a la piedra tallada, la escuadra se asocia a menudo con la materia y representa «la rectitud en la acción».

El compás, de apertura variable, simboliza el espíritu y representa «la medida en la búsqueda». Un observador atento notará que, aunque a menudo se representan juntos, no siempre lo hacen de la misma manera, lo cual evidentemente tiene un significado. La posición de la escuadra sobre el compás hace referencia al primer grado, el de aprendiz: en esta etapa, la materia (escuadra) aún prevalece sobre el espíritu (compás).

La escuadra y el compás, cuando están entrelazados, remiten al segundo grado de la masonería: el grado de compañero, una grado de evolución en la que la materia y el espíritu se equilibran, condición necesaria para alcanzar la iluminación espiritual.

Cuando se coloca el compás sobre la escuadra (como en la plaza Paul Langevin en el distrito 5 de París – ver la guía París insólita y secreta de la misma editorial), indica que el espíritu (la espiritualidad) ha vencido a la materia (lo profano), una progresión iniciática representada en la jerarquía masónica por el tercer grado de maestro masón.

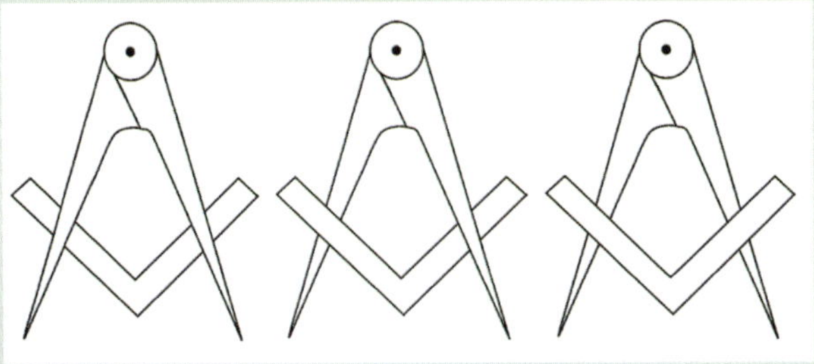

SANTUARIO DE SANTA MARIA ALLA FONTANA

24

Una fuente milagrosa dentro de un precioso claustro

Piazza Santa Maria alla Fontana 11
MM 3 Zara

El santuario renacentista de Santa Maria alla Fontana, atribuido durante mucho tiempo a Leonardo da Vinci, constituye uno de los lugares más poéticos y secretos de la ciudad.

Este santuario, que antiguamente estaba en mitad del campo, más allá de la Porta Comasina, fue fundado en 1507 por Carlos II de Amboise, gobernador de Milán, por cuenta de Luis XII de Francia. según la leyenda, Carlos II, que padecía de los ojos, acudió a una fuente de la zona, prometiendo que si se curaba, construiría un santuario en honor de la Virgen María, edificio que habría encargado a Leonardo da Vinci.

Documentos hallados recientemente demuestran que en realidad fue el arquitecto Giovanni Antonio Amadeo quien diseñó y construyó el santuario. Este lugar, confiado al principio a los monjes benedictinos de San Simpliciano, terminó siendo, junto con la Cà Granda y el Lazareto, uno de los tres lugares neurálgicos de la estructura sanitaria de la ciudad.

Fuera, se pueden ver aún los antiguos frescos atribuidos al taller de Luini y una placa que recuerda la fundación del santuario, el 29 de septiembre de 1507.

Dentro del *sacellum*, antiguamente con tres lados abiertos para que los enfermos pudieran asistir a misa, se erigió el altar justo frente al orificio de donde continuamente mana el agua, por once grifos diferentes.

El techo llama la atención por su bóveda esférica colorida y dividida en doce aristas, caso único en Italia: en el centro, domina la imagen de Dios bendiciendo, no solo pintada sino también esculpida en madera y moldeada en yeso, y entre las aristas figuran los doce apóstoles, con un san Pablo ya convertido. La gran estrella situada detrás del altar, atribuida a los hermanos Campi (siglo XVI) muestra una Virgen con el Niño rodeada de querubines y arcángeles, a cuyos pies hay un hombre representado enfermo primero, y curado después.

MUSEO DE LA FUNDICIÓN NAPOLEÓNICA EUGENIA

25

Una colección única en su género

Via Thaon Di Revel 21
Visita previa reserva escribiendo a museo@fonderianapoleonica.it
MM 3 Zara; Tranvía 7, 31; Bus 82, 86, 90, 91, 92

Las dependencias de la antigua fundición napoleónica Eugenia, recientemente restauradas tal y como eran hace doscientos años, son hoy una serie de edificios ocupados por estudios profesionales y salas donde se celebran exposiciones, conciertos y otros eventos culturales. Además de los espacios originales conservados tal cual, un pequeño museo demuestra que hubo una fundición en estos locales. Este museo conserva documentos, fotografías, herramientas de trabajo y un utillaje ligado al arte de fundir el metal, actividad que la empresa Barigozzi desarrolló durante más de un siglo, convirtiendo esta fundición de bronce, especializada en la producción de campanas y en la fundición artística, en una de las más célebres de la época. El museo alberga una amplia colección de moldes en yeso y en barro cocido, representando orantes y figuras sagradas que servían para decorar las campanas. Única en su género, esta colección remite a la compleja iconografía sagrada con la que se decoraba las campanas.

Cada campana tenía, además de la inscripción en memoria del donador y de la comunidad que la había encargado, una dedicatoria y una composición figurativa que, en general, incluía la imagen de un crucifijo rodeada de las efigies de los santos que la comunidad deseaba celebrar. Destaca asimismo una colección más modesta, aunque no menos significativa, de esculturas de yeso conservadas dentro del museo. Observando el horno original, las fotografías y las ilustraciones que se exponen, se puede reconstruir todo el proceso de realización de la campana –desde la creación de su forma hasta el momento de su fundición. Finalmente, un fondo con más de 1500 fotografías de época ilustra los lugares de trabajo, las diferentes fases de elaboración, el producto terminado y las celebraciones llevadas a cabo durante el transporte, la bendición y la colocación de cada una de las campanas en la iglesia a la que estaban destinadas.

La fundición, creada en 1806, fue llamada Eugenia en honor del virrey del reino de Italia, Eugenio de Beauharnais. Hasta su cierre en 1975, este edificio produjo no solo campanas, sino también esculturas de bronce que hoy se pueden seguir admirando: en particular, el carro tirado por seis caballos que se alza en el Arco della Pace, el monumento ecuestre a Victor Manuel II en la piazza del Duomo, el monumento a Alessandro Manzoni en la piazza San Fedele y un Dante Alighieri en el Dante Park de Nueva York.

EL CEMENTERIO DE LA MOJAZZA ㉖

¿Dónde está la tumba de Parini?

Piazzale Lagosta 1
MM 3 Zara; Tranvía 7

¿Dónde está la tumba de Giuseppe Parini? Sin duda, pocos son los milaneses que se han hecho esta pregunta, aunque muchos saben perfectamente dónde está la tumba de Manzoni, en el cementerio Monumental. La respuesta es sencilla: nadie lo sabe. Cuando el poeta murió, en agosto de 1799, recibió un entierro muy modesto. De hecho, él mismo dejó una nota que decía: «Quiero, exijo y ordeno que los gastos de mi entierro se reduzcan a lo estrictamente necesario, como corresponde al más humilde de los ciudadanos». Su cuerpo fue sepultado en el cementerio de Porta Comacina, conocido como «de la Mojazza» por una granja del mismo nombre que estaba cerca. Este cementerio se construyó en 1686 en el barrio que hoy se llama Isola, cerca de la actual via Borsieri.

En 1787, lo trasladaron unos metros, a la zona que hoy ocupa el piazzale Lagosta. Además de Parini, se enterraron otros milaneses ilustres, como Cesare Beccaria y Melchiorre Gioia, quienes también fueron enterrados en este pequeño cementerio. En aquella época, no era costumbre colocar lápidas en la propia tumba, si no que se fijaban en el muro del cementerio, del lado de dentro, cerca del lugar del entierro. Esto solo era, por supuesto, a los personajes más importantes; los demás solo tenían derecho a una simple cruz de madera anónima, sin ninguna inscripción.

El cementerio de la Mojazza fue clausurado en 1895, cuando construyeron los cementerios Monumental y Maggiore. La ubicación exacta de la sepultura de Parini, al igual que la de otros milaneses ilustres, se había olvidado probablemente para entonces. Ugo Foscolo, que conoció a Parini en los últimos años de su vida, se indignó profundamente por ese trato tan irrespetuoso: los restos del poeta yacían junto a los del común de los mortales, y tal vez incluso junto a los peores delincuentes.

A partir de los años 20, la construcción masiva del barrio se extendió también a la zona del antiguo cementerio, del que hoy no queda casi nada. Solo se conservan dos columnas, en la esquina de via Lario y via Arese, que marcaban una de las entradas del cementerio. Sin embargo, la lápida de Parini, cuyo cuerpo muchos siguen creyendo que yace bajo el piazzale Lagosta, no se ha perdido. Hoy sigue en su ubicación original, en el segundo patio de un gran edificio construido en 1925, en el número 1 de esta misma plaza. El muro que delimita el patio es también el antiguo muro del cementerio, y la lápida de Parini nunca se movió del lugar donde la pusieron definitivamente hace más de dos siglos, en 1799.

ASOCIACIÓN CULTURAL UMBERTO DI DONATO

(27)

Un museo dedicado a las máquinas de escribir

Via G. F. Menabrea 10
umbertodidonato.org
Entrada gratuita los martes, viernes y sábados de 15 a 19 h
Visitas guiadas previa cita llamando al 347 8845560
MM3 Maciachini, Zara; Tranvía 2; Bus 90, 91, 92

Creado en 2007 en un edificio privado, este museo dedicado a las máquinas de escribir, único en su género, es obra de su propietario, Umberto Di Donato, un antiguo financiero y director de banco, pero, sobre todo, un apasionado de las máquinas de escribir. Tanto es así que ha reunido y expuesto aquí cerca de 1400 ejemplares.

Hay de todo tipo: portátiles o monumentales, de oficina o de viaje, con carcasa o sin ella, brillantes u opacas, valiosas u ordinarias. Entre las más raras que Umberto Di Donato ha estado coleccionando desde 1952, destacan un modelo Underwood de 1898 que perteneció al emperador austrohúngaro Francisco José, fabricado con motivo de su jubileo, la Olympia que poseía Matilde Serao, una Odell de 1887, una Williams 1 Curved de 1891, la Blickensderfer 1885, el modelo Optima con teclado en árabe y la más clásica y legendaria M40 de Olivetti, además de la hermosa portátil Tippa-B y la famosa Lettera 22, célebre gracias a Indro Montanelli y muchos otros periodistas que la usaron antes de la invención del ordenador portátil.

Además de las máquinas de escribir, el museo conserva algunas calculadoras mecánicas de la primera mitad del siglo XX, cuyo funcionamiento es particularmente complejo, pero notablemente preciso.

Fruto de la gran paciencia de su fundador, quien reunió cada una de estas piezas una a una, el museo es testimonio vivo de la pasión de Umberto Di Donato por el mundo de la escritura. A cada máquina se asocia una anécdota fascinante, por lo que se recomienda encarecidamente una visita guiada.

La máquina de escribir de Negus

En la sede de la Asociación Lombarda de Periodistas (viale Monte Santo 7), en las oficinas de la primera planta, una vitrina alberga el modelo original de la máquina de escribir que perteneció al emperador de Etiopía Haile Selassie I. Los soldados italianos la encontraron en la cueva del Negus durante la batalla de Mai Ceu, el 31 de marzo de 1936.

UNA ANTIGUA GASOLINERA

(28)

Una de las cada vez más escasas gasolineras históricas

Viale Marche 36
MM 5 Marche; Tranvía 5, 7, 31

En la esquina de viale Marche y viale Zara se encuentra una de las pocas estaciones de servicio históricas, conservada casi por completo como cuando se construyó. Se remonta a 1934 y fue diseñada por el ingeniero Carlo Agular, quien dos años más tarde diseñó en Turín, entre otras obras, otra gasolinera con un techo en forma de avión, actualmente protegida como «ejemplo de arquitectura futurista».

La gasolinera del viale Marche también refleja claramente el estilo de la época fascista en la que se construyó. A diferencia de una gasolinera clásica, con una disposición simétrica de sus elementos, aquí se recalca especialmente la monumentalidad de la construcción.

Los materiales empleados son muy variados. La parte frontal, imponente, toda de mampostería, le da un aspecto sólido, perfectamente acorde con las necesidades del régimen de representar la fuerza y la voluntad de poder, también a través de la arquitectura.

En la parte trasera está el taller, donde hay menos partes de mampostería y las estructuras metálicas y de vidrio ganan protagonismo. Las necesidades comerciales han llevado a restaurar recientemente el establecimiento, apagando así en parte el encanto de este contraste.

EN LOS ALREDEDORES (29)

Villa Bicocca: una encantadora y pequeña villa de la época de los Sforza

A solo tres paradas de metro (Bicocca), se encuentra la villa Bicocca degli Arcimboldi (viale Sarca 214), una pequeña mansión vacacional situada dentro de un parque, en medio de un barrio moderno y renovado al que dio su nombre, que ha sobrevivido, intacta, desde la época de los Sforza. Encargada su construcción hacia 1460 por la acaudalada familia Arcimboldi como pabellón de caza y residencia de vacaciones, la Bicocca es un raro ejemplo de la arquitectura y el arte lombardos del siglo XV.
Bajo la esfera de un reloj añadido en 1908, se puede leer la inscripción en latín: «Dixit olim tristes cruenti certaminis horas / candidae iam regat operas et tempora pacis», que significa «Antaño (el reloj) marcó las tristes horas de la sangrienta batalla; a partir de ahora que fije los trabajos y los tiempos de la cándida paz».

MAPP - MUSEO DE ARTE PLÁSTICO PAOLO PINI

30

El museo de arte-terapia del antiguo hospital psiquiátrico

Via Ippocrate 45
mapp-arca.it
MM 3 Affori FNM

El departamento artístico del Museo Regional de Psiquiatría del Hospital Niguarda puede sentirse orgulloso de poseer una gran colección de obras de arte, realizadas en parte por pacientes con una minusvalía psíquica y en parte por artistas contemporáneos consagrados (como Emilio Tadini y Enrico Baj). La colección cuenta con obras de 140 artistas y cada año, desde 1993, se enriquece con nuevas instalaciones, pinturas murales o esculturas. Además, el museo conserva y expone en rotación una colección de obras realizadas «a cuatro manos» por artistas y pacientes durante los talleres de arte-terapia y durante los cursillos temáticos que se imparten dentro de los «talleres artísticos» (*botteghe d'arte*) del MAPP.

El proyecto consiste en hacer trabajar a un artista y a un paciente en un mismo lienzo o en hacer que participen en el mismo *performance* artístico, musical, teatral, etc. El producto final representa no solo la suma de intervenciones individuales, sino también la expresión de un itinerario común, la síntesis de varios idiomas. Por un lado, los artistas pueden transmitir su saber y su experiencia. Por el otro, el ejercicio ofrece a los pacientes una nueva vía de comunicación. Unos y otros contribuyen de este modo a alimentar un intercambio fértil y regenerador. Todo lo que se hace en estos talleres (pinturas, vídeos, performances, obras de teatro, músicas, coreografías, etc.) se concretiza mediante exposiciones, coloquios, espectáculos, publicaciones e intercambios culturales.

La colección anatómica desaparecida

Hasta hace unos años, en la primera planta del Instituto Paolo Pini, se podía ver la colección de vestigios humanos momificados que el Dr. Giuseppe Parravicino había creado a principios del siglo XX. Contenía dos cuerpos enteros de mujer, seis cabezas, una cabeza sobre un busto y otras partes del cuerpo más pequeñas, conservadas con su cabello, su barba o su bigote. Esta colección ya no se encuentra en el Museo Paolo Pini y se desconoce su paradero. Los que sientan curiosidad pueden ver una colección similar en el Museo Paolo Gorini del Hospital General de Lodi.

VILLA CLERICI – GALERÍA DE ARTE SACRO DE ARTISTAS CONTEMPORÁNEOS

31

Una colección de obras de arte sacro en una villa del siglo XVIII

Via Terruggia 14 - villaclerici.it
Consulte los horarios de apertura en la página web
Tranvía 4, 5; Bus 40, 42, 51

Inaugurada en 1955, pero poco conocida porque está fuera del centro, la galería de la Villa Clerici permaneció mucho tiempo cerrada debido a obras de restauración. Poca gente sabe que ha vuelto a abrir recientemente. Fue uno de los primeros museos del mundo, y el primero en Italia, en reunir obras de arte sacro. Conserva doscientas obras (otras 3300 aproximadamente, pinturas, dibujos, bronces y yesos, están en los depósitos), fruto de la pasión artística de un coleccionista, Dandolo Bellini, a lo largo del siglo XX. Entre los artistas de esta colección, destacan en particular Bellotti, Bodini, Carena, Carpi, Hernandez, Manfrini, Manzù, Minguzzi, Soldi, Usellini y Zigaina. Una sala entera está dedicada a las esculturas de Francesco Messina, de quien se exponen unas cincuenta obras.

La Villa Clerici se construyó en la primera mitad del siglo XVIII, según un proyecto de Francesco Croce, para la familia del conde Clerici. Adquirida después por el conde Melzi y ocupada más tarde por hilanderías y fábricas, terminó despojada de todas sus decoraciones y abandonada. En 1927, albergó una casa de reinserción social para antiguos detenidos. Pero después de la Segunda Guerra Mundial, esta institución se abocó a jóvenes marginales y fue trasladada a un edificio más moderno, que linda con la villa.

De nuevo vacía, la villa pasó a ser la sede de una colección de obras de arte, a petición de Dandolo Bellini, amigo y colaborador de Giovani Battista Montini, futuro papa Pablo VI.

Además de esta colección, las salas de abajo conservan aún frescos de finales del siglo XVIII, mientras que en la planta superior, a la que se accede por una escalera monumental cuyas rampas están decoradas con atlantes, destacan los trampantojos representando a las Artes. Valen la pena también los dos parques, uno delante y otro detrás de la villa más amplio y adornado con fuentes, estatuas y dos teatros en perspectiva al aire libre. La estatua que representa a san Juan Nepomuceno estaba antaño en el Naviglio: los bombardeos de 1943 la hicieron pedazos, pero fue restaurada y reubicada en este parque.

LA FORMA HUMANA DE LOS PABELLONES DE NIGUARDA

32

El hospital con el hombre en su centro

Hospital de Niguarda
Piazza Ospedale Maggiore
Siempre abierto
Tranvía 4, 5

Heredero de la histórica institución milanesa de la Cà Granda (actual sede de la Università Statale), el hospital Niguarda se construyó en 1939, en los albores de un conflicto que ya ensombrecía el horizonte.

Su emplazamiento fue elegido en las afueras de la ciudad, cerca del pequeño municipio de Niguarda y a merced del viento procedente de las fábricas que llevaban dos décadas expulsando humo en la zona vecina de Bicocca. Con sus 1500 camas, muy superiores en número a las del

hospital del siglo XV al que reemplazaba, el hospital Niguarda formaba parte de una serie de intervenciones públicas con las que el régimen fascista quiso dotar a la ciudad, con el claro objetivo de autocelebrarse y así ganarse la aprobación de la población. Se encargó el diseño técnico del complejo al ingeniero G. Marcovigi, mientras que el aspecto formal fue responsabilidad del arquitecto G.U. Arata, figura destacada de la arquitectura milanesa que supo imprimir a este nuevo complejo sanitario el lenguaje arquitectónico que una empresa de tal envergadura debía poseer. El proyecto se concibió como una ciudadela, es decir, con pabellones distribuidos en un amplio jardín relajante, conectados entre sí por una red funcional de pasadizos subterráneos y galerías de conexión, y con salas modernas, luminosas y aireadas gracias a una cuidadoso estudio del diseño y composición de las fachadas, logias, balcones y volúmenes salientes. El aspecto más interesante sigue siendo, sin embargo, la disposición de los pabellones que, con un significado simbólico preciso, se organizaron con el fin de formar la silueta esquemática de un hombre con los brazos levantados, como una última súplica de ayuda dirigida al cielo.

La pietas que había guiado la fundación de la antigua Cà Granda, nacida de las donaciones de los milaneses, también está en el nuevo hospital (los pabellones llevan el nombre de los benefactores) y se manifiesta en este proyecto que, concebido sobre un largo eje de simetría, tiene como centro de ese «hombre» gigantesco al edificio de la iglesia, revelador, corazón palpitante de la vida del individuo, pero también referencia espiritual para los pacientes cuando la medicina ya no es suficiente.

De piedra y de vidrio: las obras de arte de Niguarda

Como en muchos edificios de la época fascista, el hospital Niguarda fue enriquecido con obras, concebidas no solo como decoración sino también como exaltación del arte italiano para realzar la primacía de la arquitectura: el único arte capaz de dialogar no solo con la élite culta, sino también con el pueblo. Por eso A. Martini y F. Messina diseñaron los dos grupos escultóricos de la entrada, que establecen un vínculo con la Cà Granda del siglo XV, mientras que M. Sironi, G. Marussig y A. Funi realizaron las hermosas vidrieras de la iglesia que rinden homenaje a las órdenes asistenciales.

LA FUNDACIÓN PIRELLI

(33)

La colección de una histórica empresa italiana

Fondazione Pirelli
Viale Piero e Alberto Pirelli 25
(entrada por Viale Sarca 222)
Entrada libre (previa reserva) llamando al 02 64423971 o por e-mail:
info@fondazionepirelli.org
MM5 Ponale; Tranvía 31; Bus 51, 87, 728

Más de 3,5 kilómetros de documentos conforman los Archivos Históricos de Pirelli, una de las empresas más antiguas de Italia, fundada en 1872. Unos archivos que guardan auténticos tesoros artísticos. Muchos intelectuales, artistas y fotógrafos de renombre internacional han colaborado con Pirelli. Los archivos custodian miles de fotografías de Ugo Mulas, Fulvio Roiter, Gabriele Basilico y Arno Hammacher, producidas o encargadas por el departamento de Publicidad y Comunicación entre los años 1910 y 1990; cientos de maquetas publicitarias realizadas por artistas gráficos y diseñadores como Bruno Munari, Alessandro Mendini, Armando Testa y Bob Noorda; y películas de principios del siglo XX rodadas por pioneros del cine como Luca Comerio y por maestros de la animación italiana como los hermanos Gavioli.

La sede de la Fundación se encuentra en un edificio de los años 1930, el histórico Fabbricato 134, uno de los últimos ejemplos que quedan de la arquitectura industrial, antaño extendida por todo el barrio.

Una frase en dialecto milanés escrita en grandes caracteres recibe al visitante: *Adess ghe capissarem on quaicoss: andemm a guardagh denter* (Ahora vamos a entender algo: ¡miremos dentro!). Una cita que recoge uno de los lemas del ingeniero Luigi Emanueli, inventor en 1917 del cable de aceite fluido, y una referencia al gran interés de esta empresa por el hormigón. Los Archivos Históricos incluyen también los archivos privados de la familia Pirelli, una biblioteca técnico-científica con más de 16 000 volúmenes, así como diversos periódicos y revistas corporativas. En 1972, la Superintendencia de Archivos declaró los archivos Pirelli de interés histórico, poniéndolos bajo su tutela.

A la izquierda: Renzo Bassi, boceto del neumático Superflex Stella Bianca, 1931
Arriba: Riccardo Manzi, boceto del neumático Cinturato, 1961

MUSEO DE LA ÓPTICA CHIERICHETTI

(34)

La colección de optometría de una histórica óptica

Facoltà di Scienze matematiche, fisiche e naturali
Università di Milano – Bicocca
Piazza della Scienza 3, Edificio U2
MM 5 Bicocca; Bus 40, 86; Tranvía 7, 11; Bus 40, 86

Cuatro grandes vitrinas de cristal y acero, dos de ellas piramidales, situadas en la pasarela que une los edificios U1 y U2 de la Universidad Bicocca, contienen la colección de objetos e instrumentos que Arnaldo Chierichetti usaba en su legendaria tienda de óptica en la Porta Romana.

Realizado en 1994 a petición de Elda Chierichetti, la hija del óptico, el Museo de la Óptica y de la Optometría es un verdadero inventario de todos los tipos de gafas, quevedos, gemelos, catalejos, cámaras fotográficas con fuelle, proyectores, microscopios y telescopios, así como instrumentos característicos de un optometrista y aparatos que permiten medir posibles defectos de la vista, como el test de Lancaster o el test dicromático.

Entre los objetos más singulares, destaca el estereoscopio, un visor que se usa para mirar diapositivas realizadas con una cámara especialmente diseñada para ello: en el siglo XVIII, este aparato óptico servía para crear la ilusión de imágenes en tres dimensiones. Además de este visor, el museo expone también algunas placas estereográficas de principios del siglo XX y una linterna mágica, el antepasado del proyector de diapositivas, que se utilizó desde 1665 para impresionar a curiosos con imágenes insólitas o divertidas, antes de que se convirtiera, a partir de 1830, en un instrumento didáctico para profesores y conferenciantes. El museo posee además toda una colección de diapositivas en color sobre vidrio.

Catalogado como tienda histórica por la Cámara de Comercio de Milán, el negocio original de Chierichetti (Corso di Porta Romana, 74) conserva el aspecto que tenía cuando se inauguró en 1914. En su interior, hay otros objetos de época, como una colección de gafas de los siglos XVII y XVIII y un estereoscopio de mesa.

LAS CASAS EN FORMA DE IGLÚ DE LA MAGGIOLINA

35

La antigua «calle de los gnomos»

Via Lepanto
MM 5 Istria

En el barrio noreste de la Maggiolina, hay unas pequeñas y curiosas casitas en forma de iglú que datan de 1946: estas casitas en forma de cúpula, de unos 45 metros cuadrados y que siguen habitadas, fueron construidas por el ingeniero Mario Cavallè. Tienen dos niveles: uno exterior, por encima del nivel de la calle, y otro subterráneo. Originalmente había doce, pero hoy solo quedan ocho. Antaño se podían ver también junto a estas curiosas construcciones dos casas en forma de seta (ver foto), diseñadas también por Cavallè, demolidas en 1965 para construir un edificio aún sin tener el permiso correspondiente. Estas casitas le valieron el apodo a via Lepanto de calle de los gnomos (via degli Gnomi).

Tres casas-hongo similares se conservan en la comuna de Novate Milanese (via Puccini).

El pueblo de los periodistas

El barrio de Maggiolina, que sin duda debe su nombre al hecho de que aquí estaba la granja Maggiolina, hasta que la demolieron en 1920, se remonta al siglo XVI y se construyó sobre el llamado pueblo de los periodistas, creado precisamente en la década de 1920. Se compone de pequeños pabellones residenciales rodeados de vegetación, cuyos primeros residentes fueron periodistas, que claramente contribuyeron a elogiarlo. Aunque es uno de los barrios más privilegiados de Milán, siempre ha estado rodeado principalmente de viviendas sociales.

VILLA FIGINI

36

Una casa que recuerda a Le Corbusier

Via Perrone di San Martino 8
MM 5 Istria

En el barrio del pueblo de los periodistas, con sus viviendas de estilos diversos y edificios singulares como las «casas iglú» (ver pág. 368), destaca, al doblar una esquina, un edificio que parece suspendido en el aire.

Se trata de la Palafitta (casa sobre pilotes), una villa diseñada en 1934 por el arquitecto Luigi Figini como su residencia. El edificio, rectangular, descansa sobre 12 pilares de hormigón armado que lo elevan a 4,35 metros del suelo, de ahí su apodo.

La casa es un ejemplo representativo de arquitectura racionalista, un equilibrio perfecto entre forma y función. Esta residencia, que remite a las enseñanzas de Le Corbusier y se inspira en las viviendas de la Villa Savoye en Poissy, Francia, y en la urbanización Weissenhof de Stuttgart, constituye una especie de manifiesto sobre las necesidades vitales y espirituales para vivir en una gran ciudad.

La villa se distribuye en dos niveles, uno para el día y otro para la noche, y se accede a ella por una escalera abierta. En la planta superior, la zona de noche da a dos terrazas solárium, una equipada con un gimnasio y otra con una bañera de mármol integrada en el suelo.

Originalmente, la villa se alzaba en medio de la vegetación y de campos cultivados, a las afueras de la ciudad. Con el tiempo, toda la zona se urbanizó, y hoy la Palafitta está rodeada de muchos edificios, destacando por su carácter único.

VILLA MIRABELLO

37

Una villa toscana en el corazón del Milán del siglo XV

Via Villa Mirabello 6
Se puede visitar parcialmente desde el exterior; desde el interior solo en el marco de exposiciones o eventos públicos (información en Internet en salvis.it)
MM 5 Marche; Tranvía 5, 7, 11; Bus 90, 91, 92

Semioculta en el corazón del «Pueblo de los periodistas» (*Villaggio dei giornalisti*), un barrio de pequeñas villas con encanto construido en 1912, la Villa Mirabello es, junto con la Villa Bicocca degli Arcimboldi, uno de los ejemplos de *villa-cascina* (villa-granja) suburbana mejor conservados del siglo XV. Este edificio de ladrillo visto, con ventanas ojivales, cuyos marcos de terracota están rodeados de bandas con estucos esgrafiados, está flanqueado por una pequeña iglesia dedicada a la «Mater Amabilis», decorada con un fresco del siglo XV representando a un santo que levanta la cruz. En el centro del patio, una fuente coronada por un dragón, llamada del *mangia bagaj* (devorador de niños), es la réplica perfecta de la original conservada en el Castillo Sforzesco (ver pág. 87). Dentro, se pueden ver los escudos de armas de los Landriani y de los Brivio, propietarios sucesivos de la villa, así como fragmentos de frescos con motivos heráldicos, flores y granados decorativos, y un fresco de carácter cortés debajo de los desvanes, donde figuran un músico que toca la mandolina y una dama con una pandereta. Construida por encargo de la familia Mirabello, esta villa pasó a manos de Pigello Portinari en 1445, noble florentino (descendiente de Beatriz de Dante) encargado de gestionar la sucursal milanesa del Banco Mediceo y comitente de la capilla Portinari (ver pág. 210). Fue él quien encomendó al arquitecto toscano Michelozzo que restaurara y transformara esta granja (*cascina*) en una villa característica del Renacimiento toscanolombardo. Ludovico el Moro también se hospedó aquí durante su breve retorno a Milán.

Desde 1916, la Villa Mirabello es la sede lombarda de la Casa del Trabajo y del Patronato para víctimas invidentes de la guerra.

EL MIRADOR DEL PALAZZO LOMBARDIA

(38)

Una de las vistas más bellas, conmovedoras y extensas de la ciudad de Milán

Via Melchiorre Gioia 37
Abierto en ocasiones especiales, incluido el fin de semana de Open House
MM 2 Gioia; MM 3 Centrale, Sondrio; Bus 43, 60

Una de las vistas más bellas, conmovedoras y extensas de la ciudad de Milán, a la que se accede subiendo a la planta 39 del Palazzo Lombardia, donde hay un mirador.

Una vez pasado el control de acceso en la entrada, un ascensor te lleva en pocos segundos de la planta 1 a la 39, que se eleva a 160 metros de altura, para acceder al mirador. Este fue durante un tiempo el punto más alto de Milán, hasta la inauguración en 2014 de la Torre UniCredit, que, con sus 231 metros de altura incluyendo la antena, fue durante un tiempo el rascacielos más alto de Italia. Desde el otro lado de las ventanas que rodean completamente la planta, se puede admirar la ciudad desde las alturas, desde la piazza Gae Aulenti hasta el Bosco Verticale, pasando por la Torre Galfa y todo el skyline milanés. En los días despejados, la vista puede llegar hasta el arco montañoso de los Alpes

EN LOS ALREDEDORES

El museo «vertical»

El Palazzo Lombardia no solo alberga oficinas, sino también un recorrido de obras de arte moderno llamado Museo Verticale. Este itinerario comienza en la planta baja, cerca de las entradas, en los vestíbulos donde están las «columnas del arte», creadas por jóvenes artistas mediante técnicas y materiales originales. Otras obras están expuestas en la entrada del Auditorio Testori y en la plaza exterior del edificio. En las escaleras cercanas al Núcleo 4 se puede ver el Spaziophoto, una exposición fotográfica permanente desarrollada en colaboración con el Archivio di Etnografia e Storia Sociale della Regione Lombardia (Archivo de Etnografía e Historia Social de la Región de Lombardía).

Las copias de la Madonnina: para no sobrepasar la altura de la Madonnina del Duomo

Dado que, según la tradición, ningún edificio de la ciudad debe superar en altura la estatua dorada de la Madonnina, cuya versión original se encuentra en la cúspide del Duomo de Milán (a 108,50 metros), la construcción de nuevos edificios llevó a la creación de copias de esta estatua. Además de la que está en el Palazzo Lombardia, hay otras dos: una en el edificio Pirelli (127 metros de altura), otra en la Torre Isozaki, en City Life, que con sus 50 plantas (y sus 209 metros) es considerada el rascacielos más alto de Italia: con la antena de la RAI en su cima, alcanza los 249 metros.

CURIOSIDADES DESCONOCIDAS DE LA ESTACIÓN CENTRAL ㊴

Mussolini en la Estación Centrale

Stazione Centrale
Piazzale Duca d'Aosta
MM 2, 3 Stazione centrale; Tranvía 5; Bus 60

Las recientes obras de restauración de la Estación Central han permitido sacar a la luz muchos aspectos desconocidos de este destacado edificio, y descubrir otros, ocultos desde hace mucho tiempo, empezando por la antigua sala de espera que hoy alberga la tercera planta de la librería Feltrinelli. Entre dos estanterías de libros, se ve ese gran salón cerrado durante mucho tiempo, cuyas paredes están decoradas con una serie de pinturas de los años 30 en las que figuran vistas aéreas de ciudades italianas: Asís, Padua, Pisa, Nápoles o Bolonia. Estas vistas hacen eco, por así decirlo, a otras vistas de grandes ciudades que decoran el vestíbulo central, unos mosaicos de cerámica que han limpiado para devolverles su esplendor original. En esta misma sala hay una magnífica fuente de mármol de época. Algunos mosaicos policromos procedentes del taller Padoan de Venecia, tapados durante mucho tiempo por quioscos de prensa, han visto de nuevo la luz sobre los muros del vestíbulo de acceso a los muelles. Realizados en los años 40 en un estilo *art decó*, representan alegorías como el descubrimiento del fuego o las emisiones radiofónicas.

Vale la pena ver las pinturas alegóricas de Basilio Cascella (autor de las vistas de ciudades italianas), que dominan las tres entradas del Pabellón Real (ver pág. 317). Fueron realizadas con azulejos de cerámica pintada, no con mosaicos, porque había que terminar la estación a toda prisa para su inauguración. Relatan tres episodios de la historia de la Casa de Saboya, y una de ellas en particular conserva un detalle de gran importancia histórica. Es la que representa, en un registro cuando menos fantasioso, el encuentro entre Mussolini y el rey Victor Manuel III después de la Marcha sobre Roma. Observándola bien, se ve que el rostro de Mussolini ha sido borrado. Según la leyenda, el 25 de abril de 1945, en la Liberación, los partisanos italianos acribillaron a pedradas esta pintura hasta hacer desaparecer el rostro del Duce. Es más probable que alguien haya subido a una escalera para borrar con un martillo el rostro de aquel al que no se quería volver a ver nunca más. Curiosamente, algunas fasces de lictor con la indicación del año ("IX de la era fascista", a saber, 1931, año de la inauguración del edificio) han quedado intactas y bien visibles sobre la fachada de la estación.

EL PABELLÓN REAL DE LA ESTACIÓN CENTRAL

(40)

Uno de los lugares más suntuosos y mejor conservados del reino de Italia en Milán

Stazione Centrale
Piazzale Duca d'Aosta
Abierto en el marco de eventos públicos (información en Facebook en «Milano Centrale è un vero spettacolo»)
MM 2, 3 Stazione Centrale; Tranvía 5; Bus 60

Aunque el Pabellón Real de la Estación Central es uno de los lugares más suntuosos y mejor conservados del reino de Italia en Milán, curiosamente muy poca gente lo conoce.

Este pabellón, que da al último andén de la estación, más o menos a media altura (también se puede entrar directamente por la piazza Luigi di Savoia), a veces abre al público (ver más arriba) y también sirve regularmente de decorado para rodajes y sesiones de fotos.

Construido por Ulisse Stacchini e inaugurado a la vez que la Estación Central en 1931 para recibir a la familia de Saboya, el Pabellón se articula en dos plantas. En la planta baja está el vestíbulo con la Sala de Armas y, subiendo por la gran escalera de mármol, se accede a una única sala grande, la Sala Real.

Restaurada hace poco, conserva todo su encanto porque todos los materiales, desde los suelos taraceados hasta las columnas, desde los frisos de mármol hasta las espléndidas lámparas de cristal, desde los bajorrelieves hasta los techos artesonados, son originales.

Casi todos los símbolos del régimen fascista han sido eliminados, como unas fasces en un techo de la planta baja (aunque quedan algunas marcas) y un busto de Mussolini tapado por un bloque de mármol en la Sala de Armas.

Pero sigue habiendo otros emblemas de la época, como la loba romana, el águila, el blasón de la Casa de Saboya y, sobre todo, una serie de pequeñas esvásticas grabadas en la madera (probablemente hechas en vista de una eventual visita de Hitler) que cubren el suelo de la Sala Real. Los baños situados al fondo de la Sala Real conservan también un detalle curioso: detrás del espejo del muro hay un pasadizo secreto con una pequeña escalera que sube y que, en caso de emergencia, permitía al rey salir fácilmente de la estación. No parece que esta escalera haya sido usada.

Simbolismo espiritual de la estación de Milán

Inaugurada en 1931, según el proyecto de 1912 del arquitecto italiano Ulisse Stacchini (1871-1947) que tomó como modelo la Union Station de Washington, en Estados Unidos, la Estación Central de Milán posee elementos decorativos inspirados en la mitología grecorromana: caballos alados, leones, águilas, quimeras, signos del zodiaco, todos dotados de un sentido de movilidad, representados en movimiento o pasando de un lugar a otro, en perfecta armonía con este lugar de tránsito. Aunque no salta a la vista, la estación transmite a través de sus símbolos un mensaje claramente espiritual, en perfecta sintonía con la placa conmemorativa dedicada a santa Francesca Cabrini, patrona de los emigrantes, inaugurada el 13 de noviembre de 2010 por la presidenta de la Cámara de Milán, Letizia Moratti, en compañía de dignatarios eclesiásticos. La inscripción reza: «Desde este lugar, se aventuró a menudo por los caminos del mundo Francesca Cabrini (1850-1917), santa por la fe católica, apóstol de la solidaridad para todos los que están de tránsito.» Dentro de la estación, encima de las taquillas, un panel contiene los doce signos del zodiaco. Simboliza, como el sol que atraviesa los distintos signos del zodiaco, las distintas estaciones que el viajero recorre para llegar a su destino final: en realidad, el viaje le permite descubrir su universo interior y las diferentes facetas de su personalidad (en relación con los signos zodiacales) hasta alcanzar la Luz divina y el Fuego sagrado, representado por un mosaico alegórico del «descubrimiento del fuego» en el que se ve a Prometeo en un túnel que simboliza el mundo subterráneo del alma y del globo. Eleva un cuenco del que salen llamas y humo, símbolos de la confusión inicial (resaltada por el ajetreo de miles de transeúntes diarios en la estación) que aflige a aquel que empieza el viaje más misterioso y sublime: el descubrimiento de sí mismo.

Asimismo, el mosaico que muestra un trozo de raíl del que salen

dos alas representa el lado trascendental del viaje. Sobre la entrada principal, se distingue también el caballo alado Pegaso, listo para partir, retenido por un jinete. Se trata probablemente de Belerofonte quien, a la grupa de Pegaso, logró matar a Quimera, que está esculpida en varios

sitios de la estación. Nacido de la sangre de la gorgona Medusa, divinidad subterránea según la mitología griega, e hijo de Poseidón, dios del océano, Pegaso fue domado por Belerofonte con la ayuda de Atenea cerca de la fuente Pirene donde le gustaba abrevarse. Esta fuente se ve en la fachada de la estación: el agua cae a una pila desde la boca abierta de Júpiter, dios de la prudencia y de la sabiduría, que, según el mismo relato mitológico, sacralizó la fuente Pirene. La quimera, monstruo con cuerpo de león, macho cabrío y serpiente, simboliza la perversión de los deseos materiales (el león), la perversión sexual (el macho cabrío) y la mentira (la serpiente). Que Atenea, diosa de la guerra, haya regalado Pegaso a Belerofonte significa que el hombre podrá vencer las diferentes perversiones simbolizadas por la quimera tras un combate que le permitirá controlar la energía espiritual representada por Pegaso.
He aquí todo el simbolismo de la estación de Milán: todo viaje es al final un viaje interior que eleva espiritualmente al viajero.

EL BINARIO 21

41

La partida de los deportados

Memorial de la Shoah de Milán
Piazza Edmond J. Safra, 1 (Estación Central de Milán)
presidenza@memorialeshoah.it - (+39) 02 2820975
Lunes de 10 a 19:30 h (visita guiada a las 18:30 h)
De martes a jueves, de 10 a 14:30 h
Primer domingo de cada mes: de 10 a 18 h (visita guiada a las 11 h, con reserva en: prenotazioni@memorialeshoah.it)

Cuatro antiguos vagones de ganado de la Segunda Guerra Mundial. Un andén al nivel de la calle via Ferrante Aporti, en el lado este de la Estación Central. Así es el Binario 21 (Andén 21), desde donde partían, en Milán, los judíos deportados, sin saber el destino de su viaje. Eran enviados a campos de internamiento italianos de Fossoli o Bolzano, o, con muchas más frecuencia, directamente a los tristemente célebres campos de Auschwitz, Mauthausen y Bergen-Belsen. Este andén se usaba originalmente para los vagones de correo, y los nazis y fascistas no lo eligieron por casualidad: su ubicación, al nivel de la calle, lo hacía invisible para quienes transitaban por la estación, subían o bajaban de otros trenes. Nadie debía darse cuenta de lo que estaba sucediendo. Los ciudadanos judíos, hombres, mujeres y niños, que

provenían a menudo directamente de la prisión de San Vittore, eran hacinados en los vagones, que se cerraban, se sellaban, y luego se elevaban con un elevador ferroviario hasta la altura de los demás andenes para engancharlos a la locomotora. Así comenzaba su dramático viaje. Desde este andén partieron al menos una veintena de trenes, cada uno con cientos de personas a bordo.

Con toda probabilidad, se trata del único lugar desde el que salieron trenes de deportación y que se ha conservado en su estado original. Para devolver al Binario 21 su aspecto de entonces hubo que eliminar los edificios añadidos después de la guerra, dejando al descubierto el hormigón en bruto y los muros desnudos que, para miles de personas, fueron las últimas imágenes que vieron de Italia.

Es aquí donde hoy está la sede del Memorial de la Shoah de Milán: un museo, ciertamente, pero también un lugar de confrontación, estudio e investigación. El espacio se divide en tres áreas principales. La primera es la Sala de los testimonios, donde se pueden escuchar las voces de los pocos supervivientes. Luego está el Andén del destino desconocido, donde se cargaban los vagones, dos de ellos pueden recorrerse por dentro, y donde se exponen placas con las fechas y destinos de cada convoy. Por último, está el Muro de los nombres, donde figuran los nombres de todas las personas que partieron de este andén: los nombres subrayados pertenecen a los supervivientes, los poquísimos deportados que lograron regresar a Italia.

VESTIGIOS DE LA CASCINA POZZOBONELLI

(42)

Una obra maestra olvidada del Milán de Ludovico el Moro

Via Andrea Doria 4
MM 2, MM 3 Centrale F.S.; Tranvía 1, 5; Bus 60, 92

A dos pasos de la Estación Central, una capilla renacentista, con arcadas en el mismo estilo que la «Ponticella» de Bramante en el Castillo Sforzesco (ver pág. 101), se ha salvado milagrosamente gracias a los edificios que la rodean y que ahora parecen asfixiarla. Largo tiempo abandonado y deteriorado por vándalos, por la intemperie y por sucesivos lavados con detergente y chorros de agua que han borrado buena parte de las decoraciones, este edificio contemporáneo de la «Ponticella» ha sido restaurado más de una vez y reacondicionado a lo largo del siglo XX. Sin embargo, conserva parte de su refinado decorado, *a graffito*, característico de finales del siglo XV (bajo la cúpula se distinguen las efigies de santos y de profetas, reconocibles en parte).

El terreno sobre el que se alza esta capilla fue comprado en 1498 por Gian Giacomo Pozzobonelli, caballero emparentado con los Sforza, para ampliar su propiedad. Al año siguiente, mandó construir un pórtico para unir este pequeño edificio a un bloque de tres dependencias y dos patios, seguramente una residencia rural (de ahí el nombre de *cascina* – granja), dado su emplazamiento en plena campiña. Los historiadores de arte se preguntan aún quién fue el arquitecto de la capilla y el pórtico: tal vez, el propio Bramante –se reconoce una serie de motivos característicos de su estilo, como los medallones que subrayan la clara geometría de las formas, las conchas y las falsas columnas del pórtico– o, más probablemente, uno de sus epígonos.

El plan de reordenación urbana de 1898 preveía la demolición de esta «granja» y de una parte del pórtico. A finales del siglo XIX, Luca Beltrami, que se ocupaba en aquel momento de la restauración del Castillo Sforzesco, reconstruyó el edificio conservando uno de los grafitos del pórtico que representaba la torre del Filarete antes de su destrucción en 1521 (grafito hoy desaparecido, pero reproducido bajo la «Ponticella» del Castillo Sforzesco).

Una curiosidad: en el portal del edificio de la via Soperga 44, hay un grafito de los años 30 que ilustra los vestigios de la Cascina Pozzobonelli.

EL ESQUELETO DEL CABALLO DE NAPOLEÓN (43)

El caballo de la campaña de Egipto

Collezione Anatomica della Facoltà di Medicina Veterinaria
Università degli Studi di Milano
Via Celoria 10
Cerrado temporalmente, concertar citas para visitas con el Sr. Antino Carnevali
(+39) 02 50317983
MM 2 Piola; Tranvía 23, 33; Bus 62, 90, 91

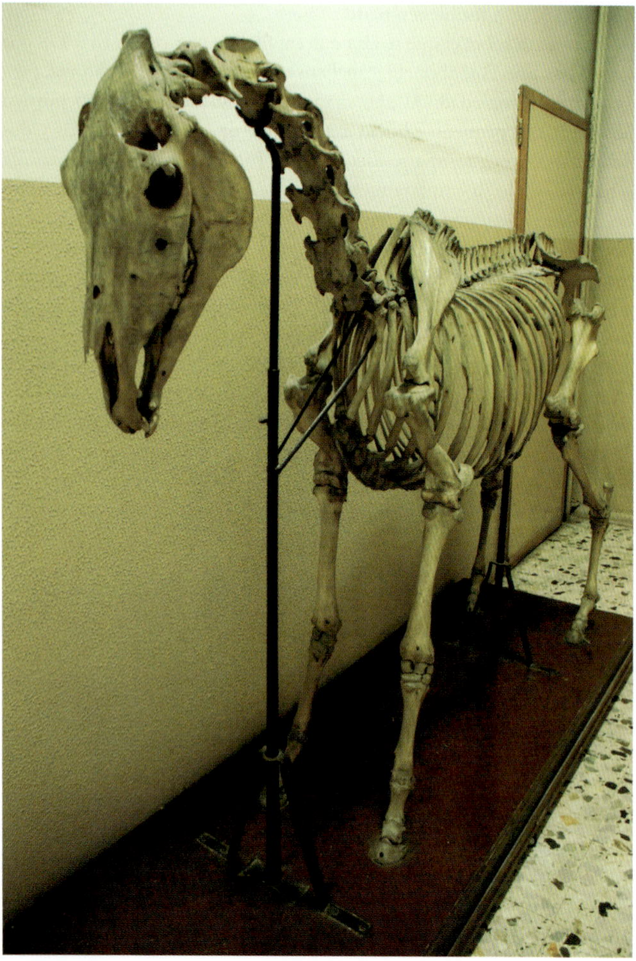

Los pasillos de la Facultad de Medicina Veterinaria exponen algunos preparados anatómicos de animales que pertenecían antaño al Gabinete de Anatomía del siglo XIX. Entre estos, destaca el esqueleto de un caballo árabe que Napoleón Bonaparte montó durante la campaña de Egipto. Este caballo, regalado después al príncipe Eugène de Beauharnais, virrey de Italia y yerno del emperador, murió en Monza con 30 años. Fue donado a la Scuola di Mascalcia, que estaba en aquella época al lado del Lazareto, donde el anatomista Luigi Leroy y su escuela lo prepararon entre 1810 y 1812. No hay ningún documento que pruebe con certeza que se trata del mismo animal, pero todos los indicios recogidos por los investigadores (como el hecho de que no hay otros caballos preparados por Leroy) llevan a creer que este caballo es efectivamente el caballo de Napoleón. La colección anatómica, en espera de ocupar un espacio más adecuado, contiene más de 1500 preparados anatómicos, entre los cuales hay un espectacular bovino, con los músculos expuestos, un perro, un caballo, un carnero, un mono y un hombre: esta última recreación, que también conserva una parte del aparato vascular, se ha obtenido probablemente a partir de un cadáver procedente del hospital.

La colección Stoppoloni

El Museo Anatómico también posee la colección de preparados que perteneció al Museo de Anatomía Veterinaria de la Universidad de Camerino. Obra de Giuseppe Stoppoloni, reputado anatomista y disecador fallecido en 1965, esta colección ha sido legada al Museo de Milán. Stoppoloni tenía la habilidad de realizar preparados tan nítidos que podían servir de base para descripciones morfológicas exhaustivas. Dicha colección comprende una serie de placentas de animales domésticos, incluyendo fetos en distintos estados de desarrollo, así como cierta cantidad de animales con malformaciones y con miembros de más. Presenta también momias de corderos de distintas edades y preciosas estatuas mitológicas (con los músculos expuestos) de distintos animales, entre los que destaca en particular un dromedario del que se conservan incluso las vísceras.

LAS FRUTAS ARTIFICIALES DE GARNIER VALLETTI

44

Una técnica secreta

Dipartimento di Produzione Vegetale
Università di Milano
Via Celoria 2
Visitas previa solicitud al (+39) 02 50316536
Información sobre exposiciones temporales en diprove.unimi.it
MM 2 Piola, Tranvía 23, 33; Bus 62, 90, 91

La Universidad de Milán conserva un total de 792 frutas artificiales modeladas por uno de los ceroplastas más famosos del siglo XIX, Francesco Garnier Valletti, uno de los últimos en reproducir frutas y flores con un espíritu científico y un propósito documentalista.

Modelador en las cortes de Viena y San Petersburgo y responsable del Museo Pomológico de la Academia Real de Agricultura de Turín, Garnier Valletti desarrolló una técnica «secreta» basada en una amalgama de resinas vegetales y de pólvora de alabastro (sustituido después por pólvora de yeso mezclada con ceniza), vertida en caliente en un molde, como alternativa a la cera que no garantizaba la conservación de los modelos a largo plazo.

Las reproducciones conservadas en el Departamento de Producción Vegetal, una de las cinco colecciones de la «Pomona artificial» de Garnier Valletti presentes en Italia (la de Turín, conservada en el Museo de las Frutas, es la más famosa) son prácticamente desconocidas por el público en general.

Son, sin embargo, un testimonio de la increíble habilidad de este gran ceroplasta que dejó también miles de dibujos preparatorios, hallados en 1996 en la Academia de Agricultura de Turín.

Los otros museos didácticos de la Universidad de Milán

El Departamento de Biología (via Caloria, 26) alberga el Museo didáctico de Zoología (http://users.unimi.it/~museozoo - Tel. 02 50314736, abierto: lunes a viernes, 10 a 12 h y 14 a 16 h). Destacan unas 800 láminas parietales de carácter zoológico y botánico, un centenar de cajas entomológicas de principios del siglo XX –algunas presentadas como pequeños dioramas– libros didácticos y modelos anatómicos.

El Departamento de Ciencias de la Tierra (via Mangiagalli, 34) alberga el Museo de Paleontología (Tel. 02 50315493), fundado para conservar las piezas descubiertas por el explorador y geólogo Ardito Desio. Esta colección ha seguido enriqueciéndose gracias a los descubrimientos y a las investigaciones de sus discípulos y sucesores. Las colecciones más importantes comprenden miles de muestras micropaleontológicas, amonitas que datan del triásico y del jurásico, braquiópodos fósiles del pérmico y moluscos del plio-pleistoceno de origen italiano. Este museo expone también una colección mineralógica que contiene más de 10 000 muestras de minerales y 30 000 muestras de rocas, sin olvidar el equipo e instrumental científico que presenta un gran interés histórico.

El Departamento de Ciencias de la Antigüedad (via Festa del Perdono, 7) conserva los archivos y la biblioteca del antiguo Egipto, con documentos, cartas, diarios de a bordo y más de 40 000 fotografías que pertenecieron a seis de los mayores egiptólogos de los siglos XIX y XX: Auguste Mariette, Heinrich Brugsch, Victor Loret, Alexandre Varille, Elmar Edel y William Kelly Simpson. En esta misma calle (en el n.º 3) está el Centro de Papirología Achille Vogliano (centro.papirologia@unimi.it), con una de las raras colecciones del mundo en poseer todas las ediciones impresas de todos los papiros, así como varias ostraca (vajilla utilizada en la Antigüedad como soporte para la escritura) latinas y griegas. Entre las curiosidades de este centro figuran veinte tablillas de madera y de cera, un mazo de hojas de papel árabe y un curiosísimo ejemplar de hueso grabado.

La Sección Botánica Sistemática (via Celoria, 26) del Departamento de Biología conserva un herbarium (herbario) (Tel. 02 50314852; e-mail: herbarium@unimi.it) fundado en 1925. Este departamento también está vinculado al Jardín Botánico Cascina Rosa (via Valvassori Peroni, 7 – visitas previa reserva llamando al 02 50320886) que posee en particular tres invernaderos de alta tecnología.

El Departamento de Matemáticas (via C. Saldini, 50) propone una exposición interactiva de matemáticas titulada «Simetría, juegos de espejos» (reservas por Internet: http://specchi.mat.unimi.it, o bien llamando al 02 50316110). Pensada para todas las edades, esta exposición ilustra de un modo interactivo el problema de la clasificación de las figuras (figuras planas y tridimensionales) en función de su tipo de simetría.

Más museos aún, así como más colecciones universitarias, están indicados en la web www.unimi.it/ENG/heritage/29536.htm. La web también ofrece al público una visita virtual de los «Tesoros de la Statale» (www.tesorostatale.unimi.it), creada después de una exposición del año 2004 que celebraba los 80 años de la Universidad Estatal de Milán.

EL GRAFITO DE LA IGLESIA DE SANTI FAUSTINO E GIOVITA

45

El misterioso grafiti

Via Amadeo 90
Visita previa cita telefónica con la sacristía
(+39) 02 215856
MM 2 Lambrate; Tranvía 5; Bus 54

En el barrio de l'Ortica (literalmente: la Ortiga), la pequeña iglesia de Santi Faustino e Giovita (una única nave de tan solo 20 metros de largo por 8 de ancho) esconde un pequeño secreto: cuando, en 1979, retiraron el antiguo fresco de la Virgen de las Gracias para restaurarlo, descubrieron, como en una novela policiaca histórica, que ocultaba un misterioso grafito.

Parecía el mapa de un tesoro, pero cuando los expertos determinaron que el texto estaba escrito en caracteres carolingios, una escritura llena de abreviaturas que se remonta a la época de Carlomagno, resultó una plegaria. Una vez los caracteres descifrados, se pudo leer el siguiente texto: *Haec praecatio est † anno MCL XXXII x2 mensis aprilis ut clementiam dei teneamus* («Esta plegaria ha sido pronunciada el 12 del mes de abril del año 1182 para que la clemencia divina nos sostenga»). Debajo, se distingue una firma: «Silanus», el nombre del monje que escribió el texto (y que tal vez sea, según algunos, el autor del fresco).

Esta plegaria concernía a los habitantes de Porta Renza, a quienes el emperador Federico Barbarroja había confinado en este barrio después de saquear la ciudad en 1162. El fresco atestigua la abundancia de

peces del río Lambro (la anguila que sale de la boca del hombre), la disponibilidad de caza (los patos salvajes) y los recursos agrícolas (el río, arriba a la izquierda, que desciende de los montes de Valassina y riega los campos de Brianza). Abajo a la derecha, se distingue la Porta Renza que evoca la esperanza de poder entrar pronto en la ciudad. Cuando, en 1183, tras la paz de Constanza, Barbarroja se vio obligado a reconocer la independencia de Milán, los milaneses pudieron al fin volver a su ciudad. Esta es la razón por la que la iglesia de Santi Faustino e Giovita fue denominada Madonna delle Grazie (Virgen de las Gracias).

Cuenta otra leyenda que la iglesia escondía antaño un pasadizo secreto subterráneo que la comunicaba del lado sur con la granja de la via Cavriana 60 y con el oratorio de San Ambrosio. La llamaban El passagg scappapret, a saber, el «pasadizo por donde los sacerdotes escapaban», lo no se sabe es de qué escapaban. Sin embargo, no queda rastro alguno de este supuesto pasadizo, sobre todo porque el terreno debió de hundirse tras las obras de remodelación de las vías urbanas.

ÍNDICE ALFABÉTICO

ACCADEMIA DEL GIOCO DIMENTICATO 336

AGUJEROS DE LA COLUMNA DEL DIABLO 244

AMBROSIANEUM 64

ANTIGUA GASOLINERA 356

ANTIGUA IGLESIA DE SAN PAOLO CONVERSO 204

ANTIGUA SACRISTIA DE SANTA MARIA DELLE GRAZIE 84

ANTIGUO MONUMENTO CONMEMORATIVO DEL LORENTEGGIO 317

ASOCIACION CULTURAL UMBERTO DI DONATO 354

AZOTEA DEL HOTEL ARMANI 172

BAJORRELIEVE DE LA LOBA DE CORSO VENEZIA 163

BAJORRELIEVE DE UN DROMEDARIO TUMBADO EN UNA CESTA 18

BAJORRELIEVE DE UNA JOVEN OBSCENA 110

BAJORRELIEVE DEL CORDERO 36

BAJORRELIEVE DEL TRANSPORTE DE LA TUMBA DE LOS REYES MAGOS 218

BALCON DEL RELOJ 139

BASILICA DE SANTA MARIA DE LOURDES 332

BATIENTES DE MADERA DE LA ESCLUSA DE LA VIRGEN CORONADA 192

BIBLIOTECA HUMANISTA DE LA INCORONATA 194

BINARIO 21 382

CABALLO DE LEONARDO 320

CABALLO EN EL MONUMENTO A GIUSEPPE MISSORI 62

CABALLO ENCABRITADO DEL MONUMENTO ECUESTRE A FRANCESCO BARACCA 92

CABEZA DE LA ESTATUA DE SAN AMBROSIO 30

CAIDA DE SAN PABLO 210

CAMPANA DE LOS SABOYA 112

CAMPANARIO DE LA IGLESIA DE LA SANTISSIMA TRINITA 102

CANAL DE RIEGO GERENZANA 140

CAPILLA SIN MUROS 79

CARTUJA DE GAREGNANO 322

CASA DE LOS BERSAGLIERI 271

CASA DEL MONSTRUO DE LA VIA BAGNERA 264

CASA ISIMBARDI POZZOBONELLI 266

CASA MONETA 240

CASA PARRAVICINI FONDAZIONE CARRIERO 72

CASAS EN FORMA DE IGLU DE LA MAGGIOLINA 368

CASCINA BOLLA 100

CELDAS DEL LAZARETO 132

CEMENTERIO DE LA MOJAZZA 352

CENTRO DEL GRABADO 227

CENTRO SOCIO-RECREATIVO MUNICIPAL PARA PERSONAS MAYORES 196

CHIOSTRO TRIVULZIANO 281

CLAUSTRO DE LAS HUMILLADAS 256

CLAUSTROS DE SAN SIMPLICIANO 180

COLECCION BRANCA 326

COLECCION GIOVANNI LORENZI 168

COLEGIO DONDE ESTUDIO PIO XI 91

COLUMNA DE LA SERPIENTE 242

COLUMNA DE SAN DIONIGI 137

COLUMNAS DE LA PIAZZA OBERDAN 138

COLUMNAS ENDEBLES DE LOS ANGELES 40

CONFALON DE HONOR 274

CRIPTA DE LA IGLESIA DE LA VIRGEN DE LA ANUNCIACION DE L'OSPEDALE MAGGIORE 276

CRIPTA DE LOS MARTIRES DE LA ANAUNIA 182

CRIPTA DE SAN GIOVANNI IN CONCA 272

CUPULA DE SCHIAPARELLI 174

CURIOSIDADES DESCONOCIDAS DE LA ESTACION CENTRAL 376

DECORACIONES EN CERAMICA DE LA TAVERNA FERRARIO 82
DEPOSITO ATM 338
DIABLO DEL GABINETE DE SETTALA 120
EDIFICIO DEL N.° 35 DE LA VIA POERIO 150
EMBLEMAS DE LA FUENTE DE LA CORTE DUCAL 124
ENTRADA AL LABERINTO DE ARNALDO POMODORO 232
ESCULTURA DE LOS AMANTES 188
ESCULTURA DEDICADA A GIAN GIACOMO MORA 260
ESCULTURA DEL BUEN GOBIERNO DEL HOSPITAL 274
ESCULTURAS DE BOXEADORES, ACTORES Y CELEBRIDADES 54
ESQUELETO DEL CABALLO DE NAPOLEON 386
ESTATUA DE CARLO PORTA 289
ESTATUA DE FEDELE SALA 344
ESTATUA DE PINOCHO 152
ESTATUA DE SAN EXPEDITO 178
ESTATUA DE SAN NAPOLEON 44
ESTATUAS CALIPIGIAS DE LA CA DI CIAPP 98
ESTUDIO-MUSEO ACHILLE CASTIGLIONI 106
EXVOTO DE LOS CARBONEROS 284
FAUNOS DEL N.° 15 DE LA VIA DELLA GUASTALLA 294
FESTIVAL «SALTIMBANCHI DOC» 330
FLAMENCOS ROSAS DEL JARDIN DE LA VILLA INVERNIZZI 146
FONDAZIONE ALESSANDRO DURINI 262
FONDO OVIDIO SCOLARI 176
FORMA HUMANA DE LOS PABELLONES DE NIGUARDA 362
FRAGMENTO DE MURO MEDIEVAL 162
FRESCO DE ARGOS 123
FRESCOS SECRETOS DEL PALAZZO BORROMEO 16
FRONTON ROMANO 181
FRUTAS ARTIFICIALES DE GARNIER VALLETTI 388
FUENTE DE GIORGIO DE CHIRICO 104
FUNDACION FRANCO ALBINI 94
FUNDACION PIRELLI 364
FUNDACION PORTALUPPI 88
FUNDACION VICO MAGISTRETTI 298
GATO DE CHAPA 160
GRAFITO DE LA IGLESIA DE SANTI FAUSTINO E GIOVITA 392
GRAN VIDRIERA DE COLORES DE LA CAMARA DE COMERCIO 80
HEXAGRAMA DE LA FACHADA DE LA BASILICA DE SAN MARCO 185
HIGHLINE GALLERIA 42
HORNO DEL SIGLO XV AÚN EN FUNCIONAMIENTO 315
IGLESIA DE LOS SANTOS SERGIO, SERAFIN Y VICENTE 78
IGLESIA DE SAN BERNARDINO ALLE MONACHE 257
IGLESIA DE SAN CRISTOFORO 314
IGLESIA DE SAN GIOVANNI BONO 310
IGLESIA DE SAN NICOLAO DELLA FLUE 304
IGLESIA DE SAN SIRO ALLA VEPRA 318
IMPACTOS DE LOS POSTES DEL TRANVIA 190
JABALINA DEL PALAZZO DELLA RAGIONE 24
JARDIN DE LA VIA SAFFI 90
JARDIN DE LAS VIRGENES 254
JARDIN ESCONDIDO DEL HOTEL SHERATON DIANA MAJESTIC 142
JARDINES DE SAN CELSO 207
LA UNICA VENTANA ORIGINAL DEL CASTILLO SFORZESCO 117
LAGRIMA DEL PALAZZO ARESE LITTA 83
LAPIDA DE AUSONIO 122
LAPIDA DE LA «COLUMNA INFAME» 108

LAPIDA SEPULCRAL DESFIGURADA DE LA IGLESIA DE SAN MARCO 184
LAPIDAS DE LA ESCLUSA DE VIARENNA 234
LEON DE LA PIAZZA SAN BABILA 70
LIBROS DE MADERA DEL MUSEO MUNICIPAL DE HISTORIA NATURAL 144
MAPP - MUSEO DE ARTE PLASTICO PAOLO PINI 358
MEDIATECA SANTA TERESA 191
MERIDIANA DEL DUOMO 46
MERIDIANA MAS GRANDE DE LA CIUDAD 91
MERIDIANA MURAL 206
MIRADOR DEL PALAZZO LOMBARDIA 374
MISTERIOSA FUENTE DEL DRAGON 116
MONUMENTO FUNERARIO DE LA FAMILIA BERNOCCHI 340
MOSAICOS DEL ANTIGUO CINE ASTRA 66
MUSEO AL AIRE LIBRE 105
MUSEO ASTRONOMICO DE BRERA 175
MUSEO DE LA FUNDICION NAPOLEONICA EUGENIA 350
MUSEO DE LA OPTICA CHIERICHETTI 366
MUSEO DEL CABALLO DE MADERA «LORENZO PIANOTTI» 224
MUSEO HISTORICO DE LOS BOMBEROS DE MILAN 334
MUSEO MANGINI BONOMI 20
MUSEO POPOLI E CULTURE 319
MUSEO Y CRIPTA DE LA TUMBA DE VERDI 96
NEON DE LA IGLESIA DE SANTA MARIA ANNUNCIATA IN CHIESA ROSSA 308
NUMERO AUSTRIACO DE LA CASA DE LOS OMENONI 38
ORATORIO DE SAN PROTASO AL LORENTEGGIO 316
OREJA A MODO DE INTERFONO 147
ORGANO DE LA IGLESIA DE SANT'ANTONIO ABATE 282
ORIGEN DESCONOCIDO DE LA COLUMNA DEL VERZIERE 290
ORIGEN OLVIDADO DE LA SERPIENTE DE MILAN 58
OSARIO DE LA IGLESIA DE SAN BERNARDINO ALLE OSSA 288
PABELLON REAL DE LA ESTACION CENTRAL 378
PALACIO BERRI MEREGALLI 148
PALACIO DAL VERME 76
PALAZZO ACERBI 270
PALAZZO SERBELLONI 166
PASEO EN BARCAZA POR LOS NAVIGLI 226
PATIO CONTINUO DEL CORSO SAN GOTTARDO 222
PATIO DEL PALAZZO ARCHINTO 267
PATIO DEL PALAZZO LURASCHI 136
PATIO DEL PALAZZO STAMPA DI SONCINO 263
PATIO SECRETO DE LA BASILICA 243
PEQUEÑA CAPILLA DEL FOPPONINO 238
PEQUEÑAS VILLAS TUDOR 312
PIEDRA DE LOS INOCENTES 286
PIEDRA REDONDA DE SAN BERNABE 200
PLACA DE QUASIMODO 181
PLACA DEL ATAQUE DE MARINETTI «AL CLARO DE LUNA» 167
«PONTICELLA» DE BRAMANTE 118
POZO DEL MARTIRIO DE SAN CALIMERO 202
PRIMER BUZON DE CORREOS DE MILAN 167
PROYECTIL DE LOS CINCO DIAS DE MILAN 293
RANURAS EN LAS BARANDILLAS DEL NAVIGLIO 230
RECORRIDO POR LAS HUELLAS DE ALESSANDRO MAZZUCOTELLI 22
REPRODUCCION DE LA GRUTA DE LOURDES 278
RESTOS DEL SOTANO 205

RETRATOS DE VERDI Y DE MIGUEL ANGEL 97
RICOVERO 87 328
RITO DE LA NIVOLA 52
SALA CAPITULAR DE LA BASILICA DE SANTA MARIADELLA PASSIONE 300
SALA DE LOS FRESCOS DEL PALAZZO CLERICI 32
SALA DEL GRECHETTO 292
SALA NAPOLEONICA DEL PALAZZO GREPPI 280
SALAS CAPITULARES DEL OSPEDALE MAGGIORE 275
SALON DE FIESTAS DEL PALAZZO MARINO 34
SANTUARIO DE SANTA MARIA ALLA FONTANA 348
«SCIUR CARERA» 68
SECRETOS DE SAN AMBROSIO 246
SEÑALES DE LOS REFUGIOS ANTIAEREOS 212
SUITE 105 DEL GRAND HOTEL ET DE MILAN 170
TALLER DE MARIONETAS DE LOS HERMANOS COLLA 309
TALLERES SCALA ANSALDO 236
TESOROS ESCONDIDOS DEL PALAZZO GIURECONSULTI 28
TESOROS ESCONDIDOS DEL PALAZZO ISIMBARDI 156
TETRAGRAMATON DE LA IGLESIA DE SANT'ANGELO 130
TOPE FERROVIARIO DE LA ESTACION FANTASMA 103
«TORRE DE LAS SIRENAS» 158
TORRE DEL CARROBBIO 258
TORRE MEDIEVAL ESCONDIDA 77
ULTIMO BORDADO DE MARIA ANTONIETA 36
UNA ESTACION DE SERVICIO ESPACIAL 324
UNICO SUPERVIVIENTE DEL INCENDIO 289
VELO DE LA VIRGEN 208
VESTIGIOS DE LA CASCINA POZZOBONELLI 384
VESTIGIOS DE LOS CAÑONAZOS DE LOS CINCO DIAS 164
VESTIGIOS DEL MAUSOLEO IMPERIAL 239
VIA LINCOLN 302
VIERNES DEL ROCKY HORROR PICTURE SHOW 225
VILLA BICOCCA: UNA ENCANTADORA Y PEQUEÑA VILLA DE LA EPOCA DE LOS SFORZA 357
VILLA CLERICI – GALERIA DE ARTE SACRO DE ARTISTAS CONTEMPORANEOS 360
VILLA FIGINI 370
VILLA FOSSATI 101
VILLA MIRABELLO 372
VILLA SIMONETTA, LA CASA DE LOS 56 ECOS 331
VIRGEN CON CUERNOS 214
VIRTUDES DE LA CAPILLA PORTINARI 216
VISITA DE LA SINAGOGA DEL N.° 19 DE LA VIA DELLA GUASTALLA 295
VISITA MENSUAL DE LA IGLESIA DE SANTA MARIA DELLA PACE 296
«WALK OF FAME» DE MILAN 65

Fue en septiembre de 1995, en Peshawar, Paquistán, a 20 kilómetros de las zonas tribales que visitaría días más tarde, cuando a Thomas se le ocurrió poner sobre el papel los rincones secretos que conocía en París.

Durante aquel viaje de siete meses desde Pequín hasta París, atraviesa, entre otros países, el Tíbet (en el que entra clandestinamente, escondido bajo unas mantas en un autobús nocturno), Irán, Irak y Kurdistán, pero sin subirse nunca a un avión: en barco, en autostop, en bici, a caballo, a pie, en tren o en bus, llega a París justo a tiempo para celebrar la Navidad en familia.

De regreso a su ciudad natal, pasa dos fantásticos años paseando por casi todas las calles de París para escribir, con un amigo, su primera guía sobre los secretos de la capital. Después, trabaja durante siete años en la industria siderúrgica hasta que su pasión por el descubrimiento vuelve a despertar.

En 2005 funda su editorial y en 2006 se marcha a vivir a Venecia. En 2013 viaja, en busca de nuevas aventuras, con su mujer y sus tres hijos durante seis meses de Venecia a Brasil haciendo paradas en Corea del Norte, Micronesia, Islas Salomón, Isla de Pascua, Perú y Bolivia.

Después de siete años en Río de Janeiro, vive ahora en Berlín con su mujer y sus tres hijos. La editorial Jonglez publica libros en nueve idiomas y en 30 países.

DE LA MISMA EDITORIAL

ATLAS DE CURIOSIDADES

Atlas de climas extremos
Atlas de las curiosidades geográficas
Atlas de los vinos insólitos
Atlas de lugares abandonados

ATLAS SECRETOS

Nueva York - El atlas secreto
París - El atlas secreto
Venecia - El atlas secreto

LIBROS DE FOTOGRAFÍA

Cines abandonados en el mundo
Destino bienestar - Nuestros 35 mejores lugares del mundo donde darse un respiro
España abandonada
Estados Unidos abandonado
Iglesias abandonados - Lugares de culto en ruinas
Japón abandonado
Lugares abandonados - Descubrimientos insólitos de un patrimonio olvidado
Lugares sagrados secretos
Patrimonio abandonado
Venecia desde el cielo
Venecia desierta
En ingles
Abandoned Asylyms
Abandoned Australia
Abandoned Belgium
Abandoned France
Abandoned Italy
Abandoned Lebanon
Abandoned USSR
Abandoned world - An AI-generated exploration
After the final curtain - The fall of the American movie theater
After the final curtain - America's abandoned theaters
Baikonur - Vestiges of the Soviet space programme
Chernobyl's atomic legacy - 25 years after disaster
Clickbait - A visual journey through AI-generated stories
Forbidden France
Forbidden Places – Vol. 1
Forbidden Places – Vol. 2
Forbidden Places – Vol. 3
Forgotten Heritage

GUÍAS INSÓLITAS Y SECRETAS

Ámsterdam insólita y secreta
Barcelona insólita y secreta
Berlín insólito y secreto
Bruselas insólita y secreta
Buenos Aires insólita y secreta
Cádiz insólita y secreta
Ciudad de Mexico insólita y secreta
Costa Azul insólita y secreta
Estambul insólita y secreta
Florencia insólita y secreta
Granada insólita y secreta
Lisboa insólita y secreta
Londres insólita y secreta
Los Ángeles insólita y secreta
Madrid insólita y secreta
Milán insólita y secreta
Montevideo insólita y secreta
Nueva York insólita y secreta
París insólita y secreta
Praga insólita y secreta
Rio insólita y secreta
Roma insólita y secreta
Santiago insólito y secreto
Tokio insólita y secreta
Venecia insólita y secreta
Viena insólita y secreta
En inglés
Secret Bali – An unusual guide
Secret Bangkok
Secret Belfast
Secret Boston – An unusual guide
Secret Brighton – An unusual guide
Secret Brooklyn – An unusual guide
Secret Budapest
Secret Campania
Secret Cape Town
Secret Copenhagen
Secret Corsica
Secret Dolomites
Secret Dublin – An unusual guide
Secret Edinburgh – An unusual guide
Secret Geneva
Secret Glasgow
Secret Granada
Secret Helsinki
Secret Johannesburg
Secret Kuala Lumpur
Secret Liverpool – An unusual guide
Secret London – Unusual bars & restaurants
Secret Louisiana – An unusual guide
Secret Montreal – An unusual guide
Secret Naples
Secret New Orleans – An unusual guide
Secret New York – An unusual guide
Secret New York – Curious activities
Secret New York – Hidden bars & restaurants
Secret Provence
Secret Singapore
Secret Stockholm
Secret Sussex – An unusual guide
Secret Tuscany
Secret Venice lagoon
Secret Washington D.C. – An unusual guide
Secret York - An unusual guide

GUÍAS DE LAS MEJORES EXPERIENCIAS

Ámsterdam
Barcelona
Bruselas
Kioto
Lisboa
Marsella
Milán
París
Venecia
Soul of Atenas
Soul of Berlín
Soul of Los Ángeles
Soul of Marrakech
Soul of Nueva York
Soul of Roma

AGRADECIMIENTOS:

Todas las fotos son de Massimo Polidoro, excepto:
Museo Mangini Bonomi
Posible vínculo entre el panettone y el culto celta, Matthäus Röriczer y el Duomo: la controvertida revelación de la geometría sagrada utilizada por los canteros medievales, ¿Cómo funciona un meridiano y textos temáticos sobre meridianos, Biscione: ¿un símbolo más esotérico que heráldico?, Pinocho, El hexagrama estelar, Lo que queda de los Navigli, El simbolismo olvidado de los Reyes Magos, Orden de los Caballeros Templarios en Milán, Iglesia de Santa Maria della Pace, Tumba de la familia Bernocchi, Estatua de Fedele Sala, El simbolismo espiritual de la estación central de Milán: VMA Fundación Casa Parravicini Carriero, Palazzo dal Verme, Iglesia de los Santos Sergio, Serafín y Vincenzo, Tetragrammaton de la iglesia de Sant'Angelo, Highline Galleria, Columnas temblorosas de los ángeles, Patio largo, Museo del cavallo giocattolo, Casa Moneta, Iglesia de San Nicolao della Flue, Iglesia de San Giovanni Bono, Pequeñas casas Tudor, Iglesia de San Cristoforo, Oratorio de San Protaso al Lorenteggio, Gasolinera desde el espacio, Antigua gasolinera, Casas iglú en Maggiolina, Mirador del Palazzo Lombardia, Jardín de Via Saffi, Fundación Franco Albini, Ranuras en las barandillas del Naviglio, Virgen con cuernos, Antiguo monumento conmemorativo de Lorenteggio, Iglesia de San Siro alla Vepra, Ricovero 87, Villa Figini: Roberta Baria
Foto en blanco y negro de Villa Figini: © Archivio Architetto Figini AAF Milano
Fondazione Carriero
Museo Astronomico di Brera
Laberinto de Arnaldo Pomodoro, Dario Tettamanzi
Talleres Scala Ansaldo
Oratorio de San Protaso al Lorenteggio, Andra Lorenzo Carminati
Colección Branca
MAPP – Museo d'Arte Paolo Pini
Fondazione IRCCS Cà Granda Ospedale Maggiore Policlinico
Fundación Pirelli, fotos de archivo, Fundación Pirelli
Iglesia de San Nicolao della Flue, © Arbalete

CRÉDITOS FOTOGRÁFICOS:

Maria Abbatescianni, Viviana Ambrosi, Mami Azuma, Enrico Banfi, Giorgio Bardelli, Luigi Bavagnoli, Elena Bottaro, Fiamma Bozzolo, Alice Calcaterra, Marta Campostano, Maria Teresa Candalese, Daniela Candia, Antino Carnevali, Mario Carpino, Alfredo Castelli, Elda Chierichetti, Valeria Conigliaro, Francesco Corni, Patrizia Delbiondo, Claudio Di Francesco, Matteo Dones, Grazia Facchinetti, Fondazione Pirelli, Simona Franco, Elena Fumagalli, Mauro Gaffo, Marco Garzonio, Franca Guidali, Roberto Labanti, Pierluigi Ledda, Monica Leonardi, Anna Rita Longo, Lele Manzani, Marco Maradini, Alberto Montali, Lorenzo Montali, Valentina Murgia, Daniela Nencini, Maria Cristina Osnaghi, Erminio Pasut, Aurelio Paviato, Matelda Pellini, Margherita Pellino, Lara Perego, Luigi Petrazzoli, Pirelli & C. Spa, Elisa Polidoro, Daniele Quartieri, Giorgio Reali, Giovanni Rubin de Cervin, Claudio Salandini, Guido Salsili, Stefano Sandrelli, Riccardo Santi, Tiziano Sclavi, Cristina Sclavi, Cristian Scotti, Claudia Taddei, Ivan Toschi, Valeria Zanoni, Paolo Ziggiotti.

Texto e imágenes en Estatua de San Napoleón, Mosaicos del antiguo cine Astra, Jardín secreto del Hotel Sheraton Diana Majestic, Largo patio de Corso San Gottardo, Pequeña capilla de Fopponino, Cementerio de Mojazza, La forma «humana» de los pabellones de Niguarda, Binario 21, de Monica Torri y Paolo Patanè

Los textos Cabeza de la estatua de Ambrosio, Caballo del monumento a Giuseppe Missori y Caballo del monumento a Francesco Baracca son de Giuseppe Landonio.

Cartografía: **Cyrille Suss** – Concepción: **Coralie Cintrat** – Maquetación: **Iperbole Servizi Editoriali** – Traducción: **Patricia Peyrelongue** – Revisión: **Lourdes Pozo** – Corrección: **Carmen Moya** – Concepción: **Clémence Mathé**

Marzo 2026 – Edición: 02
ISBN: 978-2-36195-751-3
Impreso en Bulgaria por Dedrax